自分が自分の
最高の医者になる

あなたは「意識」で癒《いや》される

ディーパック・チョプラ［著］
渡邊愛子　水谷美紀子［訳］

Quantum Healing

フォレスト出版

「人は宇宙の子どもです」という真実が
本書にはあふれている。

筑波大学名誉教授　村上和雄

はじめに　――拡大する世界に向けた増補版

本書『あなたは意識で癒《いや》される（原題：Quantum Healing　量子的治癒）』が初めて出版された際、そのタイトルは、物議をかもすような見解に基づく挑発的なものでした。その見解とは、心が体に与える影響によって、人は病気にも健康にもなるというものでした。25年前には、心身のつながりといえば、ほとんどの医師にとって、論拠のない科学であり、好ましくない科学であり、もしくは科学でさえないと思われていました。医科大学では、系統、器官、組織、細胞については学びますが、それで終わりです。プラシーボ効果（偽薬効果）などは、医師たちが目もくれない、あやしげで奇妙なものとしてひっそり息をひそめていました。それでも患者は、砂糖玉を薬と思い込んで服用することによって快方に向かったのです。プラシーボ効果は薬のように効くこともあるわけです。それはなぜでしょうか？

そのようなことに関心を持つ人はほとんどいませんでした。プラシーボなど、気のせいに過ぎないと片付けられてしまったのです。つまり「本物の薬」ではなかったのです。私のあらたな興味が心身のつながりにあると知ったときの、ボストン時代の同僚の反応を忘れられません。不快感または憐《あわ》れむような微笑を浮かべ、こう言ったのです。「君はそんなものを本当に信じているのかい?」。それから約30年経った今、私はこう答えるでしょう。「君は信じていないのかい?」

物議をかもすような見解も主流になりうるというわけです。「心身のつながり」は、そのよい例です。瞑想《めいそう》やヨーガ、ストレス軽減、怒りのマネジメント、そして生活習慣のポジティブな変化といったことは、今やすっかり市民権を得ています。これらにはひとつの共通項があります。それは、「よりよいメッセージが、心から体へと伝えられる」ということです。よりよいメッセージが伝わることで、よりよいウェルビーイングが実現されるのです。これに異議を唱える人はもはや誰もいません。

水門は開かれたのです。そして今日では、心と体はつながっているということを裏付けるあらたな証拠の一部を紹介することで、本書はさらに中身の濃いものとなりました。医科大学ではいまだに系統、器官、組織、細胞について教えていますが、それで終わりではありません。1989年、統合医療という新しい分野が誕生しました。かつては代替医療と呼ばれていたと本書でも述べていますが、私自身の研究の重要な部分を占めるアーユルヴェーダのような伝統的治療法とを組み合わせたものです。

しかし、治癒というものの神秘についてはまだ解明されていません。後述するように、私の初めての患者で、通常の治療の恩恵（同様に神秘な死を遂げることになるだけのもの）を受けずに乳がんが治ったチトラという女性のケースに、私は複雑な思いを抱いていました。このような自然寛解《しぜんかんかい》のケースは、その後も起こり続けています。ちょうど今月も、6年間胃がんに苦しみ、あまりにひどい副作用のため、とうとう抗がん剤をやめたという若い男性患者に出会いました。

彼のがんは、骨から肝臓に至るまで全身に転移していました。余命半年ということで、彼は家族の故郷であるインドへと旅立ち、ニューヨークでの多忙をきわめた生活を捨てて、のどかな田舎で平和で静かな時間を過ごすことにしました。瞑想とヨーガも始めました。厳格なベジタリアンにもなりました。何千年も前に起源を持つ、最も伝統に近いアーユルヴェーダの習慣にどっぷりと浸かりました。その後、検査をしてみると、今から3か月前の時点で、彼のがんはすっかり消えていました。

欧米の医学誌には、がんの自然寛解の例が何千ケースも掲載されていますが、腫瘍学《しゅようがく》における通常治療にはほとんど改善が見られないと言ってよいでしょう。がん治療は、過去25年間で目覚ましい進歩を遂げましたが、その道のりが向かっている先は、遺伝学、ピンポイントで投与する薬、より詳細な統計といったもので、心身のつながりとはほとんど無関係です。

それどころか、治癒そのものを研究対象にすることによって、自然寛解の影響はわかりにくいものになってしまいました。遺伝学はがんにおいて重要な鍵を握っており、そして心は遺伝子に影響を与えます。例えば、瞑想を通じて、文字どおり何千という遺伝子マーカーが改善されます。炎症は、がんの発病と広がりに深く関わり、そして炎症自体はストレスに関連します。ストレスとは、心の中で始まる反応であり、そして人の考え方を変えることは可能です。肥満や睡眠不足、バイオリズムの歪《ゆが》みにつながるような生活習慣の選択は、まさにがんに結びつくもので、こうした悪い選択も変えることは可能なのです(2013年、疾病対策センターは、がんの3分の1は喫煙に関連するもので、残りの3分の1は肥満に関連すると推定しました)。

つまりがんというものは、なんらかのかたちにおいて心と関連するのです。このような認識を基に、ヒューストンのMDアンダーソンがんセンターは2008年、次のような声明を発表することになりました。「遺伝子の異常により引き起こされるがんは、全体の5~10%に過ぎない。一方、がんの90~95%が環境や生活習慣に由来する」(ここで言う生活習慣には、喫煙、揚げ物や赤肉といった食事、アルコール、日焼け、環境汚染、感染、ストレス、肥満、運動不足が含まれます)。この声明は、意識の大きな変化を表しています。私が医大生だった頃は、がんの95%は回避不可能だと考えられていたのです。

本書が今後も意義深いものであり続けるのなら、あらたに物議をかもすような発想が必要となります。では、もし「あらゆる」治癒が量子的なものだとしたらどうでしょう? そのとき心と体を隔てているすべての障壁が崩されることになります。そして脳細胞だけでなく、すべての細胞に意識があることになるでしょう。皮膚という境界線を超え、意識ある宇宙の中の、意識ある惑星に生まれたすべての命に意識があるということになるでしょう。五感にとっては、体も惑星も宇宙もひとつなのではなく、同一のものなのです。しかし量子的次元においては、その源は共通です。量子力学の偉大なパイオニアであるエルヴィン・シュレディンガーはこう言っています。「意識を分割したり拡大したりすることは無意味である……とどのつまり、心はたったひとつしかないのだから」

あなたも私も、ひとりひとりが心と体を持っているという前提の下で生きています。ある人がラジエーターで手をやけどしたとき、「痛い！」と言うのはその人であり、隣に立っている人ではありません。しかし量子レベルではそうではありません。私たちは誰もがひとつの心、つまり現実を創り、支配し、コントロールしている宇宙の叡《えい》智《ち》の中に組み込まれているのです。この宇宙の叡智はどこにあるのでしょうか？　私たちが宇宙の様子を見ることを妨げる日々の障壁を消滅させることによって、シュレディンガーが再び救いの手をさしのべてくれます。

第一に、分離した心という障壁があります。「意識とは、複数あるものではなく唯一の存在なのです」。次に、過去、現在、未来という障壁です。「心はつねに今ここにあります。心にとっては、後も先も存在しません」。そして最後に、生と死の間の障壁があります。「意識は純粋で、永遠で、無限です。生まれることもなく、存在するのをやめることもありません。動く生き物と動かぬ生き物の中に、空に、山の上に、火の中に、そして空気中に存在し続けます」

しかし、最後の引用はシュレディンガーのものではなく、インドの精神的伝統における最も古い文献のひとつである『ヨーガ・ヴァシシュタ』からのものです。何千年も前の聖者が内的探求の旅に出て、量子力学と合致する発見をすることができたという事実は、本書が世に出た時点でも耳に新しいことではありませんでした。しかし、聖者や予言者、聖人たちの世界は、当時の普通の生き方とは隔絶したものだと感じられました。心身医学のその後の研究は、2つの世界をつなげる助けとなり、聖者ヴァシシュタはまるで仏陀《ぶっだ》のように、私たちの現代のものになりえたのです。

すべての治癒を量子的治癒にするにはなにが必要なのでしょうか？　私はこの増補版において、現代医学に立ち向かう差し迫った課題に取り組みたいと思っています。各章の最後に、「Expanding the topic：さらなる考察」という項目を設け、最先端の医学研究と世界の叡智の伝統という観点から治癒の神秘にせまります。

心身のつながりを超越したところに、今この瞬間と永遠との間のより深遠なつながりが存在します。人間の脳が知っているのは今この瞬間のことだけです。脳内の電気インパルスや化学反応はすべて、まさに今起こっています。心と体の間のフィードバックは、1分間に何千回も行われています。私たちはこの事実に大きな希望を抱くことができます。なぜなら、宇宙全体が示し合わせて今この瞬間を生み出していることを意味するからです。私たちが受け入れさえすれば、無限の創造、叡智、そして力が私たちを支えてくれるでしょう。

本書の執筆当時、正しい方向へ向いていることはわかっていました。その頃、懐疑的な人々からの辛辣《しんらつ》な意見があることを感じていても（実際、そういう意見はたくさんありました）、裏付けとなるような研究はまだこれから行われるだろうと確信していました。

今では量子的治癒（クォンタム・ヒーリング）という考え方を証明するような研究が、30年近くにわたって行われています。この増補版が、偏見のない自由な心を持つ読者の皆さんにとっての、再考のきっかけとなってくれることを望みます。希望は、実現不可能なアイデアから生まれます。懐疑的な人々にとっては、次のような考え方こそ最もありえないものなのです。「私たちは宇宙の子どもです」「私たちの源はあらゆる境界を超越していま す」「自分自身を、分離して限界のある物理的存在と見なすことは、偽りのアイデンティティに過ぎません」。これらは、今はまだ3つの別個の考え方なのでしょうが、これが融合してひとつの新しい考えになってしまえば、そのとき真の治癒の時代が到来するのかもしれません。

はじめに――拡大する世界に向けた増補版 …… 002

PART 1

目に見えない生理機能

1―奇跡が起こった後で …… 012
さらなる考察
2―体はそれ自身、心を持っている …… 031
さらなる考察
3―彫像か川か？ …… 067
さらなる考察
4―内的宇宙からのメッセンジャー …… 098
さらなる考察
5―記憶という亡霊 …… 135
さらなる考察
6―量子的な人間の体 …… 172
さらなる考察
7―どこにもなく、どこにでもある …… 211
さらなる考察

8 — 沈黙の目撃者 …… 245
さらなる考察
9 — ギャップという神秘 …… 281
さらなる考察

PART 2
至福の体

10 — リシ（賢者）の世界 …… 320
さらなる考察
11 — 病気の起源 …… 357
さらなる考察
12 — 「あなたは自分が見るものになる」 …… 392
さらなる考察
13 — 至福の体 …… 432
さらなる考察
14 — 戦いの終わり …… 474
さらなる考察

訳者あとがき …… 508

PART 1

目に見えない生理機能

時空を超えた深遠な現実の中では、
私たちは皆ひとつの体の構成要素なのかもしれない
ジェイムズ・ジーンズ卿

1 奇跡が起こった後で

幸運にも医師としてのキャリアの中で、私は何度も奇跡的な治癒を目撃するという特権に恵まれました。それは1988年、ボストン郊外にある私の診療所へ32歳のインド人女性が診察を受けに来たことから始まりました。彼女は青い絹のサリーを身にまとい、私の前に静かに腰を下ろしました。冷静さを保つために、膝の上に置かれた両手は固く握りしめられていました。名はチトラと言い、夫のラマンと一緒にニューヨークシティで輸入品を販売する店を経営していました。

その数か月前、チトラは左胸に、触れるとわかるような小さなしこりがあることに気づきました。摘出手術を受けましたが、不運にも、そのしこりは悪性であることがわかりました。外科医がさらに精密に調べると、がんは肺に広がっていることがわかったのです。

がんのあるほうの乳房と、その周囲の組織を広範囲にわたって切除した後、チトラの主治医は初回の放射線治療をし、そして集中的な化学療法を行いました。これは、乳がん患者に対する標準的な治療法であり、それによって多くの命が救われてきました。しかし肺がん治療はさらに厄介なものでした。チトラが危険な状態にあることは誰の目にも明らかでした。

診察していくうちに、彼女が不安にとりつかれていることに気づきました。私が安心させようとすると、こんないじらしい言葉を発し、驚かされました。「もし死ななくてはならないとしても、自分のことはどうでもよいのです。でも夫は私がいなくなったらとても寂しがるでしょう。寝たふりをして、夫のことを考えながら一晩中起きていることが時々あります。ラマンは私のことを愛しています。でも私が死んだら、アメリカ人の女性たちとデートし始めるでしょう。私はアメリカ人の女性に彼を奪われることは我慢できないのです」。彼女は話をやめ、苦しげな眼をして私を見ました。「こんなことを言うべきではないとはわかっているのです。でも先生は理解してくださると思いまして」

がんによって生み出される悲しみというものに慣れることはないでしょう。しかし時間こそがチトラの敵であると知り、私は深い悲しみに襲われました。その時点では、彼女はまだ健康に見えました。彼女は自分が弱っていくのを人に見られることをおそれ、親戚《しんせき》にもなんとかして病気を隠そうとさえしていました。それが彼女にとって非常によくない影響を与えるだろうことは私も彼女もわかっていました。

進行した乳がんの治療法を知っていると断言できる人はいません。従来の治療法でできうる限りのすべてがチトラに施されました。がんがすでに他の臓器に転移したとしても、統計的に5年間の生存率は10％以下でしょう。

アーユルヴェーダに基づく新しい治療法を始めてみないかと私は尋ねました。私と同様に、チトラもインド育ちでした。しかし彼女はアーユルヴェーダの知識をほとんど持ち合わせていませんでした。祖父母の世代が、アーユルヴェーダを信じていた最後の世代だったのです。今日、大都市に住んでいるような進歩的なインド人なら、経済的な余裕があれば西洋医学のほうを好むだろうということは想像に難くありません。なぜ一見進歩に逆行するようなことを勧めるのかチトラに説明するために、私は、彼女のがんはただの身体的な病気ではなく、ホリスティック（全体的）なものであると説明しました。彼女の体全体が、がんになり苦しんでいるということをわかっていました。肺から採った組織サンプルは悪性の細胞の存在を示していましたが、肝臓から採ったサンプルには悪性細胞は見つかっていませんでした。しかし彼女の肝臓には悪い部分を流れてきた同じ血液が流れているので、肺から来る病気の信号を受け取っていました。今度は肝臓の機能に影響を与えるわけです。

同様に、胸に痛みを感じたり息切れのために座り込むようなとき、信号は脳を出入りしつつ、体全体を駆け巡っています。痛みを感じると、脳はそれに反応しなくてはなりません。憂鬱《ゆううつ》と不安に加えて、彼女が感じていた疲労は、身体的な結果として表れた脳の反応でした。だから、彼女のがんを、ただ単に破壊する必要のある孤発性の腫瘍として見なすのは間違いでした。彼女はホリスティックな病に侵されており、そのためにホリスティックな医療を受ける必要があったのです。

従来の医師たちが得てして不快になりがちな、この「ホリスティック」という言葉は、ただ心と体をともに見ていくアプローチを意味しているだけです。アーユルヴェーダは、一見するとその効果はあまりわからないかもしれませんが、どんな代替医療よりも効果的だと私は信じています。実際、催眠やバイオフィードバックのような、広く認知され、心身両面を扱う多くの療法は、アーユルヴェーダよりもずっと目立つ存在です。もしチトラがボンベイで病気になっていたら、彼女の祖母はなにか特別な食事を作ってくれたり、アーユルヴェーダの薬局で茶色の紙袋に入った薬草を買ってきてくれたり、そしてベッドで寝ていなさいと言ったでしょう。がんによって生じる毒素を体から取り除くために、さまざまな下剤やオイルマッサージが処方されたかもしれません。もしスピリチュアルな伝統を重んじる家庭であれば、瞑想を始めていたかもしれません。私も基本的に、いくつかの追加事項はあるものの、同じことを彼女に対して行おうと思っていました。その中のどれがどうして効くのか、まだ科学的な説明はなされていません。しかし確かなのは、効果があるということです。アーユルヴェーダは、本質的に自然の中のなにか深遠な部分に作用したのです。その知識はテクノロジーではなく、叡智に根差しています。私はその叡智を「何世紀にもわたって集積された、人類という有機体に関する信頼に足る理解」と定義します。

「ボストンを離れて1～2週間、特別なクリニックに行ってもらおうと思います」。私はチトラに言いました。「そこでは、とても不思議な体験をすることになると思います。あなたが病院に対して持つイメージとは、人工呼吸装置や点滴管、輸血や化学療法といったものでしょうが、その基準からすると、そのクリニックではなにもしてくれないように思われるかもしれません。基本的に、私はあなたの体を非常に深い休息の状態に置きたいのです」

チトラは物事を信頼する人だったので、そのクリニックに行くことを承諾しました。もちろん、他に選択肢がなかったということもありますが。現代医学は、彼女のがんに物理的な攻撃をするという戦略の下、ありとあらゆることをしていました。疾病部分を攻撃することの第一の利点は、できるだけ早くそれを体から消し去ることが望めるという点です。大きな欠点は、体の一部を攻撃することで、体全体がダメージを受けてしまうということです。化学療法の場合、免疫システムが非常に弱められるため、将来的に他のがんが発生しやすくなるという大きな危険があります。しかし、乳がんを放置しておくことは、生命を脅かすことだと考えられており、今日の医学は、短期間で乳がんを切除する技術にたけています。恐怖に支配された意見が多数派を占める中では、人は病気のリスクよりも、治療のリスクを冒すことを選ぶのです。

マサチューセッツ州ランカスターにある、私が働いているクリニックをチトラに紹介しました。彼女はそこに1週間滞在し、治療を受けました。そして食生活の改善、アーユルヴェーダの薬草、簡単なヨーガや瞑想指導を含む特別な日課など、退院後のプログラムの指導も受けました。これらは一見治療とは異なるものに見えますが、根底において、すべてが治癒のための基盤をつくり、落ち着いて安らいでいる状態へと彼女を導くためのものでした。アーユルヴェーダでは、どのような病気を治療する場合でも、完全な深いリラックス状態にあることが最も重要な前提条件なのです。その基本的概念とは、体は病気によって乱されない限り、どのようにしてバランスを保つかわかっている、というものです。よって、体自体が持つ治癒能力を回復させたいなら、なんとかして体を本来のバランスに戻してやる必要があるのです。これはシンプルですが、非常に重要な考え方です。チトラも、がんの根源に直接的に影響を与えるようなメンタル・テクニックを2つ教わりました（この内容については後に詳しく述べましょう）。

チトラは、きちんとプログラムをこなし、6週間ごとに私の元に診察を受けに来ました。彼女はニューヨークの自宅でも医師による化学療法を受け続けていました。そのことについて話し合ったとき、私は彼女にこう言いました。「自信を持って、アーユルヴェーダだけに専念してくださいと言えればいいのですが——。そうすれば体状態の悪化はもっと避けられるでしょう。

しかしあなたの病状は重かったわけで、化学療法は外側からのアプローチとして作用しますしね。外側からと内側からのアプローチを並行して行い、それが真の治癒となることを期待しましょう」

ほぼ1年近く、私はチトラの様子を見守りました。彼女はいつも信頼しきった態度で私の話に耳を傾けましたが、いつ来ても、改善していないことは明らかでした。肺のエックス線写真を見ても、依然として状況は悪く、息切れもひどくなっており、病気の進行につれて衰弱も進み、気分的な落ち込みも激しくなっていました。声の調子からはパニックが感じられました。ついに、予約の日にも姿を見せなくなったので、私はその週が終わるのを待って、彼女の家に電話をかけました。

それは悪い知らせでした。夫のラマンが電話に出て、彼女は突然高熱を出し、週末に入院しなくてはならなくなったと言いました。少し前から、胸腔内に水がたまっており、主治医は感染が起きているのではないかと考えていました。予後は悪く、チトラが退院できる保証はありませんでした。

そんな折、非常に興味深いことが起きたのです。抗生剤投与をして1日か2日経った頃、40度の熱が平熱に戻ったのです。これには担当医師も驚きました。末期的な症状にある患者が感染症による高熱を出した場合、これほど急速に下がるということは非常に珍しいことでした。感染以外の他の理由による高熱がありえるでしょうか？　医師は胸のエックス線写真を撮ることにしました。そして翌日、ラマンは混乱と喜びが入り混じったような声で、私に電話をかけてきたのです。

「がんが消えていたのです！」。ラマンは電話口で喜びにあふれた声で私に教えてくれました。

「なんですって？」。私はびっくりして聞き返しました。

「がん細胞が見つからないのです。ひとつもです！」。ラマンは喜びを抑えることができないでいました。「チトラの担当医師は最初、違う患者のエックス線写真だと思い、撮り直そうとしたらしいのですが、今ではもう納得しています」

大喜びし、安堵《あんど》し、この突然の救いについて説明がつかなかったため、ラマンは妻の回復は奇跡が起きたのだと思いました。病室のチトラに私が電話をすると、彼女は電話越しで泣き続けました。「あなたのおかげです、ディーパック」。私は「いいえ、チトラ、あなたが自分で治したのですよ」と言い続けました。私は、現代医療であれ、アーユルヴェーダであれ、彼女が受けた治療の結果、これほど急激に治癒がもたらされるとはまったく予想していませんでした。後から思えば、彼女が高熱を出したのは、腫瘍壊死《えし》として知られるプロセス、つまり滅びゆく腫瘍の一種の燃焼のようなものでした。でもその一連のメカニズムが厳密にどう作用するのかはわかっていません。もしも奇跡的な治癒というものが存在するとしたら、これこそまさにその例であると私は確信しました。

しかし、数週間も経たないうちに、私たちが共有した喜びは変化し始めていました。チトラの「奇跡」は続かなかったのです。まずは彼女自身の内側から損なわれていきました。不思議な回復を信頼することができずに、またがんが再発するのではないかという病的なおそれを抱き、葛藤《かっとう》状態になってしまったのです。彼女は、また化学療法を再開すべきかどうか尋ねるために私に電話をかけてきました。

「がんが消えて、もう2か月になりますね」。私は言いました。「あなたの主治医は新しいがん細胞を見つけたのですか？」

「いいえ」。チトラは言いました。「でも、先生は化学療法のおかげでよくなったのだから、また続けるべきだと考えているのです」

私はもどかしさを感じ始めました。チトラの受けていた化学療法が、このような突然の完全治癒をもたらすなどということは知られていませんし、ましてや他の場所に転移し始めていたようながんの場合は、なおさらです。そのことは私も、彼女の主治医もわかっていました。また、彼女は耐え難いほどに衰弱しきっていました。化学療法のために、ほとんど四六時中吐き気を催し、乳房の手術跡を恥ずかしく感じているところに加えて髪もおそろしいほど抜け落ちていました。こうしたすべてが、私たちが試みていたアーユルヴェーダの治療を損なうことになっていたのです。もしもっと化学療法を続けたら、彼女の抑うつ状態はひどくなり、感染症にさらにかかりやすくなり、全身が衰弱してしまうでしょう。

しかし同時に、化学療法をやめさせるだけの十分な理由も持ち合わせていませんでした。もし6か月経って再発し、死んでしまったらどうなるでしょう？

「化学療法を試してみてください」。私はアドバイスしました。「でも私のプログラムもきっちりと続けてくださいね」。チトラは同意しました。

それからさらに数か月経ち、病気は再発していませんでしたが、彼女はやはり不安を感じ、当惑したままでした。がんが再発するのではないかという不吉な疑念は、がんそのものを打ち負かすよりも難しいかのようでした。

チトラの苦渋に満ちたジレンマこそ、この本を書く出発点となりました。彼女が再び元気になるためには納得のいく説明が必要でした。いったい彼女になにが起こったのでしょう？　彼女の治癒は、最初に思ったとおり奇跡なのでしょうか？　それとも後におそれることになる一時的な執行猶予に過ぎなかったのでしょうか？　心と体の関係に深く入り込むことによって、答えが見つかるのだと私は信じています。

アメリカと日本で行われているがんの自然治癒に関する研究によって、治癒が起こる直前には必ずと言っていいほど、どんな患者も意識の劇的な変容を経験しているということがわかっています。患者は、自分が治るということがわかっており、その力は自分の内側にありながらも自分だけにとどまらず、個人という境界を越えて自然界全体へと広がっていると感じています。突如として「自分は、体に限定された存在ではないのだ。自分のまわりに存在するものすべてが、自分をかたち作っているのだ」と感じます。そんな瞬間に、患者はがんが存在すること自体が不可能になる、意識のあらたな次元へと跳躍します。そんなとき、がん細胞は文字どおり一夜にして消滅するか、もしくは少なくとも増殖が止まって安定し、体を損なうこともなくなるのです。

このような意識の跳躍にこそ、鍵があるように思えます。しかし、それは一瞬にして起こらなくてはならないというわけではありません。チトラは、アーユルヴェーダのテクニックをとおして、時間をかけてはぐくんでいきました。よって、意識を高い次元に保つ能力は、体調と密接な関わりがありました。なんとかがんは消えたものの、がんが再発するのもまた十分にありうることでした（私はこのことを、左手の指を滑らせると音程が変わるヴァイオリンの弦のようなものだと考えます）。科学者なら、このような突然の変化について考えるときに思い浮かぶのは、「クォンタム（量子）」という言葉でしょう。この言葉は、あるひとつの機能の次元から、より高次の次元へと不連続に変化すること、つまりクォンタム・リープ（量子的飛躍）を意味しています。

クォンタムとは専門用語でもあり、かつては物理学者にしか知られていませんでしたが、今では一般的な言葉になりつつあります。クォンタムとは正式には、「分割できない最小単位で、その中で波動が発せられたり吸収されたりしうるもの」であり、これはイギリスの著名な物理学者スティーブン・ホーキングによって定義されたものです。

平たく言えば、クォンタムとは、光は光子から成り、電気はひとつの電子の持つ電荷から成り、重力は重力子（まだ自然界では見つかっていない、仮説的クォンタム）から成っており、あらゆるかたちのエネルギーは、それぞれクォンタムを基盤としており、それ以上小さくはなりません。

より高次な次元への不連続的な跳躍、そしてエネルギーのそれ以上は小さくならないレベルという定義は、どちらもチトラのようなケースにあてはまるように思えます。従って、彼女の身に起きたことを表すのに、「クォンタム・ヒーリング（量子的治癒）」という言葉を使ってみたいと思います。新しい言葉ではありますが、その治癒のプロセス自体は古くからあるものです。通常の治癒の経過をたどらない病人はこれまでもつねに存在しました。例えば、がんになっても衰弱しない人々もわずかですがいますし、腫瘍の増殖が統計的な予測よりもずっと遅い人もいます。信仰療法、自然退縮、プラシーボ効果や「ダミー薬」の効果的な使用といった、不可思議であるという共通項を持つ治癒もたくさんあります。

「意識」は、過小評価されがちな力です。どれほどの苦境にあっても、一般的には内なる気づきの力に焦点を当てたり、その真のパワーを使ったりすることはありません。しかし、誰もが意識を持っています。おそらく、こうした奇跡も、ごく普通の能力の延長線上にあるのです。体が骨折を治癒するとき、それが奇跡ではないとどうして言えるでしょうか？　確かに治癒のプロセスとして、医学が真似《まね》するには複雑すぎるのかもしれません。

がんを自然治癒させることは奇跡であり、腕の骨折を治すことが奇跡と見なされない理由は、体と心の関係性に帰結します。骨折は、心の介入がなくても物理的に自然治癒します。しかしがんの自然治癒は、心の特殊な状態、例えば「生きたい」という深遠な意志や見事なまでのポジティブ思考、またはその他の類稀《たぐいまれ》な能力といったものに依拠していると広く信じられています。これが意味しているのは、治癒には、標準的なものと標準からはずれたもの（もしくは少なくとも例外的なもの）という2種類が存在するということになります。

私は、この区別は間違っていると考えます。腕の骨折が治るのは、意識が治しているのであり、がんの奇跡的な治癒、エイズ（ＡＩＤＳ）患者の長期生存、信仰による治癒、病気にもかからず長生きする能力さえも同じことがあてはまるのです。なぜ誰もが治癒のプロセスをたどることができないのかという理由は、そのプロセスを起こす能力が人によって著しく異なるからです。

これはつまり、病気に対する反応が、ひとりひとり異なるということなのです。不治の病にかかった人のうち1％にも満たないわずかな人々が、病気をなんとか自力で治すことができます。少し増えて、5%ほどの人々は、平均よりもかなり長く生きます。これは、ほとんどのエイズ患者が2年以上は生存しない中、2%の人が8年以上生存しているということからも裏付けられます。こうした研究結果は、なにも不治の病だけに限られたものではありません。深刻だが治療可能な病にかかった患者のうち、良好な経過をたどるのはたった20%であるということが研究によって示されています。このことは、80%の患者が治らないか、もしくは部分的な回復しかしないことになります。なぜ治らない人のほうが多いのでしょうか？　治る人と治らない人との違いはなんなのでしょう？

治った患者とは、自分自身の治癒力を働かせることができるようになったということではないでしょうか。そして中にはそれ以上のことが起きている人々もいます。彼らは量子的治癒の秘訣《ひけつ》を見つけたのです。心と体のつながりについてマスターしたのです。現代医学は、そのような治癒を再現するためのスタート地点にも立てないでいます。なぜなら薬や手術に依存する治療には、これほど正確なタイミングで美しく調整され、穏やかで副作用もなく、そして無理なく自然に起こるものなどないからです。完治した患者たちの治癒能力は、それ以上先には行けないほど深い次元から湧《わ》き起こってくるのです。彼らの脳が体を刺激するためになにを行っているかわかれば、私たちはその治癒プロセスの基本を理解することができるはずです。

しかし医学にはまだ量子的飛躍は起きておらず、「クォンタム」という言葉が臨床の場で用いられることはありません。量子物理学では超高速加速器が使われるため、量子的治癒では放射性同位体やエックス線を用いると思われるかもしれません。しかし、それはまったく違います。量子的治癒は、外的なハイテク手法ではなく、心と体のシステムの核へと向かうものです。この核こそ、治癒が起こり始める場所なのです。そこに向かい、治癒反応を促進することをマスターするために、細胞、組織、臓器、器官系といった体のさまざまな次元を通り越え、心と物質の分岐点、つまり意識が実質的に効力を持ち始める次元へと到達しなくてはなりません。

本書の前半では、クォンタム（量子）とはなにか、そしてどう作用するのかということについて述べています。そして後半では、量子とアーユルヴェーダという2つの文化を融合させ、ひとつの答えへとたどり着こうという試みを行っています。欧米の科学的な世界観は、驚くべきことに、古代インドの叡智のビジョンを裏付けするものとなっているのです。これは、障壁を打ち破り、文化的境界をものともせずに突き進む旅なのです。こうしたすべてが解明されなくてはなりません。私にそうすることを望んだのがチトラであり、よって私は彼女のため、ひいては彼女と同じようなすべての患者のために本書を書きました。答えが見出されないことには、彼らの命は危機から脱することはできないのですから。

Expanding the topic

さらなる考察

過去数十年で「通常の治癒」と「奇跡的な治癒」との隔たりはさらに小さくなり、意識が体に影響を与えるという考え方はますます支持されるようになりました。主流の現代医学では、体は物理的機械のように作動するものだという固定観念が大きな障害になっています。もし体がそのようなものだとしたら、次の実験は失敗に終わったことでしょう。

それは、ハーバード大学の心理学者エレン・ランガーの先駆的な著作の中の独創的なアイデアで、1981年に遡《さかのぼ》るのですが、加齢が精神的なものに大きく左右される可能性について行われた実験でした（その考え方は実は昔から存在しています。中世インドの哲学者で聖者であるアディ・シャンカラは、人は、他者が年をとって死ぬのを見るがゆえに自分も年をとって死ぬのだ、と言明しています）。

1981年、ランガーは70代の男性8人を対象に実験を行いました。健康だけれど老化の兆候を示していた彼らを、1959年へタイムトリップさせたような環境の下に5日間置きました。音楽やテレビ番組、映画やニュースの出来事なども含め、当時の雰囲気に浸らせたわけです。彼らは若者のようにふるまうよう要求されました。高齢者の記憶喪失状態は、思い出そうという意欲を被験者に与えることによって改善されるという実験をランガーはすでに行っていたからです。つまり、心は体に影響を与えるよう動機づけられました。

タイムカプセルのような環境に入る以前に、彼らは握力、機敏さ、聴力、視力といったさまざまな老化指標をテストされていました。5日後には、グループ全体が、視力がよくなるなど、8項目中7項目にて改善が見られ、驚くべき結果を出しました。また、外見よりも若く見えるようになりました。33年前、今日ではよく知られている遺伝子発現や神経可塑性《かそせい》（これら大発見については、後述の「さらなる考察」の項にて詳細が解説されています）といった知識がない時代に、ランガーはほぼ直観的にこうした実験を行っていたわけです。

ランガーは、老人ホームでもうひとつ驚くべき実験を行っています。被験者は2つのグループに分けられ、全員の部屋に鉢植え植物が配られました。ひとつのグループでは、植物を元気に育てるよう要求され、また日々の予定を立てることができました。もうひとつのグループは、スタッフが植物の世話をし、毎日決められた予定の中で選択の余地を与えられませんでした。18か月後、前者グループのほうが後者グループと比べ、生存者が2倍にのぼりました（高齢者にペットの世話をさせた場合にも同様の結果が見られます。少なくとも、ペットの世話をすることで、彼らの気分や生活の質は向上します。寿命を延ばすという可能性も十分あるでしょう）。

老化と治癒は、厳格な身体的制限に基づいた固定的プロセスとして見なされてきたという点で共通しています。1日をどう過ごすかということについて選択権があるといった目に見えない要素は、これまで考慮されてきませんでした。こうした偏りは長い時間をかけて変わってきてはいましたが、その変化の兆候が明らかなものになるには本書の登場を待たねばなりませんでした。

今日、「意識」を治癒の要素として受け入れることが重要なのではありません。その闘いにおいては事実上勝利を収めています。そうではなく、慢性の痛みや中毒、処方薬依存、手術後の回復などはもちろん、治癒や老化に変化を起こすために、意識はどこまで関与するかということについてのあらたな仮説が必要なのです。

次に、私が考える基本的な仮説をあげます。

1. 心は物質より先にある
2. 精神的な選択は、器官、組織、細胞を変化させるようなメッセージを創り出す
3. 体は動的な流れであり、固定されたものではない
4. 遺伝子は人が望むことをなんでも表現する。そして遺伝子は心がアクセスできるスイッチをとおして作動する
5. 心身システムとは、入力と出力が、生活様式、環境、行動、信念、過去の条件付けを含む多くの決定因子を持っているフィードバック・ループである

Expanding the topic

⑥よりよいウェルビーイング状態はセルフケアによって得られる。セルフケアは、心身のフィードバック・ループを日々利用している

⑦究極的には、未来の人間の進化は、内的なバランス（ホメオスタシス）次第であり、その内的なバランスは、地球の全環境とバランスをとっている

それぞれについて述べるべきことはもっとたくさんありますが、それは次章以降にまかせることにしましょう。しかし一般的結論としては、「通常」とは、信じる人も疑う人も同様に、考えていたほどには「奇跡」とかけ離れたものではないということです。今日あなたが行う選択は、生涯にわたるウェルビーイングを得る鍵となります。体内のすべての細胞が、あなたの思考に聞き耳を立てています。意識を研究することは、つねに新境地を開拓していることであり、よって心身に精通するという潜在的な能力は、今考えられているよりもずっとすばらしいものであると見なすべきでしょう。

2 体はそれ自身、心を持っている

乳がんを治す方法を知っていると自信を持って言える人などいないと述べましたが、それは真理の半面しか言い当ててはいません。もしも患者が内面からの治癒プロセスを促すことができれば、それこそががんの治療法といえましょう。チトラのような治癒のエピソードは、劇的な変化が内面で起き、恐怖と疑念が取り払われると同時に病気も取り除かれることによって生じるのです。しかし、この変化がどこで起きるのか、ということを考えると、さらに謎は深まります。その変化はチトラの心で起きたのか、体で起きたのか、それとも両方で起きたのか？というごく初歩的な疑問でさえ、医学的通念に反するものなのです。その答えを知るために、西洋医学は、薬や手術といった医師の診療の中心から離れ始め、かたちのない世界、おおまかに「心身医学」と称される、理解しがたく得体のしれない分野へと向かい始めました。これはやむをえない動きでした。なぜなら、物理的な体だけに依拠することではもう行き詰まってしまっていたからです。

心身医学と聞くと、途端に居心地が悪くなってしまう医師はたくさんいます。彼らがそう感じるのは、実質的な分野としてではなく、概念に対してです。新しい考え方か、これまでどおりの化学薬品かどちらかを選べと言われたら、医師なら化学薬品を取るでしょう。ペニシリンやジギタリス、アスピリン、バリウムが効果を発揮するために、患者の側(もしくは医師の側)に新しい考え方をする必要性などありません。問題は、化学薬品が効かないときなのです。イギリスやアメリカで最近行われた調査の結果によれば、病院に行く理由となった元々の症状が、診察後も改善されていないと感じる患者が80%もいるとわかりました。第2次世界大戦末期に行われた古い調査によれば、イェール大学病院を退院する患者は、入院した日よりもさらに具合が悪くなっていたそうです(これは、精神科の診察の順番を待っている間のほうが、実際に診察をしてもらった後よりも症状が改善されているという調査と類似しています。体専門の医師と、精神専門の医師を取り換えれば解決するという単純な問題ではありません)。

つまり、奇跡的な治癒は実に、医学の根本的な概念のいくつかを再検証する必要性を際立たせることになるわけです。現代医学における治癒に関する論理は、ペニシリンを感染症治療のために投与するようなときにはすばらしいもの、少なくとも十分なものかもしれませんが、自然の論理は畏敬《いけい》の念を起こさせるほどのものだったりします。医師の多くが、チトラの治癒のようなケースを目の当たりにすると、どう説明してよいかわからず、茫然《ぼうぜん》とするしかなかったのです。こうした治癒は通常、「自然寛解」という言葉で表され、患者が自力で回復したという意味を持つ便利な言い回しです。自然寛解が起こることは非常に稀で、1985年に行われたある調査によると、がんと診断された2万件のうちで1件しか起こっていないということです。専門家の中には、実際の数はさらにずっと少ない（100万件に10件以下）のではないかと考える人々もいますが、実のところ誰にもわかりません。

私は最近、最先端の腫瘍学者、つまりがんの専門家と会う機会がありました。彼はアメリカ中西部出身の医師で、毎年何千人もの患者を診察しているということです。私は彼に、自然寛解の例を知っているかどうか尋ねました。すると肩をすくめ、こう言いました。「私はその言葉を耳にするとどうも居心地が悪くなるのです。腫瘍が完全に退縮するのを見たことはあります。非常に珍しいことですが、実際に起こっていることです」

こうした退縮が、完全に自然に起きることがあったのでしょうか？　その医師は、実際に時々起きていると認めました。少しの間考えてから、きわめて致死率の高い悪性の皮膚がんである、ある種のメラノーマ（黒色腫）は、自然退縮することが知られていると言いました。それがなぜ起きるのか、彼には説明できませんでした。「こうした珍しい事例について、じっくり考えようとは思いません」。彼は言いました。「がんの治療は統計学的なものなので、私たちは数が多いほうを選ぶのです。患者の大多数は、ある種の治療法に反応します。よくわからない理由で治ってしまうごくごくわずかな少数の患者について調べている時間がないだけです。そのうえ経験的に見て、こうした自然退縮の多くは一時的なものに過ぎないのですよ」

その医師は、完全な寛解は100万件に1件も起きないと考えていたのでしょうか？いいえ、そうではありません。そこまで稀なケースではないと彼は答えました。

彼は科学者として、たとえその可能性は100万分の1、もしくは1000万分の1だとしても、その背後にあるメカニズムを解明したいとは思わなかったのでしょうか？　医師は再び肩をすくめました。「もちろん、背後にはなんらかのメカニズムがあることは間違いないでしょう」。彼は同意しました。「でも、そうしたことを調べるために開業したわけではないのです。例えば8年前、ある男性が咳をすると胸が痛いと訴え、私のところに診察を受けにやって来ました。レントゲンを撮った結果、両肺の間に大きな腫瘍があることがわかったのです。入院することになり、生検を行いました。病理検査の診断によると、その腫瘍は燕麦《えんばく》細胞がんであることがわかりました。これはきわめて致死率が高く、進行の速い悪性のがんです。

私はその患者に、腫瘍による圧迫を取り除くためには一刻も早く手術をし、その後で放射線と抗がん剤を使った治療をしなくてはならない旨を告げました。彼は治療の見通しを聞いて非常に落ち込み、そして拒みました。その後、彼とはまったく連絡がとれなくなってしまいました。8年後、その男性は、首のリンパ節を腫《は》らせて私の病院にやって来ました。生検を行い、燕麦細胞がんだと判明しました。そのとき、それがあのときの男性だということに気づいたのです。

胸のレントゲン写真を撮りましたが、肺がんの痕跡《こんせき》はありませんでした。通常、治療しなかった患者の99・99％は、6か月以内には亡くなるものです。たとえ最高レベルの治療をしたとしても、90％の人が5年は生存しないでしょう。前にできたがんはどうしたのかと私は男性に尋ねました。すると彼はなにもしていないと答えたのです——彼がしたのは、がんなんかで絶対に死なないと決めたことだけでした。そして彼はまた次のがんの治療も拒絶するのかもしれません」

定義上、科学的医学は、予測可能な結果を扱います。しかし自然寛解が起こるときはいつもそうですが、その発生を予期することはまったくできません。自然寛解は、まったく治療をしていないときにも、お決まりのがん治療法を行っているときにも起こりえます。今日のアメリカで受けることができる、無数にあるがんの代替療法は、それぞれ固有のメリットがあるかもしれませんが、従来どおりの治療法や化学療法と比べて、より多くの自然寛解を起こしている、もしくは状態を悪化させているといった証明はされていません。がんがどのぐらい進行しているかということも、この件については関係ないようです。小さな腫瘍も、きわめて大きくなった悪性腫瘍も、実質的には一夜にして消えうるのです。自然寛解が起こるのは稀であり、またあたかも偶然であるかのように起こるために、がんの原因についても、「ありえない」治癒がどのようにして起こるのかについても、ほとんどなにも教えてはくれないのです。

　体はつねにがんと闘っており、その闘いのほとんどに勝っていると考えることは合理的であるように思えます。がんの多くの種類は、毒物（発がん性物質）、脂肪分の多い食事、放射線、大量のストレス、そしてとりわけウイルスを用いることによって、試験管の中や実験動物に生じさせることができます。私たちはこうしたすべてのものに、大量にさらされているので、体内もダメージを与えられているに違いありません。DNAは、こうした極端な状態の下では壊れてしまうことが知られています。しかしDNAは、自力で修復するか、ダメージを受けた部分を察知して廃棄する方法も知っています。

　これが意味するのは、早期がんはおそらく、定期的に体内で見つけられ、そして体に闘いを挑まれているだろうということです。もしもこうしたプロセスがさらに強化されたら、自然寛解という「奇跡」が起きるのです。実際、それは奇跡ではなく、まだ説明のつかない自然のプロセスであり、もしもペニシリンで肺炎が治ることが医学の細菌論によって説明がつかなかった場合に奇跡とされるのと同じことです。重要なのは、奇跡的治癒の背後にあるメカニズムは、神秘的でもランダムでもないということです――そしてそれは詳細に調査する価値があるものなのです。

　現代医学の診療では、一度奇跡が終わってしまえば、医師はこれまでどおりの考え方を取り戻し、いつもどおりの診療に戻るものです。しかし、医科大学のお決まりであったこうした状況も崩れつつあります。ひとつ例をあげてみましょう。

医学は、合理的で科学的な研究分野としてスタートしてからずっと、高齢者の脳機能は劣化するのが自然であると受け止めてきました。この劣化は、「確固たる」発見によって十分に実証されてきたことです。加齢とともに、脳は収縮して軽くなり、毎年何百万ものニューロンが失われます。ニューロンは、2歳になるまでには完成し、30歳になる頃には数が減り始めます。ニューロンは再生しないため、一度失われた脳細胞は二度と元には戻りません。このよく知られた事実に基づいて考えると、脳の退化は科学的にもっともなことのように思えました。年をとると、記憶は失われ、推論能力も知力も低下し、またそれに関連する症状が出てくるのは悲しいことに必然なのです。

しかし、こうした昔からの思い込みは、今では間違っていることがわかります。健康な高齢者を調査してみたところ、医学が習慣的に調査対象にしてきたような病気で入院している高齢者とは対照的に、心理的ストレス（孤独、憂鬱《ゆううつ》、外的刺激の欠如）がなければ、アメリカ人の80％が、加齢に伴う物忘れの症状が出ないことがわかったのです。あらたな情報を覚える能力は低下するかもしれません。だから高齢者は電話番号や名前を忘れたり、なぜ自分がこの部屋に来たのかを思い出せない、ということが起こります。しかし、長期記憶と呼ばれる、過去の出来事を思い出す能力は、むしろ高まるのです（加齢についてのとある専門筋は、キケロの「自分のお金をどこに隠したかを忘れたという老人がいるなど聞いたことがない」という言葉を引用しています)。

70歳の人々を20歳の人々と競わせるという実験においては、高齢者は記憶の分野において若者よりも長《た》けています。記憶の分野でも、短期記憶と呼ばれる違う類のものを毎日数分間訓練すると、高齢者のグループは、精神機能が最盛期にあるような若者グループとほぼ互角に競うことができるようになりました。

おそらく、「人生の最盛期」は延長されるべきでしょう。高齢になると、ほとんどあらゆるところに「自然な」劣化が見られるようになりますが、秘密は心の習慣にあって、神経システムの電気回路に依拠しているわけではないのです。人は精神的に活発でいられる限り、若い頃や中年期と同じぐらいに知性的なままでいられるでしょう。人はそれでも、平均して1年に１８００万ずつニューロンを失い、生涯をとおして10億ものニューロンを失うことになりますが、この喪失は、神経細胞同士を結びつける樹状突起と呼ばれる枝のようなフィラメントを構築することによって相殺されます。

神経細胞は、それぞれの形状が非常に異なるものなのですが、典型的なかたちとしてはタコのように球根状の中心部から複数の細い腕が放射状に生えています。軸索《じくさく》と呼ばれるこれらの腕は、末端で小さな糸状の渦となります。これが昔の解剖学者たちの目には木のように見えたので、ギリシャ語で「木」を意味するdendrite(樹状突起)と名付けられました。樹状突起は、ひとつの細胞についている数もさまざまで、12本以下から1000本以上のものもあり、ひとつのニューロンが近くのニューロンへ信号を送るという、連絡係のような役割を持っています。新しい樹状突起を育てることにより、ひとつのニューロンは、別のルートを作り出す配電盤のように、新しいコミュニケーション・チャンネルを四方に広げることができます。

思考というものが、脳細胞の中にどのようにして形成されるか、もしくは莫大《ばくだい》な数の連結がどのように相互に関わっているのか――例えば、無数の樹状突起が、脳内ではもちろん、みぞおちといった体内の主要連絡点に集結することなど――についてはよくわかっていません。しかし、実験によって、一生をとおして、かなりの高齢になるまで、新しい樹状突起は作られているということがわかっています。この新しい樹状突起の成長によって、脳機能が損なわれないような物理的構造を得ることができるというのが現在の見解なのです。健康な脳内では、老化は物理的に正常な状態ではありません。樹状突起がたくさん複製されることで、老齢になるほど賢くなるといえるかもしれません。年をとるということは、人生を総合的に見られるようになるということ、言い換えれば、相互の関わりがより豊かになるということです。神経細胞が、新しい樹状突起をとおして相互関係がより深まるのと同じことです。

この例は、物質が心より優位にあると主張するなら、医学というものがどれほど大きな間違いを犯しうるかということを示しています。神経細胞が思考を生み出すというのは、おそらく真実でしょう。しかし思考が神経細胞を生み出すということもまた真実なのです。新しい樹状突起においては、つねに思考したり、記憶したり、精神的に活発であるということが新しい組織を作り出すのです。発見はこれだけではありません。興味深いことに、「新しい老い」という考え方が医師たちに認められるようになると、さまざまなかたちの衰えに対する私たちの見方も変わり始めたのです。

例えば、運動している限り、体の筋肉組織は弱ることはありませんし、スタミナは徐々に落ちていっても、力は生涯損なわれないでしょう。体調がよくて、注意深く行うなら、65歳でマラソンのトレーニングをすることも可能です。同様に、心臓も加齢とともに弾力が失われ、1回の鼓動で押し出す血液の量も少なくなるといったように変化するものです。しかし数十年前には年をとれば当たり前と考えられていた心臓病や動脈硬化も、今では食事とライフスタイル次第では避けることができるものと見なされています。高齢者がかかるものと思われている脳卒中もまた、高血圧をうまくコントロールして脂肪分の少ない食生活を送ることで、過去10年で40%も減っています。年をとれば「仕方がない」と考えられていたものの多くが、ビタミン不足や偏った食生活、脱水症状といったことに原因があることがわかりました。こうした発見の数々から編み出される全体的な結論として、老化というものが抜本的に見直されつつあります。そして人生のいかなる段階においても、体全体について考え直さなければならないということも、実はもうひとつの結論なのです。

医療のあらゆる分野において、健康な体が、これまで考えられていたよりもずっと回復力が高く、融通が利くものであるということがわかってきています。医大ではAという細菌がBという病気を起こし、薬を用いて治療すると教えられますが、自然にとってそれは多くの選択肢の中のひとつに過ぎないようです。例えば、がん治療における精神面からのアプローチは、10年前には一笑に付されていたでしょう。しかし今日では、患者は思考の力を用いて、自らがんの治療に参加し、病気の経過をコントロールさえできるかのように思われます。１９７１年、テキサス大学の放射線学者O・カール・サイモントン博士は、咽頭《いんとう》がんを患《わずら》う61歳の男性と出会いました。病気の進行は速く、患者は食べ物をほとんど飲み込むこともできず、体重は45キロにまで落ち込んでいました。

治療をしても5年生存率は5％という、見通しが非常に悪かっただけでなく、患者自身もすでに非常に衰弱しており、この病状で通常用いられる放射線治療を行ってもよい結果は得られそうもありませんでした。切羽詰まった状態ではありましたが、心理的アプローチを試みたいという思いもあり、サイモントン博士は視覚化という手法を通して放射線治療の効果を高めるのはどうかと提案したのです。

患者は、できる限り鮮明に自分のがんをイメージするようにと言われました。自分でよいと思えるいかなるイメージでもそれを使い、白血球がそのがん細胞を打ち負かして体から一掃し、健康な細胞だけが残るよう免疫システムが働くところを視覚化するよう求められました。

白い粒子である自分の免疫細胞が怒涛《どとう》のごとく集結し、まるで雪で埋もれる黒い岩のように、腫瘍を覆いつくすイメージをしたと、患者は言いました。サイモントン博士は、彼を家に帰し、その後も1日に何度もこうした視覚化を行うように言いました。患者は博士の言いつけを守り、ほどなくして腫瘍は小さくなっているかのように見えました。数週間後には、明らかに小さくなっており、また放射線治療の副作用もほとんどありませんでした。2か月後、腫瘍は消えていました。

サイモントン博士は、心理的アプローチのあまりの効力に心から喜んだものの、当然のことながらその結果に驚き、また複雑な気持ちになりました。思考ががん細胞をどのようにして消し去るというのか？　そのメカニズムはまったくわかっていません。実際、免疫系と神経系がともに関わっているのは明らかですが、その両者のおそろしいほどの複雑さを考えても、メカニズムを解明することはできそうもありません。患者のほうは、自分が治ったことを、過度に驚くこともなく受け入れました。彼は博士に「足の関節炎が痛くて、なかなか渓流釣りに行くことができない」と話しました。がんが治ったのだから、関節炎を治すのに視覚化を試してみてはどうだろう？　そして数週間も経たないうちに、視覚化の効果が出たのです。男性は、その後今日に至るまでの6年間、がんも関節炎も再発していません。

今では有名なこのケースは、心身医学を大きく躍進させることになりましたが、残念なことに、この件にはまだ続きがありました。サイモントン博士のイメージ療法（その後、広範囲にわたる心身プログラムとして展開されました）は、確実にがんを治すわけではないのです。私の患者のひとりは、サイモントン療法によって、乳がんが治りました。医師の管理の下ではなく、独自に行ったのですが、それでも私は彼女が完治したと考えます。しかし、長期的な統計調査において、こうした散発的な成果は従来どおりの治療に優るか否かについては論争の的になっています。現在は、通常の治療のほうが優位にあります。例えば、乳がんが発見された場合に腫瘍が非常に小さくて限定された箇所にとどまっているとしたら、治る（「治る」とは、少なくとも3年間は再発せずに生存することを意味します）可能性は現在では90％を超えます。

それと比べて、自然寛解の件数は、最大限に多く見積もっても0・1％をはるかに下回るでしょう。放射線治療と化学療法よりも効果を発揮するようになるまでは、精神的なアプローチやその他の代替療法が治療の選択肢になることはないでしょう。患者の要望があったとしても、ほとんどの医師は、いまだにそうした治療法に不安を感じ、信頼していないのです。

しかし、たとえサイモントン博士の患者がたまたま特殊な例だったとしても、体がどのように自らを治すのかという概念に一石を投じることになりました。というのも、これまでどんな医師も試したことのない「死と闘う方法」が自然に体に備わっていたということであり、また医師がいつも試みている治療が体の自然な働きを助けるのではなく、抑えつけているかもしれない可能性があるとわかったからです。

1980年代に、好奇心と冒険心が強い医師たちが、バイオフィードバックや催眠療法からイメージ法、行動変容療法に至るまで、心身を刷新する実験をしました。その結果はおしなべて漠然としたものであり、読み解くのが難しいものでした。心理学者のマイケル・ラーナーは、ハーブ療法やマクロビオティックから、ポジティブなイメージの視覚化に至るまで、幅広くがんの代替治療を行っている40のクリニックを、3年間かけて徹底的に調査しました。そして、こうした「補助的ながんセンター」は、一般的に教育レベルが高い富裕層の患者に求められていること、そしてクリニックを運営する医師たちも真面目《まじめ》であり、善意からこうした療法を行っているが、がんの治療法と言えるようなものは、彼が訪れたどこのクリニックでも発見されていないということがわかりました。

患者へインタビューしたところ、かなりの人々(40%)が、少なくとも一時的には生活の質が向上したと考えており、残りの40%は、数日間から数年にわたり、実際に病状の改善が見られたということでした。約10％の患者は、治療からなにも得られなかったというグループ、部分的あるいは完全に回復したというグループというふうに、両極端に分かれました。概して、代替療法を受けると患者は安らぎや安心感を得られますが、残念なことに、寛解率は通常の治療とさほど違わないのです。結果に一貫性がないという点以上に、もっと奥深いところに別の問題があります。それは、心身のつながりという分野は、心が体に影響を与えて健康になったり病気になったりするという根本的な点を厳密に立証することができないため、困難な立場にあり続けているのです。病気の人と健康な人の心の状態は異なるということは明らかなことのように思われますが、その原因となるつながりについてはいまだにハッキリとはしていません。1985年、ペンシルバニア大学で乳がんの大々的な調査が行われましたが、患者の心の持ち方と2年生存率との間にはなんら相関性は見出されませんでした。この調査については、権威ある医学誌『ニューイングランド・ジャーナル・オブ・メディスン』に掲載され、「病気を、精神状態の直接的な反映としてとらえることは、民間伝承でしかない」と言明し、感情ががんに影響を与えるという考え方自体が否定されました。

この論説に対し、手紙が殺到しました。そのほとんどが、記事の結論に強く反対する医師たちからのもので、その結論は心の持ち方を病気のひとつの要因として考慮にも入れないなど理不尽なことで、ましてや民間伝承と見なすなどとはもってのほかであるということでした。臨床に携わる医師なら誰でも、患者の治りたいという意志こそ、治癒にとって最重要な点であることを知っています。「信頼に足る」医学にこだわってはいても、それでもほとんどの医師たちは、心持ちや信条、感情がなんの役割も果たしていないという考えを容認することはできなかったのです。ヒポクラテスは、西洋医学の黎明期《れいめいき》に、「命にかかわる病気にかかっている患者でも、すばらしい医師にかかっていると信じることで回復することもある」と述べています。今日、多くの研究によって、自分の医師を信頼して治療に身をゆだねた人々は、不信、恐怖、敵意を持って医師にかかる人よりも回復する可能性が高いということがわかり、ヒポクラテスの言葉を裏付けるものとなっています。

その論説が発表されて以後、感情的な議論が勃発《ぼっぱつ》し、意見は分かれ、さらに議論は混迷していきました。1980年代半ばからの乳がんの生存率に関する3つの異なる調査は、それぞれがまったく違う結果を出したのです。第一の調査は、強く、前向きな心持ちでいた人のほうが、ネガティブな態度の人よりも長く生きる傾向があるということが示されました。これは、病気の進行具合には関係なく、前向きな感情は、末期の転移がんからの回復の助けになる一方で、ネガティブな感情を持つ患者は比較的早期のものと診断された小さな腫瘍でも死んでしまったりするのです。しかしながら、第二の調査の結論とは、ポジティブでもネガティブでも患者が強い姿勢でのぞみ、それを内に抑え込むのでなく、外に出した場合、がんからの回復に役立つというものでした。第一の調査は、ポジティブなほうがネガティブであるよりもよい、という常識を裏付けるものであり、第二の調査も、諦《あきら》めるより闘ったほうがよいという常識的な考えを、別の角度から見たもので、だいたい同じようなものでした。感情を抑え込み、その抑圧を悪性細胞へと変えてしまう、いわゆる「がんになりやすい性格」というものが世の注目を集めました。その正反対が、「生きようという強い意志を持つ」タイプで、こちらはポジティブにもネガティブにもなりえます。「いかなる」感情パターンも、乳がんの2年間生存率との間に相関関係は存在しないという結論を出した研究に裏付けられた『ニューイングランド・ジャーナル・オブ・メディスン』誌に掲載された、そもそもの始まりとなった調査を除けば、どれも一定の論理に従った結果となっているわけです。ソークワクチン（ポリオ予防の不活化ワクチン）以来、最も歓迎された革新のひとつとなりつつあり、人気が高まりさえしていた心身医学という概念はなかなか安定しませんでした。今や、期待が持てるような大発見が発表されると、その後、失望させられる臨床結果が出るという、おなじみのパターンができあがってしまいました。そしてその臨床結果は概して限定された医学界でしか知られていないようなものなのです。

典型的な例として、心臓病患者の分類があげられます。患者の4分の3以上が中年男性ですが、それを危険度の高いタイプAと危険度の低いタイプBに分けるというものです。タイプAの性格とは、やる気に満ちており、つねに締め切りに追われ、ストレスホルモンを体中に巡らせている仕事中毒タイプであり、反対にタイプBは、リラックスしており、寛容で、バランスがとれているタイプです。タイプAは「あくせく病」にかかっているので、ついには心臓が反旗を翻し、発作を起こしてしまうのも理にかなっています。

残念なことに、比較試験の結果、この広く受け入れられている分類はあまり適切ではないということがわかりました。ほとんどの人がタイプAの要素もタイプBの要素も持ち合わせており、ストレス耐性も人それぞれで、ストレスがプラスに働くタイプもいることがわかってきたのです。最終的に、1988年に行われた調査によって、もし実際に心臓発作を起こした場合、タイプAのほうがタイプBより生存率が高いということが判明しました。心臓発作ということになると、タイプAの成功したいという強い思いが明らかに役立つのです。

心と体の複雑なつながりは、簡単に解明されることはありませんでした。最も明白な生命の事実のように思われますが、前向きな心がどうして健康に結びつかないのかと問われたら、その答えは、まず「心」というものをどうとらえているかということに関係します。これは哲学的な問いではなく、実際的なものです。もしもがん患者が来院したら、その精神状態を判断する際に、がんの診断が下された日の状態を見るのでしょうか？　それよりずっと前、もしくはずっと後の状態を見るのでしょうか？　ローレンス・ルシャン博士は、1950年代から行われている、感情とがんを関連づける先駆的な研究の創始者ですが、がん患者の心理に陰りを与えた黒い種子を見つけるために、子ども時代にまで遡り、その種子が、病気を発症するまで何年もの間、潜在意識の中に潜伏していると理論づけました。

私自身の経験では、5年にわたって両肺にコイン大の病変がありながら、快適に暮らしている肺がん患者を診察したことがあります。彼自身、がんだとは夢にも思わず、また年齢的にも60代だったため、進行も非常にゆっくりとしたものでした。しかし、私がその病変が肺がんであることを告げるやいなや、彼はひどく不安定になりました。そして1か月も経たないうちに、喀血《かっけつ》が始まり、3か月も経たぬうちに亡くなったのです。心の状態が、この思いもよらぬ急変を招いたのだとすれば、それは急速な反応だったと言えるでしょう。この患者は、腫瘍と共存することはできたのに、がんという診断とは共存できなかったのです。

さらに基本的なことが次の問いかけです。医師が関心を抱く「心」とは、患者の全人格なのか、潜在意識なのか、態度なのか、深い信念なのか、あるいは心理学によってまだ解明も定義もされていないなにかなのか？　病気になったり回復したりすることに関連する心とは、人間に限定されたものではないかもしれないとも言えます。

オハイオ大学で1970年代に行われた心臓病に関する研究では、高いコレステロールの食事が人間の動脈にもたらす影響を再現し、ウサギの動脈を塞《ふさ》ぐために非常に有毒で高コレステロールの餌《えさ》を与えるということが行われました。すべてのウサギのグループで、一貫した結果が得られ始めましたが、ひとつのグループだけは奇妙なことに、症状が60%少なく出たのです。ウサギの生理機能からは、なぜ餌に対して高い耐性を持つのか説明はつきませんでしたが、このグループを担当する学生が、優しく撫《な》でたり可愛がったりしていたことが偶然判明したのです。その学生は、餌をやる前の数分間、ウサギを1羽ずつ優しく抱いていたのです。驚くことに、有害な餌をものともしなかったのはこの行動だけのように思われました。繰り返し実験において、ウサギのひとつのグループは普通に、その他すべてのグループは優しく扱ったところ、似たような結果が出たのです。あらためて言いますが、このような免疫力を引き出すメカニズムは解明されていません。進化の流れにおいて、人間に可愛がってもらうことが引き金となるような免疫反応が、ウサギの心の中に組み込まれたとは非常に考えにくいのです。

医学的に言えば、心とは想像上のものであると片付けることも可能でさえあり、これに賛同する医師は多いでしょう。病気だと考えるとき、本当に病気なのは、脳であるというわけです。この論理によれば、うつ病、統合失調症、精神障害といった古典的な精神疾患は、脳の病気だということになります。これはあたかも、自動車事故が起こるのは、自動車のせいだと言っているようなもので、明らかに不適切な論理です。しかし、脳とは重さを測ったり切開したりできる、実体のある臓器であるため、医学にとっては「心」よりも安心して扱えるのです。心は、何世紀にもわたって内省や分析が行われてきたにもかかわらず、いまだ定義することができないということが実証されました。医師たちは、哲学者であることを求められずに済み、ほっとしたというわけです。

今日において、心に作用する向精神薬が、うつ病や双極性障害、不安神経症、幻覚といった精神疾患を和らげる力は過去のどんな治療法よりもずっと強力です。薬を用いる精神医学は、現代の医療革命である心身医学の対極にあると言えるでしょう。脳内の化学物質のバランスの悪さが精神病と直接的につながっているということを示唆する例は多く、信頼に足る臨床結果が出ているのです。

慢性の統合失調症による本格的な狂気は、幻覚、幻聴、思考の乱れ、そしてしばしば起こる身体的・精神的な見当識障害など、あらゆる症状を包括しています。「今日は何日か」と尋ねられただけでうろたえ、恐怖に震えかねません。しかし、このような心の状態と正気との間の構造的な違いは、脳から分泌されるドーパミンという、微量の生化学物質に帰着すると言えるかもしれません。統合失調症とドーパミンとの関わりは、20年前から知られていました。この化学物質は、感情と知覚を処理する際に重要な役割を果たし、統合失調症患者においては過剰に分泌されると考えられていました。よって、幻覚とは、外界を知覚し、それが脳内の化学物質の信号に変わるときに混乱することであるとも言えるでしょう。

この仮説は1984年にはさらに簡潔なものになりました。アイオワ大学のラフィク・ワジリ博士が統合失調症患者の脳内化学物質について再考察し、その欠陥がセリンと呼ばれるさらにずっと小さな分子に限定されるとしたのです。セリンとは、ほとんどのタンパク質食品に含まれる一般的なアミノ酸で、ドーパミン生成過程初期と関連があると考えられています。このセリンの代謝がうまくいかないため、統合失調症患者の脳はその不足を補おうとドーパミンを過剰に生成するのですが、詳しいプロセスはまだ解明されていません。精神疾患の中でも最も不可解で複雑だと考えられている統合失調症が、食べ物の消化のよしあしによって決まるなどということがありえるでしょうか？　実はマサチューセッツ工科大学でずっと以前に行われた研究により、脳の基本的な化学物質は非常に変化しやすく、1回の食事によって変わってしまうこともありうる、ということがすでに実証されています。

ワジリ博士は、長期にわたり統合失調症にかかっている人々にグリシンという栄養補助食品を摂らせました。このグリシンは、ドーパミンの生成メカニズムの一部として、セリンから作られると考えられている化学物質です。おそらく、グリシンを余分に摂ることでセリンの欠乏を回避することになり、ドーパミンのバランスを元に戻してくれるだろうと博士は推論したのです。試験グループの中の数人の患者には、劇的な反応を示すものもいました。投薬をストップしても、なんら精神的な症状が出ることがなかったのです。彼ら

その治療のために使われていた心を麻痺《まひ》させる

病気と、その治療のために使われていた心を麻痺させる薬から解放されました。

精神病を食事療法で治療することができれば、従来どおりの治療よりもずっと安全なものになるでしょう。病気と食事との関連性は見つかりそうでいて、なかなか見つかりませんでした。時期尚早にも「幸せになる食べ物」と「悲しくなる食べ物」が掲載され、ベストセラーになったダイエット本もありましたが、それはこうした食べ物の中に含まれるアミノ酸は直接脳に運ばれ、ポジティブな気分かネガティブな気分を生み出す化学物質に変換されるという理論に基づくものでした。牛乳、鶏肉、バナナ、葉物野菜は、ドーパミンと2種類の「ポジティブ」な脳化学物質を刺激するので「幸せになる食べ物」とされ、また一方で砂糖や脂肪の多い食べ物は「ネガティブ」な化学物質であるアセチルコリンを刺激するため、典型的な「悲しくなる食べ物」とされました。批評家たちは、脳化学物質はそれほど単純なものではないと言っていますが、それももっともなことです。例えば、統合失調症患者のドーパミンレベルが高いということは、ポジティブなことだと考えてよいのでしょうか？　食事のコレステロール量が、直接血中のコレステロール値と関連していないように、アミノ酸の摂取量を変えても、それが望ましい脳化学物質の増加に直接結びつくとは思えません。

食事方法で正気になったり、素敵な気分になったりするというならば、心身医学における基本問題はさらに混乱することになります。心が関節炎を治すと信じつつ、同時にチョコレートを食べることでうつ病になると考えることができますか？　これでは、物質が心に優るとき以外は、心は物質に優るなどという自己矛盾に陥ってしまうことを示唆しています。まだ実体が解明されていない現状においては、2つの相反する立ち位置、つまり心からアプローチする体の治療と、体からアプローチする心の治療というものが、どちらも同様に宙に浮いたままなのです。

不明瞭な点すべてが十分に解明されておらず、その結果、心という主観的な世界は治癒する能力も病気をもたらす能力も同様に気まぐれであてにならない力であるとされたままです。物質主義的な偏見を持つ多くの医師たちは、精神的な謎も身体的な謎もすべての答えは化学物質にあると結論づければ大喜びすることでしょう。

私は化学物質がすべての答えだとは思っていません。私の専門である内分泌学においては、心に影響を与える化学物質である内分泌性ホルモンが発見されています。糖尿病に対する間違った認識から起こる低血糖反応、月経周期による気分の変化、ある種のがんの初期の兆候である特徴的なうつ状態（例えば、すい臓の腫瘍は発見できないほど小さくても、患者は憂鬱さを感じるのです）など、コルチゾールやその他の「ストレスホルモン」を血中に分泌するため、ホルモンバランスの乱れが原因の精神的症状を示す患者を私は毎日診察していました。

それにもかかわらず、生体の化学反応に関するさらなる深い知識があれば十分であるという議論には欠陥が多すぎると私は考えます。体にはあまりに多くの化学物質があり（文字どおり何千もあります）、それは戸惑うほど複雑なパターンで生成され、あまりに速く、しばしば1秒足らずの間に移り変わっていくのです。このたえまない流れをなにがコントロールしているのでしょうか？　心と体のつながりから、心を除外することはできません。体は化学物質のみによって自ら治癒すると言うことは、車はトランスミッションだけで自らギアチェンジすると言うようなものです。自分の行動を認識する運転手が必要なのは明らかです。自動で作動する機械のように、体は自発的に動いているという考えに、医学は何世紀にもわたってしがみつこうとしてきました。しかし、体にも運転手がいなくてはならないのです。そうでなければ、体の化学反応は、信じられないほどに整然とした精密機械のようなものではなく、浮遊する分子の寄せ集めのようなものとなってしまいます。

まだいろいろなことがよくわかっていない時代には、ホムンクルスと呼ばれる小人が運転手の役目を果たし、心臓に座り、体を動かすのに必要なすべてのギアチェンジをしていると考えられていました。そのホムンクルスは、解剖学者が初めて死体を切り開き、内部がどうなっているかを明らかにしたルネサンス期に姿を消しました。ホムンクルスは心臓の中には見つからず（魂も見つかりませんでした）、心と体の間にはとてつもなく大きな空白が残されました。以来、多くの科学者が、脳機能は他のすべての生理機能を制御していると言い、この空白を脳によって埋めようとしてきました。しかし、脳もひとつの機械に過ぎないため、この答えは論点をはぐらかすものになっています。運転手はやはり必要なのです。それは、ホムンクルスよりも、もしかすると脳よりもずっと抽象的なものなのではないかと私は考えます。それは、私たちが生き、動き、考えるよう促す叡智の中に組み込まれているのです。

それを証明することはできるのでしょうか？ 次なるステップは、体の内なる叡智に深く入り込み、なにが私たちの生きる動機付けになっているのかを発見することです。心身医学の領域には、既定の事実も確固たるルールもありません。これは非常に有利なことです。何十年にもわたり、多くの病気が心因性の要素があるということを医学は知っていながら、そのような要素を扱うことは風を追いかけてつかまえようとするようなものだったのです。私たちの中には、心の命令に応える「思考する実体」があるに違いありません。でもそれはどこにあり、なにでできているのでしょう？

Expanding the topic

さらなる考察

「思考はどこからやって来るのか」——この章で最も不可解な謎のひとつであり、今日に至ってもいまだ答えはわかっていません。驚くかもしれませんが、脳が思考しているという証拠はないのです。実際、心は脳から生じると仮定すると（神経科学においては基本的な作業仮説ではありますが）、「意識」というものはあくまでも推論に過ぎなくなってしまいます。昔の自動ピアノをイメージしてください。巻き取り譜を装置に挿入することで音楽が奏でられるタイプの自動ピアノです。巻紙に空けられた穴が鍵盤を動かし、まるで目に見えないピアニストが、メイプルリーフ・ラグやモーツァルトのソナタを弾いているように見えるのです。

巻き取り譜がピアノ自体を作っていると思う人など誰もいないでしょう。「目に見えない」ピアニストの背後に意志を持った音楽家がいることは間違いないのです。脳を観察するとき、同じことが心についても言えます。1000兆もの連結部が、化学信号とかすかな電荷を用いて活性化すると、思考、感情、感覚、イメージといった心のさまざまな活動が現れます。こうしたことが自動的に起こっていると断言するのは妙なことに思えますが、それが物質主義的なとらえ方です。本書で私は反対のことを述べています。意志、願

Expanding the topic

望、希望、夢などを備えた目に見えない叡智が働いています。「自己」として知られているこの本質を見ることができないからといって、その本質が存在しないということにはなりません。物理的現象しか受け入れない厳格な物質主義者にとっては、その本質は存在しないというだけのことです。

本章のほとんどが、心身の関連の実在性に焦点が当てられたものですが、現在その実在性についてては確固たるものとなっています。過去30年にわたり、体中にメッセージを伝達するネットワークについての研究はさらに進み、あらゆる思考、感情、気分、そして信念は精神から肉体へと伝わるものであることに疑問の余地はありません。しかし、ホルモン、神経伝達物質、免疫刺激剤、ペプチド、遺伝子によって表される何千という物質について詳細に研究されることによって、心身の関連のシンプルさがかえってわかりにくいものになってしまいました。

簡単に言えば、システム全体が、入力と出力というたった2つの要素から成るフィードバック・ループなのです。脳に入力され、出力されます。これは、精神的なものも身体的なものも、あらゆるプロセスがあらゆる他者と出会う結合体です。それは、何兆という線路がひとつの駅で合流し、駅を出ると、またそれぞれ別の方向へと向かっていくようなものです。生きている心と体のはかりしれない複雑さをシンプルなものにする理由とは、結局はそれが実用的だからです。私たちは誰もが、自分に影響を与えるような入力がよいものなのか悪いものなのかを知りたいと思っているわけです。

ポジティブな入力

- ○きれいな食べ物、空気、水
- ○ポジティブな感情
- ○強い自己肯定感
- ○ストレスが少なく、ストレスに直面してもうまく対処できる
- ○適度な運動
- ○よい睡眠（毎晩8〜9時間）
- ○愛があり、支え合うような人間関係がある
- ○対立や葛藤がなく、精神的に充足している
- ○仕事面での充実
- ○瞑想やその他の瞑想的なことの実践
- ○アルコール、タバコ、麻薬を避ける
- ○処方薬の使用を最小限にする
- ○過去の古傷や自己破壊的な条件付けを癒す

Expanding the topic

いずれも目新しいものではないかもしれません。それはつまり、新しいものである必要性がないからです。ここ何十年で、予防についての周知が進み、健康に対する意識も高まり、私たちはポジティブな生活様式の変化について広い知識を持っています（これは、なぜこのような変化が効果的なのか、知る必要のあることすべてを私たちが知っているということではありませんが）。ポジティブな入力もネガティブな入力も、体のあらゆる細胞に刻みこまれ、そして遺伝子の発現へと至ります（つまり、これが複雑な化学的出力というわけです）。

残念なのは、情報があるからといって動機にはならないという点です。私たちは、自分たちにとってなにがよいのかを知っていても、そのようには生きないものです。過剰なアルコール、タバコ、麻薬の摂取、加工食品やジャンクフードを食べること、強いストレスを抱えたままでいること、睡眠不足、運動不足といった、最もありがちなネガティブな入力は、変わりたいと心から思っている人の生活の中心を占め続けます。世界中の人々のウェルビーイングについて世論調査をしているギャラップ社は、「繁栄している」を最上位に分類にしています。これは、自らを幸福で安全で経済的にも安定しており健康であると表現している人々のことで、大多数のアメリカ人が最低限の基本と考えるようなレベルのウェルビーイングを享受しているという定義です。しかし世界中で繁栄している人々の割合は非常に低く、たいていは10～15％、豊かな西側先進国であっても33％を超えることはめったにありません。アメリカ合衆国での抗うつ剤や安定剤の使用が増え続けているという事実は内的な不安を証明するものであり、ある統計によると、処方箋を要するレベルの鎮痛剤の乱用が原因となっている死亡者数は、今や違法ドラッグによる死亡者数をうわまわると言います。

このようなことを説いても、結局は意味がありません。予防とは、おそれのレベルを示唆しており、おそれというものは、瞬間的に生じるものは例外として、悪い動機になります。体は慢性的なストレス状態に抵抗しますし、自分の健康に不安を持つことはストレスのひとつのかたちなのです。長期的によい動機になりうる唯一のものがインスピレーション、自発的な鼓舞のようなものです。それもすぐに消えてしまうものですが、心と体につねにポジティブな入力をするという経験を好み、楽しもうという強い信念を持って自分を大切にすれば、確実なインスピレーションが生じるのです。

本書の執筆時、私は心身の結びつきを人間的側面からとらえようと考えました。コンピュータや情報理論の世界から採った「フィードバック・ループ」という言葉は冷たくて抽象的な響きがすると感じたからです。しかし結局は、すべてが入力と出力に帰結するのです。

ネガティブな側面ばかり論じるのはやめにして、例えば次のようなイメージをしてみてください。ストレスの多い1日を過ごしたとしましょう。17時になる頃にはすっかり疲れ果て、家に帰って料理をする代わりに、ハンバーガーとフライドポテトで食事を済ませま

Expanding the topic

す。リラックスするために1～2杯お酒を飲んでゆっくりします。やるべきことが膨大にあるため、少し家に持ち帰って仕事をします。だから就寝時間になっても心はまだ非常に活発な状態で、眠るのに時間がかかります。翌朝、目覚まし時計はいつもどおりの時間に鳴りますが、やっとのことで6時間の睡眠がとれたかとれないかの状態です。そしてまたいつもと同じ1日が始まるわけです。内心では、もっとうまくやろうと自分に誓うのですが、その誓いが守られるかどうかはわかりません。

こうした毎日のルーティンが「普通」の状態になっている人は何百万といるでしょう。そしてそのように生きることは、人間の体にとって負荷になります。というのも、もうお気づきでしょうが、ポジティブな生活様式から逸脱することは、細胞レベルに影響するからです。細胞レベルでどんなことが起こるのか、次にまとめてみました。ネガティブな入力から導かれる結果はおそろしいものです。

ネガティブな入力が引き起こすこと

- 全体のバランスを乱し、炎症を引き起こす
- 慢性的ストレスや、過去からのネガティブな入力の有害な残骸《ざんがい》に妨害されて、体の働きが不安定になる
- 古い神経経路を増強し、悪い習慣を断つのがますます難しくなる

○前がん状態の異形成も含む、細胞機能の異常を引き起こす
○免疫系を弱め、病気への抵抗力を損なう
○早期老化の一因となる
○全般的な倦怠感《けんたいかん》、不快感、病気といった、ウェルビーイングとは反対の状態を作り出す

本書では、がんの自然寛解、いわゆる「奇跡的治癒」というドラマに焦点を絞ったため、さらに大きなメッセージが十分には伝わっていない可能性があります。よって、もっと明白な言葉で言わせてください。入力は、あなたがコントロールできるものなのです。私たちは毎日、がんやその他の病気になるのではないかと思ったりせずに、ポジティブな入力を最大化し、ネガティブな入力を最小化するということに主眼点を置くべきです。

ウェルビーイングの新しいかたちが必要とされています。ほとんどの人々が、自分の人生を仕事、遊び、そして家族のために当てています。セルフケアのために使われる時間はほとんどありません。しかし、今自分自身を大切にケアすることは、まさに今後10年間の自分の人生を決定することなのです。

真のセルフケアは、全人生を包含しています。あらゆる局面において、自分自身のウェルビーイングに責任を持たなくてはなりません。脳は、身体的、精神的、スピリチュアル的なあらゆる経験を入力として処理します。次のようなセルフケアとセルフネグレクト

Expanding the topic

（自己無視）との対比を見てみてください。

セルフケアの10の秘訣《ひけつ》

1 幸せを最優先させる
⟷幸せだったり不幸せだったりする現状とうまく付き合っていく

2 自分の人生に意味と目的があるかどうか確認する
⟷たとえ意味のないルーティンに見えたとしても、日々の実用性を重視する

3 より高次のビジョンに従って生きる
⟷よりよい仕事、より多くのお金、より大きな家といった外的なものを求めて生きる

4 自分の人生の各年代において意識を拡大させる
⟷若さは人生のピークであり、年をとることは衰えることであると見なす

5 個人的成長に注目し、それに時間を費やす
⟷つねに現状を維持し、それを誇りに思う

6 よい食生活と運動という理にかなった養生法に従う
⟷糖分、脂質、カロリーの高い食事をし、明日こそは、来週こそは運動をしようと誓う

7 1日数回、休憩時間を取り入れ、脳をリセットする

⟷自分を休ませる前に、極度に疲弊するまで脳を酷使する

⑧瞑想、黙想、内省をとおして自分の内的世界を理解する

⟷自分が本当に感じていることを無視する。思い切って自分の内面を見た場合に、そこに見出すかもしれないものをおそれる

⑨他者を認め、感謝の気持ちを表す

⟷自分のためにできるだけ多くをつかみとる。つねに自分の利益だけを追求する

⑩いかに愛し、愛されるかを学ぶ

⟷ロマンスを過去に置き去りにすること。自分の愛の源を見ようとしない

このように、セルフケアとは、野菜を食べたり、スポーツジムの会員になったりする以上に、もっと奥の深いことです。セルフケアは、豊富な医学的証拠に後押しされた、成功と幸福の新しいかたちなのです。このことについては後の章で詳しく述べることにしましょう。こうした一般的原則を先に提示したのは理由があります。一時的なダイエットやジムで磨き上げられた体、若さという美に多大な注意が向けられる世の中において、実は意識を変化させることこそ、さらなる恩恵をもたらしてくれるのです。

自分の内側を見るようにすることは重要な側面ですが、それがなぜ重要なのかを知っていなければなりません。本書が目指すものは、さらにもっと根本的なものでした。それ

Expanding the topic

は、自分自身を新しい見方でとらえること、つまり宇宙の子どもとしてとらえることです。その認識の根底には、あなたの意識が宇宙意識と融合する場、つまり源においてセルフケアが始まらざるをえなくなります。そうなって初めて、私たちは真に自分を尊重することができるようになります。そのとき、セルフケアは、自然そのものを慈しむようなものになるのです。

3 彫像か川か？

人間の体内の細胞の数を数えることは、世界中の人間の数を数えるのと同じぐらい難しいことですが、一般的に認められている数としては50兆個とされています。この数字は、地球上の全人口の1万倍にもなります。細胞にも、心臓、肝臓、脳、腎臓《じんぞう》などを作るさまざまな種類のものがありますが、それを分離して顕微鏡で見ても、素人目にはどれもほとんど同じに見えます。細胞とは、基本的に細胞壁という外膜で覆われた袋で、水と渦巻く化学物質が混ざったもので満たされています。赤血球以外のすべての細胞の中心には細胞核があり、その中にきつく巻かれた螺旋《らせん》状のＤＮＡが大事に保護されています。もし指先に肝臓の組織の小片を載せたとしても、子牛の肝臓と見た目は変わりません。それが人間のものであると識別するのはかなり大変でしょう。ベテランの遺伝学者でさえも、人間のＤＮＡとゴリラのＤＮＡの違いは2％しか認められないでしょう。肝臓の細胞には多くの機能があり、最近の計算によると５００以上もあるようなのですが、ただ見ただけではその手がかりも得られないのです。

心と体の問題がなかなか明快にならない中、ひとつだけハッキリしていることがあります。それは、人間の細胞が畏《おそ》れ多いほど知的な状態に進化してきたということです。いかなる時点においても、体内で調節されている活動の数は文字どおり無数にあります。私たちの生理機能は一見別々の仕切りの中で作動しているようですが、地球の生態系のように、実際は見えないところでつながっているのです。私たちは食べ、呼吸し、話し、考え、食べ物を消化し、感染と闘い、血液から有害物質を排除して浄化し、細胞を再生させ、廃棄物の処分をし、選挙で投票し、そしてその他さまざまな活動のひとつひとつが、全体としてひとつの織物へと織りなされているのです(私たちの生態系は、思ったよりもずっと惑星に似ています。生物が私たちの体の表面をうごめいていますが、それらの微小さに私たちが気づいていないのと同様に、生物たちも私たちの大きさに気づいていないのです。例えば、人間のまつげの中だけでライフサイクルを終えるようなダニの集団も存在するのです)。

体という広大な範囲内で、例えば脳内の150億個のニューロンの中のひとつといったたったひとつの細胞の機能について書くだけでも、相当な厚さの医学書になります。免疫系や神経系といったひとつの系について書いただけでも医学図書館の棚をいくつも占めることになるでしょう。

治癒のメカニズムは、このように全般的に複雑な仕組みの中のどこかに存在しているのですが、とらえどころがありません。治癒を受け持つ器官というものは存在しないのです。それでは体がダメージを受けたとき、なにをすべきか、どのようにして知るのでしょうか？　医学は明快な答えを持ち合わせていません。切り傷を治すプロセスもいろいろありますが、例えば血液の凝固ひとつをとってみても非常に複雑です。あまりに複雑なため、もしも血友病のようにメカニズムがうまく働かなくなると、最先端の科学的医学をもってしても損なわれた機能を再現することはできず、途方に暮れてしまいます。医師は、血中の失われた凝固因子にとって代わる薬を処方することはできますが、それは一時的かつ人工的なものであり、また望ましくない副作用もたくさんあります。人工的な薬には、体の持つ完璧《かんぺき》なまでのタイミングが欠如し、多くの関連するプロセスのすばらしい調整もそこにはありません。それは血縁者しかいない場所に連れてこられたよそ者のようなもので、誰もが生まれたときから持っている知識を決して共有することはできないのです。

体自体が心を持っているということを、私たちは認めなくてはなりません。私たちに備わっているこの不思議な側面をいったん理解してしまえば、がんを治すことが奇跡的であるとは言えなくなるでしょう。どんな体も、切り傷を治す方法を知っています。しかしがんを治す方法を知っている体は非常に少ないということは明らかです。

医師なら皆、2000年前にヒポクラテスが最初に記したように、病気を治すのは自然であると認識しています。それでは自然が起こす普通の治癒と、普通ではない「奇跡的な」治癒の間にはどのような違いがあるのでしょう？　おそらく、その違いは小さく、私たちが頭の中で考えているだけのものなのです。もしもジャガイモの皮むきをしている最中にナイフがすべって指を切ったとしたら、その切り傷はひとりでに治り、それは驚くことではありません。血が固まり、傷口を塞ぎ、かさぶたができて新しい皮膚と血管が再生するという治癒のプロセスはごく普通のことに見えるからです。

しかし普通に見えるということが、治癒とはなにか、または治癒を制御する方法を知ることとは同じではないと気づかなくてはなりません。医学書に書かれた知識のうちどれほどのものが、生命そのものではなく、死に関連する内容であるかを考えると暗澹《あんたん》たる気持ちになります。医学的知識の大半は、死体を解剖し、組織を顕微鏡で調べ、血液や尿など体の副産物を分析することによって得られたものです。実際、患者が生きているときに調べ、体内の多くの機能を分離して検査することもできます。しかしそのようにして得られた知識は、死を扱った非常に高度な内容の膨大なデータと比べるとごく初歩的なものです。詩人ワーズワースは、印象深いほど簡明な言葉を書き残しています。「私たちは殺し、そして解剖する」。医学研究の限界について、これほどの真実が述べられたものはありません。

研究室で殺される最初のものは、体をひとつに結びつける蜘蛛《くも》の巣のように張り巡らされた繊細な叡智です。血液細胞は、傷をめがけて集まり塊を作るとき、無秩序に移動してくるわけではありません。どこへ行き、目的地に着いたらなにをすべきか、確実に知っています。救急医療隊員と同じぐらい、実際には完全に自発的に当て推量もなく行動するため、彼ら以上に正確に仕事をするのです。たとえ微量のホルモンやメッセンジャー酵素の秘密を探し求めて、その知識を非常に細かく分類したとしても、「叡智」と区分されたタンパク質の鎖は見つからないでしょう。しかし叡智が働いているということに疑いの余地はないのです。

この叡智の一部が治癒に使われており、それは非常にパワフルな力のように思えます。がんに限らずいかなる致命的な病気にも奇跡的な生存者がいるわけです。エイズの自然治癒は聞いたことがありませんが、5年にも及ぶ長期生存者はいます。彼らの免疫系は、通常なら完全に致命的となっているだろう病気からなんとか自らを守っています。研究者たちは、このような驚くべき生理機能を生化学の異常としてとらえる傾向があります。分子生物学者たちは、こうした患者の血液サンプルをとり、免疫細胞の中で見つかった普通ではない要素を分離することによって、彼らを守る未知の要素を発見できればと期待しています。免疫系の複雑さを考えれば、きわめて時間のかかる困難な仕事ではありますが、もしも成し遂げることができるなら、何年にもわたって検査をし、何百万ドルも費やせば、人類全体に利益をもたらしうる新薬が開発できるかもしれません。

それでも誰もが本当に必要としているのは、最初にこのような夢の薬を自分の体内で創り出した人のように、それを自分で創り出す能力なのです。この能力は合成することはできません。薬を買うのも作るのも、さほど変わらないでしょうか？　いいえ、決してそうではありません。人工の薬の中のいわゆる有効成分は、体内で作られた元々の化学物質と比べると、そこに含まれるノウハウはごくわずかです。薬とは不活性成分と呼んだほうが適切かもしれません。

その理由は、私たちの細胞レベルに存在しています。それぞれの細胞の外膜、つまり細胞壁には受容体と呼ばれる部位が非常にたくさん存在しています。細胞壁自体はなめらかですが、この受容体は「ねばねば」しています。受容体は複雑な分子の鎖でできており、最後の輪が開いた状態で、それぞれがもうひとつの分子が来て結合するのを待っています。言い換えれば、受容体は、特定の鍵しか合わない鍵穴のようなものなのです。モルヒネでもバリウムでもジギタリスでも、もしくはその他どんな薬でも、薬が効くためには、細胞壁の選び抜かれた特定の受容体にだけ合う鍵ではなくてはならないのです。

体内で生成されるホルモン、酵素、その他の生化学物質は、どの受容体に合っているべきかよくわかっています。実際のところ、分子自体がさまざまな受容体の中から自分に合うものを選び取ることができるようです。分子が、必要とされている場所へまっしぐらに突き進んでいく様子を電子顕微鏡でたどるのは、なんとも不思議な感じがします。また、体は一度に何百種類もの異なる化学物質を放出し、それぞれを全体との関わりに応じて調整することができるのです。

もし窓のすぐ外の通りで改造車がバックファイヤーを起こし、その音に驚いて椅子《いす》から飛び上がったとしたら、その瞬間的な反応も、体内で起こった複雑な事象の結果です。その引き金となったのは、副腎《ふくじん》から放出されたアドレナリンです。血液の流れによって運ばれたアドレナリンが信号を送り、心臓は血液を送り出すスピードを速めます。血管は収縮して血圧を上げ、肝臓は追加の燃料としてグルコースを出し、グルコースがさらに代謝されるよう、すい臓からインシュリンが分泌され、エネルギーをもっと他の場所へと向けるために胃腸は即座に消化をストップします。

こうしたすべての活動がものすごいスピードで起こり、体のすみずみまで強い影響をもたらしますが、すべては脳の中で調整されているのです。脳は下垂体《かすいたい》を用いて、今述べたような多くのホルモン信号を誘導します。それだけではなく、目の焦点を合わせたり、耳をそばだてたり、背筋をぴんとしたり、驚いて頭をびくんとさせるときなど、他にもさまざまな信号を誘導しています。

こうした全体的な反応を起こし、再び元に戻すために（人工的な薬とは違い、体はこのようなプロセスのひとつひとつを、始めたときと同じようにきちんと元に戻す方法を知っているので）、鍵と鍵穴の同じメカニズムがあらゆるところで利用されます。一見すると、すべては非常にシンプルなようですが、もし薬でこの一連の流れを再現しようとするなら、精密さ、規律正しさ、美しいまでの巧妙さとはかけ離れたものになります。むしろ、混沌《こんとん》としたものになってしまうと言ってよいかもしれません。アドレナリン、インシュリン、またはグルコースを別々に注射すると、体にひどいショックを与えます。化学物質は、脳からの調整もされず、ただちにすべての受容体になだれこんでしまいます。体と対話する代わりに、無理やり攻撃するのです。出どころのわからないアドレナリンは、化学的構造は同じかもしれませんが、本来なら叡智という重要な要素が存在しなくてはならないのです。そうでなければ、薬の働きは、本物を真似ただけのまがいものということになります。

ここで、今の話に関連する例をあげてみましょう。一見シンプルに見える薬を投与することでも、実は複雑な結果がもたらされうることを示すものです。高血圧患者は一般的に利尿剤を用いて、上がった血圧を元に戻すよう言われます。利尿剤とは、細胞から水分を集め、排尿を通じて体外へ排出する薬です。これは、腎臓がつねに行っていることにほかなりません。腎臓は、血中の化学変化をきめこまかに観察しながら、水分、老廃物、必要な塩分もしくは電解質のバランスを正確に維持しています。しかし利尿剤の場合は、考えることはひとつだけ、しかもその考えにとりつかれています。つまり、「水をくれ！　水をくれ！」と、出会う細胞すべてに要求し、体中を駆け巡るのです。

その結果、医師が意図したとおり、血管内の圧力が下がりますが、同時に他のすべての部位の水分レベルが影響を受けるわけです。脳も水分を排出するよう求められるかもしれず、そのようなことは通常はよほどの緊急時にしか起こらないのですが、患者はそのために目まいや眠気を感じたりします。多くの場合、それ以上深刻な状況にはなりませんが、他の脳機能が混乱を起こすことも時に生じます。特に高齢者の患者の場合、たとえ少量でも、たまたまアルコールを飲んだ場合に錯乱を起こし、十分な水を飲んだり、きちんと食べることを忘れてしまい、ひどい脱水症を伴う栄養失調に陥ってしまうことがあります。内分泌学者の中には、アルコールもしくは精神安定剤と利尿剤を併用することによって引き起こされる脱水症は、高齢のアメリカ人の主な死因になっていると考える人もいます。

このようにして引き起こされる結果は、軽度のものでも深刻なものでも、通常、利尿剤による「副作用」と呼ばれますが、この呼び名は正確ではありません。それらはあるべき作用であり、必然的によいものも悪いものも一緒に起こるものだからです。利尿剤は基本的に、ナトリウム原子と結びついて作用し、余分な塩分を排出し、それが間接的に組織内の水分レベルを下げることになります。水は、海水と同じように、体内の塩分と結びついているからです。まだ水分を必要とする部位で塩分が過剰に摂取された場合、利尿剤は作用しません。利尿剤はまた、原子構造的にナトリウムに近いカリウムも激減させるため、衰弱、疲労、足の痙攣《けいれん》を引き起こします（一般に、亜鉛やマグネシウムのような他の微量元素と結合することでも、こうした作用が軽く生じることが知られています）。こうしたカリウム欠乏の一般的兆候に加え、他の合併症が起こる可能性もあります。心臓病患者に投与される薬であるジギタリスは、もし体がカリウム欠乏の状態であった場合、毒性が増してしまいます。

皮肉なことに、カリウム欠乏は、今では高血圧との因果関係があるのではないかと考えられています。つまり、利尿剤を用いると、本来治そうとしていた症状を悪化させてしまう可能性があるということです。

医学研究者にとってはもどかしい現実ではありますが、生きている体こそが最高の薬局であるということはすでに明らかです。利尿剤、鎮痛剤、精神安定剤、睡眠薬、抗生物質、そして製薬会社が製造するあらゆるものを体は生成することができます。しかも、さらにもっと質のよいものを生成するのです。投与量も投与時期もつねに正確で、副作用は最低限か、もしくはまったくありません。そして薬の使用方法は、体の叡智の一部として、最初から薬自体の中に組み込まれているのです。

こうしたよく知られている事実について考えていくうちに、私は3つの結論を出すに至りました。第一に、私たちの体のあらゆるところに叡智が存在する、ということです。第二に、私たち自身の内なる叡智は、外からのどのような代用品よりも、はるかに優れているということ。第三は、内なる叡智は体自体よりもずっと重要であるということです。この内なる叡智がなかったら、体は方向性も秩序も失い、混沌とした状態になってしまうからです。内なる叡智がある体とない体は、建築家によって設計された家と煉瓦《れんが》の山ほどの違いがあります。

さしあたっては、この「内なる叡智」という言葉の定義は、できるだけシンプルで実用的なものにしておきましょう。崇高で抽象的な天才の叡智というよりは、単なる「ノウハウ」と定義しようと思います。叡智というものについてどれだけ観念的に考えようと、体は膨大なノウハウの蓄えによって存在していることに疑いの余地はありません。

体の内なる叡智は非常にパワフルなため、そこに不具合が生じたとき、医師はとてつもなく手ごわい敵に直面することになります。例えば、体内のあらゆる細胞は、一定の割合で分裂し、母細胞が半分に分かれて2つの新しい細胞が生まれるよう、DNAによってプログラムされています。内なる叡智によって制御されている他のすべてのものと同様に、このプロセスは純粋に機械的なわけではありません。ひとつの細胞は、まわりの細胞や脳、離れたところにある器官などが、化学メッセージをとおして「話しかけてくる」と、そこから発せられる信号と結びつき、細胞自身の内に生じた必然に応じて分裂します。細胞分裂とは、注意深く考え抜かれたうえでの決定です。そして、その例外ががんなのです。

がんとは、荒っぽくて、反社会的な行動のようなものです。ひとつの細胞が、自らの狂ったDNAからの信号のみをとらえ、手放しで増殖してしまうのです。なぜこうしたことが起こるのかは解明されていません。おそらく体自体は、そのプロセスを反転させる方法を知っているのでしょうが、科学の及ばぬなんらかの理由で、その方法は必ずしも成功するわけではないのです。一度プロセスが始まってしまうと、がん細胞が重要な臓器を圧倒してしまい、正常細胞を締め出し、死に至らしめるのは時間の問題に過ぎません。最期の時が訪れると、体の他の部分とともに、がん細胞も自滅します。制御することのできない自己増殖の欲求により、自滅する運命にあるわけです。

医学は、現段階では自ら生み出した悲劇的な運命を回避するのに間に合うようにがん細胞にメッセージを送る方法を見つけてはいません。医師ががんに対して使うであろう化学物質は、叡智の次元ではまったく効果がありません。がんが狂気の天才のようなものであるのに対し、薬は至って単純です。よって、腫瘍学者たちは、毒を使って、もっとあからさまな攻撃をしかけるわけです。投与されている抗がん剤は、一般的に体全体にとっては有毒です。しかしがん細胞は正常細胞よりもずっと増殖の速度が速いため、毒の摂取量も多くなり、先に死滅するのです。リスク承知の戦略というわけです。患者は幸運でなくてはならず、医師もきわめて重要である抗がん剤の使用量とタイミングについて熟知していなくてはなりません。その両方が成り立ったとき、がんに勝ち、患者の人生に有意義な何年かを付け足すことができるかもしれません。

皮肉にも、化学療法は病気から守ってくれる内なる叡智を体から奪ってしまうために、失敗に終わる可能性もあります。抗がん剤の多くは、体の免疫系に多大なダメージを与えます。抗がん剤は、白血球を作り出している骨髄の働きを直接的に抑制し、血中の白血球数に破壊的な影響を与えます。化学療法を行う期間が続くと、患者はあらたながんにますますかかりやすくなり、そして、一定数の患者は——例えば乳がんの場合は30％——あらたながんが再発して亡くなってしまうのです。そのうえすべての悪性細胞を殺すことは、統計的に不可能なことが多々あります。典型的ながん患者の場合、100億個のがん細胞があると言われていますが、もし化学療法が99・99％効いたとしても、まだ100万個のがん細胞が残っていることになり、それはもう一度治療をやり直すに十分な数なのです。

がん細胞は均一的に増殖するわけではなく、あるものはより強力なため、なかなか殺すことができません。より弱いがん細胞を破壊することは、一種のダーウィン淘汰《とうた》として作用してしまい、最も適応したものが生き残るのかもしれません。その場合、化学療法は、治療した対象よりも、さらに悪性の病気を作り出していることになります（同様に、患者が院内で感染するしつこいブドウ球菌が、抗生物質にも高い耐性を示すことが多いのは、手術室の無菌環境にも継続的なペニシリン注射の攻撃にも耐えられる最強のバクテリアだからです）。治療に対して最も強い耐性を持ったひとつか2つの悪性細胞から、「スーパーがん細胞」という種が生まれるかもしれないことは想像に難くないでしょう。

いずれにしても化学療法が私たちの世代においてがんを一掃してくれるという、1950年代に広く信じられていた希望は夢物語に終わったわけです。今では、小児リンパ球性白血病やある種のホジキンリンパ腫といったタイプのがんは抗がん剤で一気に治療ができたりしますが、肺がんや脳腫瘍といった重篤ながんには化学療法はたちうちできないというのが実情です。

体のノウハウについてここまで述べてきたことは、仮説でもなんでもありません。私たちは皆、医師も一般の人々も体が驚くほど複雑にできているということはよくわかっています。しかし私たちは、体とは基本的に物質であり、その物質を動かす賢い技術者が中に入っているという旧時代的な考えに固執しがちです。この技術者は、かつては魂と呼ばれていました。今では機械の中に住まう亡霊のようなものと格下げされてしまいましたが、それが重要視されていることには変わりありません。私たちは体を見たり触ったりすることができ、動けばその重さはつねに私たちとともにあり、また不注意でドアにぶつかったりします。それゆえに体という現実は物質のように見えるわけですが、それが私たちの世界にある偏見なのです。

しかし、その偏見には大きな盲点があります。体のノウハウは、科学者たちも手放しで認めているように圧倒的に優れているにもかかわらず、きちんとした理由のために生きている体を全体としてとらえようという試みには、微々たる時間とお金しかかけられていないのです。ギリシャの哲学者ヘラクレイトスは、「同じ川に二度足を踏み入れることはできない」という有名な言葉を残しています。なぜなら川はつねに、流れ込んでくる新しい水と入れ替わっているからです。同じことが体にもあてはまります。私たちは皆、時間と空間の中で身動きできなくなっているわけではなく、この川に近い存在なのです。

もし体のありのままの姿を見ることができたなら、同じ姿を二度と見ることはないでしょう。体内の98％の原子は、1年前にはそこに存在していませんでした。とてもしっかりして見える骨格も、3か月前にはそこに存在しませんでした。骨細胞の形状はそのままなのですが、あらゆる原子が細胞壁を通過して自由に行き来し、そのために3か月ごとに新しい骨格ができあがるのです。

皮膚も毎月再生します。胃の内壁は4日ごとに、食物とじかに触れる表面細胞は5分ごとに新しくなっています。肝臓の細胞は、非常にゆっくり再生しますが、新しい原子が川の水のように流れているので、肝臓自体は6週間ごとに新しくなっています。細胞が一度死ぬと再生されないという脳の中においてさえ、中に含まれている炭素、窒素、酸素などは1年前のものとは完全に異なっています。

それはまるで毎年体系的に煉瓦が新しいものに差し替えられる建物に住んでいるかのようです。同じ設計図なら、同じ建物に見えるでしょう。しかし実際は同じではありません。人間の体は、日々見た目はほとんど変わりませんが、呼吸、消化、排せつなどのプロセスをとおして、つねに、そしてこれからもずっと、自分以外のものと循環するのです。

炭素、酸素、水素、窒素など一定の原子は、食べ物、空気、水といった、私たちがすぐさま使い切ってしまうものの根幹であり、あっという間に体をとおり抜けます。もし体の材料がこれら4つの要素だけだったとしたら、体は文字どおり毎月のように新しくなっているでしょう。しかし、体の更新のペースは、流れる速度があまり早くない成分もあるので、そのぶん遅くなります。骨と結びついたカルシウムは、新しいものと入れ替わるのにまる1年かかります。数年かかると言っている専門家もいます。赤血球を赤くしている成分である鉄は、かなりしっかりと結びついており、主に死んだ皮膚細胞が剥《は》がれるときか、実際に出血するときにしか失われることはありません。

変化の速度はさまざまですが、入れ替わりはつねに起こっています。私が「叡智」と呼ぶものは、こうした入れ替えを指揮しています。そのおかげで、崩れて煉瓦の山にならずに済んでいるのです。これこそ、生理機能に関する最も明らかな事実のひとつなのです。しかし、叡智はあまりに変化しやすく、動きも非常に速いため、言い換えれば非常に「活動的」であるために、医学の教科書でもほとんどページをさかれていないのです。

私たちが今日持っている知識がいかに限られたものであるかということを知るために、ニューロンの構造について考えてみましょう。脳と中枢神経系を構成するニューロンは、シナプスと呼ばれる隙間《すきま》を介して他のニューロンと「話をする」のです。これらシナプスは、各神経細胞の先端に枝のように伸びている小さな糸状の、樹状突起と呼ばれるものの仕切りとなっています。誰もが、こうした神経細胞を何十億も持っており、脳と中枢神経系に分かれます。今見てきたように、それぞれの細胞が数十から数百の樹状突起を持つことができるので（合計すると約100兆と推定されています）、ある時点において、脳のシナプスを介して飛び交う信号の組み合わせの数は、この宇宙における原子の数を超えることになります。信号はまた、超高速で互いにやりとりを行います。この文章を読むために、脳は1000分の数秒で何百万もの信号の精密なパターンをきちんと整え、即座に取り消します。そして、まったく同じような繰り返しは二度と行われないのです。

私たちは医科大学で、ニューロンがどのようにして伝達しあうかについて、次のようなシンプルなモデルを教わりました。シナプスの片面で電荷が形成され、電気が十分な量になると、火花のように隙間を飛び越え、別の神経細胞に信号を伝える、という内容です。これが正しいメカニズムだとして（実際は正しくないのですが）、私たちが1966年に学んだ神経学の教科書に書かれた記述は、ニューロンが実際の体の中でどのように働くのかについては、ほとんど何も教えてくれませんでした。教科書に書かれたモデルは、たったひとつの神経細胞を分離して、時間を止め、前後関係もなくした場合にのみ意味をなすものだったのです。実のところ、神経系の間隙《かんげき》で起きている活動は、宇宙規模のコンピュータを小宇宙レベルに変換したようなものです。このすばらしいコンピュータは継続的に作動し、一度に何百ものプログラムを処理し、毎秒何十億「バイト」もの情報を扱い、そしてなににもまして驚異的なのは、自らの操縦法を知っていることです。

ここで言いたいのは、私たちの医学教育が間違っていたということではありません。この全プロセスを説明できる教科書など存在するわけがありません。考えるということは、現実と同じように複雑で、うつろいやすく、そして多様なパターンを自分の中に形成することです。思考は世界を映す鏡にほかなりません。科学は、そのような、無限でもあり生きてもいる現象を見るための道具をただ持ち合わせていないだけなのです。生きている体は、研究されるためにどこかの動きを止めることなどしませんし、体全体の動きを止めることなどするわけがありません。よってがんの自然寛解といったショックを科学に与えるとき、医学は、命とは実験室のモデルのようにきっちりと反応をするわけではないとわかって当惑し、立ち止まってしまうのです。

1986年、脳研究の分野全体をひっくりかえしうるような衝撃的な出来事がありました。メキシコ人の神経外科医イグナチオ・マドラソ博士が、健康な新しい細胞をパーキンソン病の患者の脳に移植することに成功したのです。

これまで不可能だと考えられていたにもかかわらず、患者は移植された細胞を受け入れることができただけでなく、驚くべきことに正常な機能の85%を取り戻したのです。患者は30代後半になるメキシコ人農民で、手術の前は実質的に体の自由が利かない状態でした。パーキンソン病は、50歳以上の人の約1%がかかる病気で、筋肉の震えや四肢のこわばり、もしくは動作が緩慢になるといった症状から始まります。こうした症状の直接的な原因は、ドーパミン不足です。ドーパミンは脳化学物質で、過剰になると統合失調症を引き起こします。まだ理由はよくわかっていませんが、ドーパミンを生成する神経細胞は、黒質と呼ばれる脳幹の部位にあるのですが、これが死に始め、ドーパミン不足を招きます。ドーパミンが十分にないと、筋肉の動きを調整する脳の力が損なわれ、ついには失われてしまうのです。

パーキンソン病の症状は徐々に悪化していき、ついには動けなくなってしまいます。劇作家のユージーン・オニールも、50代のときにパーキンソン病を発症しました。手の震えがひどくなるにつれて、書くことも徐々に困難になっていきました。彼は4本の作品を書くつもりでおり、そしてそれは傑作になるはずだったのですが、病気のせいですべてがだめになってしまいました。残された原稿を見ると、オニールが、細くて力弱い、痛ましいほど読みにくい文字を書くのがやっとの状態だったことがわかります。驚異的な忍耐力でもって、彼は自分の言葉をなんとか紙に書きつけたのですが、なにが書いてあるのか誰にも解読できてはいません。

メキシコのマドラソ博士の患者は、パーキンソン病にかかるにはまだずいぶん若い年齢でしたが、ベッドに寝たきりで、定期的に起こる震えのために介助なしでは歩くこともできませんでした。手術後には、歩くことも走ることも、自分で食事をすることも、庭仕事をすることもできるようになり、彼が写る映画では再び小さい子どもを腕に抱けるようになった姿を見ることができます。

マドラソ博士の手術によって、他のパーキンソン病患者にも扉が開かれました。パーキンソン病患者は、アメリカ合衆国だけでも100万人以上いるのです。1987年末までに世界で200件の手術が行われました。うち20件は、マドラソ博士の手によって行われ、どれもかなりの成功に終わりました（この手術は以前より試みられていましたが失敗に終わっており、またその後も多くが失敗しています。マドラソ博士は、自分が成功したのは移植する場所の選び方によるものだと考えています）。しかし、この手術がもたらす長期的な結果については、今はまだ考察が始まったばかりです。神経学者たちは、突然にして、ほとんど前触れもなく、「脳移植」というSF的可能性に直面することになったわけです。

脳組織の移植がそれほどショッキングな出来事だったのは、脳とは再生しないものであるので、事故であれ病気であれ、脳は損傷を受けるともう元には戻せないと、医学界ではずっと信じられてきたからです。1969年、ケンブリッジ大学の研究者ゴドフリー・レイズマンは、電子顕微鏡を用いて、損傷を受けた神経細胞があらたな成長をすることができると証明しました。マドラソ博士は、脳は再生するばかりでなく、他の臓器の細胞も受け入れることができることを示したのです。彼がパーキンソン病患者に対して行った移植は、同じくドーパミンを生成する副腎の細胞を使ったものでしたが、他人の脳組織、もしくは豚の胎児の脳組織を用いても手術を行うことができるのです。

神経科学者たちは現在、数年前にはほとんどなにもわかっていなかった複雑な化学的修復システムが脳にはあるのではないかという仮説を立てています。スウェーデンの研究チームは、マウスの記憶喪失は、脳の修復化学物質のひとつである、NGF（nerve growth factor：神経成長因子）という主要タンパク質を注射することによって治すことができると発表しました。同様に記憶喪失に関連する病気であるアルツハイマー病の脳損傷も同じ方法で治すことができるかもしれません。スウェーデンチームの実験は、生きた組織を使うことも、手術を要することもないために、脳組織の移植にも進歩をもたらすものだと言えます。

脳生理学の基本的な考え方は、次々と再考をせまられ、劇的な変化をとげることが求められています。革命的なブレイクスルーが起き続けています。別のスウェーデンのチームは、神経細胞を網膜に移植することができると発表しました。網膜の表面には視神経が延び、広がっていますが、移植された細胞は新しい枝を広げ始めます。このことから、脳の再生は可能であり、また正常なことであるということが確認できます。この研究もまた、実験動物で行ったもので、人間に対してはまだ行われていません。しかし、目の不自由な人の治療に応用することが可能なのは明らかです。同様に、他の移植も、外傷による脳損傷、卒中、さまざまな脳疾患に苦しむ人々への朗報となるかもしれません。

私が強調したいのは、科学の側の考え方が変わらなければ、このような進歩は不可能だったであろうということです。今は脳の治療について自信満々に話す同じ医師が、1985年の時点では治療は不可能だと同様に自信ありげに言明していたことを思えば憂慮すべきことです。脳移植の始まりは、実際はずっと以前に遡り、ロックフェラー研究所の研究者エリザベス・ダンが、マウスの脳に神経細胞を移植した1912年のことです。彼女の研究は完全に無視されるという結果に終わりました（これで思い出されるのは、アレクサンダー・フレミングが「発見」する以前に、アオカビによってバクテリアが殺されてしまうことが140回以上も観察され、論文にも書かれているということです。フレミング以前には、どんな研究者も注意深く培養してきた実験材料がアオカビの侵入によってダメになってしまうことに困っていました。フレミング自身、カビの生えた培養バクテリアを捨てており、後になって初めて、夢の薬ができつつあるということに気づいたのです）。

もうひとりの脳移植のパイオニアは、現在はロチェスター大学に所属するドン・M・ギャッシュです。彼は、まだキャリアをスタートさせたばかりの頃、先輩研究員に呼ばれてこう言われました。「ギャッシュ博士、君は若くて前途有望だ。実現不可能な馬鹿な考えで時間を無駄にするのはやめなさい」

脳移植が機能するという考えそのものが、強い疑念を引き起こします。マドラソ博士に対する批判は、患者に脳細胞が移植されてから数週間以内に回復し始めるというその時間が、新しい組織が「根付く」には早過ぎるという点に対してなされました。もしかすると、脳は、新しい細胞からというよりも、手術の傷に反応して化学物質を放出し、自力で修復していたのかもしれません（牡蠣《かき》が、殻の下の少しの砂粒に反応して真珠層を作るようなものでしょう)。

おそらく、こうした発見が私たちに教えているのは、もっと移植手術を行うことではなく、生きたダイナミックな器官としての「脳」にある新しい力を求めるということなのかもしれません。脳は現代医学から賛美されてきたにもかかわらず、再生不能ということで体という凍てついた彫刻モデルの中でも最も凍てついた部位とされてきました。一見して、この主張は疑わしいものだと思えます。体内のあらゆる細胞は、毛包でもニューロンでも心臓細胞でも、受胎の瞬間に、DNAの二重らせんから生じてきたものです。私たちが行うすべてのこと、例えば考えたり、話したり、走ったり、ヴァイオリンを弾いたり、もしくは国を治めたりすることも、ひとつの元になる分子にプログラムされた能力のうえに成り立っているのです。従って、ニューロンが自力で修復できないと言うことは、そのDNAが損傷していると言うのと同じなのです。これは筋の通った仮定でしょうか？　心臓細胞ではなく、脳細胞になることを決定づけたのはDNAだということは確かです。そしてそのために、能力の一部が発現し、残りは抑制されているわけです。

しかし、これはDNAのなんらかの能力が失われたということではありません。DNAからはなにも失われていません。体内の各細胞は、受胎の瞬間から死の瞬間に至るまで、つねに無限の可能性のすべてを持ち続けているのです。その証拠が、クローン作製のプロセスにあります。理論的には、あなたの頬の内側からひとつの細胞を取り出し、適切な条件の下におけば、あなたとまったく同じコピーがひとり、もしくは100万人を創り出せるというわけです。自然は、100万人のそっくりなクローンを創り出すことに帰着しなかった点において、天才的だと言えるでしょう。実に、そっくりな細胞から成り立っているのは、最下位にある有機体のみで、そのほとんどが、アメーバのような単細胞生物です。しかしこの意味においては、アメーバと人間が別物になったのはDNAのレベルにおいてです。すべてのアメーバは、そのDNAの小さな包みに収められており、そしてすべての人間は、人間のDNAの包みに収まっているのです。よって、ニューロンが実際に（私たちにはよく理解できないような状況下で）、自己修復をやめたり、突然始めたりすることを決定すると聞いてもさほど驚きはしません。脳細胞のDNAは損傷されていないのです。

実際のところ、脳は複雑すぎて型にはめることはできません。そして科学とは、本質的にひな型を必要とするものです。ひな型は便利ですが、例外なしに盲点があります。ひな型を使わずに、脳の機能を、ひいては体の機能を見ようとすると、ダイナミックな変化の最中において変化しない部分があるという、非常に抽象的で、そして一見矛盾したものを見ることになるでしょう。

変化しない部分とは、凍てついた彫刻のように頑丈で安定した体のことであり、変化する部分とは、川のように、つねに動き、流れている体ということです。ニュートンから受け継がれた科学的な世界観によれば、この両面を同時に結びつけることはほとんど不可能でした。私は、ある物理学者が、ニュートンにとって自然とはビリヤードゲームのようなものだったと述べていたのを思い出します。その意味するところは、古典物理学とは、運動の法則によって直線に沿って動かされるかたちある対象（ビリヤードの玉）について研究することだ、ということです。ビリヤードは、夜のスヌーカーゲームに興じるイギリス人紳士のように、玉の道筋、スピード、勢いなどを予測することです。しかし、こうした計算をするためには、ゲームを中断し、そのひな型を描き、公式を用いて正しい角度や軌道などを求めなくてはなりません。

科学は元来、物質界で起こるあらゆることを緻密《ちみつ》に叙述するための固定された幾何学的な方法を受け入れてきました。よって彫像的に固定された考えのほうが、川のような流動的な考えより優先されてきたのは非常に自然なことです。しかし川の流れは、科学を喜ばせるために止まったりはしませんでした。人間の体の美しさとは、どの瞬間も新しく生まれ変わっているところにあります。それでは、あらゆる瞬間における体をどのように叙述すればよいのでしょう？　それは、私たちが直面しなくてはならない次なるジレンマなのです。もしそれを解明できるなら、求めるもの、つまり図書館に収めるためのさらなる知識ではなく、私たちの宇宙的コンピュータにプログラムするあらたな能力に、さらに近づくことになるでしょう。

Expanding the topic

さらなる考察

本章のテーマは、体が機能する方法に関する固定された概念から解放されるべきだということです。一言で言えば、自分の体を名詞としてではなく動詞としてとらえるべきです。変化がつねに同じものに過ぎなかったら、誰もがポジティブな変化を望むのは当然です。私はこのことを、ポジティブな入力とネガティブな入力として簡略化しました。しかし私は、固定されたプロセスを扱うよう医大で訓練を受けました。つまり病気が現れ始めるほどに損なわれたプロセスに焦点を当てるということです。そうした医大の訓練には、人間の体のひな型だけでなく、世界観全体が関わっているため、本書の目的が壮大なものである所以《ゆえん》なのです。

幸いにも、ウェルビーイングの分野は着実に進歩しています。そして今や、病気そのものに焦点を当てたアプローチは主流ではなくなっています。病院とは別に、自主的に変化を起こすということに注目が集まるようになりました。1990年、イギリスの医学誌『ランセット』に初めて掲載された、ディーン・オーニッシュ博士による先駆的研究は、生活習慣を変えれば体に劇的な改善が起こりうるということを示しました。オーニッシュは、心臓発作の主原因である冠動脈の疾患を持つ患者たちを対象に、1年間にわたって調査を行いました。

ある被験者グループは従来どおりの治療を受けましたが、その他の人々は自然食品の摂取、ストレス管理、適度な運動、社会的支援といった生活習慣プログラムに参加しました。ストレス管理としては、ヨーガや瞑想をしてもらいました。プログラムの食事は、1日に摂取する脂肪の量を劇的に減らすということも含まれていました。こうした手法は、今日ではありふれたものに聞こえますが、オーニッシュが導き出した結果は当時の医学界を驚愕《きょうがく》させました。通常の治療を受けたグループの患者たちは、心臓病に改善がまったく見られず、冠動脈の狭窄《きょうさく》（脂肪プラークの蓄積によって狭くなること）は1年後に悪化している場合が多く見受けられました。しかし、生活習慣プログラムに従ったグループにおいては、冠動脈がやや広くなるという結果が出たのです。冠動脈疾患がこのような逆行ともいえる状態になることは、薬も含むいかなる方法によっても、いまだかつて起こったことはありませんでした。

その他の研究もオーニッシュが導き出した結果を繰り返し、こうしてセルフケアのあらたな世界への扉が開かれたのです。最近の進歩はますます目を見張るものになっています。2008年、オーニッシュはノーベル賞受賞者エリザベス・ブラックバーンとの共同研究により、生活習慣を変えることで遺伝子発現にも改善が見られることを証明しました。つまりがんや心臓病の原因となる遺伝子がオフになっている間に、病気予防を担う遺

Expanding the topic

伝子がオンになったということなのです。このシンプルな言葉からは、発見の重大さがほとんど伝わりません。しかし本書が書かれた当時だったら、人間の思考と行動が遺伝子に直接的な影響を与えるなどとはまったくありえないことに思えたでしょう。

ここで言及しているのは小さな変化についてではありません。オーニッシュのプログラムに取り組んで3か月も経たないうちに、何百もの遺伝子に変化が見られたのです。最も興味深い変化のひとつは、老化プロセスの鍵を握っていると思われるテロメラーゼという酵素の形成に関わるものです。ＤＮＡ鎖の1本1本の先端は、まるで文末にピリオドを打つかのように、テロメアとして知られる構造によってキャップのように覆われています。テロメアは、加齢とともに弱り、遺伝子配列の先端の摩耗が起こります。

裏付けとなるような研究もあり、テロメアを作る酵素であるテロメラーゼが増えると老化の速度が著しく遅くなると考えられています。ポジティブな生活様式プログラムに取り組んだ被験者たちのテロメラーゼが増加したことが、オーニッシュとブラックバーンによる研究によって発見されました。私はこの発見に胸が高鳴り、どこまで発展していくのかぜひ知りたいと思いました。チョプラセンターでは、主に人間の「意識」に焦点を当て、これまでで最も大規模な研究を多くの大学と共同で行っています。

被験者は2つのグループに分けられます。ひとつのグループは、チョプラセンターで1週間過ごして瞑想を学び、心と体と精神を扱う多次元的プログラムをこなします。もうひとつのグループは、いつものルーティンに比べると心地よい変化である、体系化されていないスパ・プログラムに参加して1週間過ごします。多くの生体指標を注意深く分析し、その結果は、オーニッシュとブラックバーンの発見を拡大したものとなっています。さらに多くの遺伝子マーカーに改善が見られ、その変化は瞑想を初めてほんの数日で起こりました。

瞑想の有益な効果はよく知られており、本書を執筆した当時も、その点において私は自信がありました。しかし今回の新しい発見は、瞑想が血圧を低下させ、心拍数を下げ、病気への抵抗力を強め、ストレスの影響を和らげるという一般的理解をはるかに超えています。そうした発見の重要性には変わりはありませんが、今日では瞑想をするとさらにホリスティック（全体的）な恩恵が迅速にもたらされるということが知られています。瞑想は、何年も費やして神秘的な東洋の修行をきわめるというものではないのです。

心身のフィードバック・ループにポジティブな入力を行うとどうなるかを次にまとめてみました。

ポジティブな入力がもたらすこと

- 全体的なバランス、もしくはホメオスタシス（恒常性）を促進する
- 障害物や閉塞《へいそく》もなく、システム全体をスムーズに機能させる

Expanding the topic

○新しい神経経路を生み出す
○新しい脳細胞の生産を促す
○遺伝子発現を改善する
○すべての細胞を、異形成や異常行動をさせずに正常に機能させる
○病気への抵抗力を強め、免疫系を維持する
○時間の経過とともに生じる衰えや老化の影響を弱める
○ウェルビーイングの感覚を強め、健康で、活力にあふれ、生き生きしていると感じる

未来はどうなっていくのか、徐々に明らかになりつつあります。2つの新しい概念が登場することでしょう。ひとつは急進的なウェルビーイングです。これは生活習慣を変えることで、病気の予防のさらに先を行く健康を獲得することができるという概念です。2つ目は、自律的な生物学的変換です。これは、すべての細胞を創り出して制御する遺伝子スイッチを、意識的に統括することができるという概念です。要するに、自身の個人的な進化を意識的に導くことができるということです。従来のウェルビーイングとは異なり、急進的なウェルビーイングにおいて正しい選択はひとつのオプションというレベルではありません。あなたのあらゆる思考は、ポジティブな結果（ウェルビーイングな状態）もしくはネガティブな結果（バランスの悪さ、身体的衰え、病気、あるいは死）へと向かいつつ、今この

瞬間もすでに生物学的選択を暗号化しているのです。

私たちの細胞は瞬時に変化するということが、よりよい健康状態や、意識は進化するという可能性へと向かう鍵を握っています。自分の思考が昨日はどのようなものだったか知りたいなら、今日の自分の体を見ればよいのです。自分の体が明日どのようになるか知りたいなら、今日の自分の思考と感情を見ればよいのです。傍観しているだけでは十分ではありません――心と体が、連続した包括的フィードバック・ループを形成することを理解すれば、もはや影響を及ぼさないものなどなにもありません。体内に50兆ある全細胞の細胞膜は、人生のあらゆる局面に反応する広大な通信センターなのです。これまでは脳が意識の中枢であると考えられてきましたが、すべての細胞ひとつひとつに、脳と同様の複雑さと環境に反応する能力を兼ね備えた叡智が存在するのです。

これこそ、私が本書で扱ったテーマであり、時が経つにつれ、その説得力はますます増しています。

4 内的宇宙からのメッセンジャー

インカの城壁都市、マチュピチュに登るのは大変なことです。高地アンデス山脈の、めまいがするほど酸素が薄い中を、標高4800メートルの山道を越えていきます。マチュピチュが雲の上に見えてきても、その城壁にたどり着くまでには3000段もの石段を登らなくてはなりません。そこは1532年にピサロがペルーを征服したときに占拠された最後の砦《とりで》でした。インカ帝国からマチュピチュまで3000キロもある中、そのルート沿いのあらゆる村をつなぐメッセンジャーが走っていたかと思うと驚愕します。彼らは人間離れした耐久力を持つ、足の速いメッセンジャーで、毎日膨大な距離を裸足《はだし》で走りました。時にオリンピックのマラソンの2〜3回分にも相当する距離を走ることもありました。高さで言うとコロラド州にあるロッキー山脈の頂上から走り始めてさらに1500メートルも高いところまで登る者もいました。

スペイン軍が攻めてくることをアタワルパ皇帝に告げたのも、皇帝の目であり耳であったメッセンジャーたちだったに違いありません。ピサロは、裏切り行為によりアタワルパ皇帝を誘拐し（のちに殺害）、身代金として財宝を得ました。最も貴重なインカの黄金はひそかに持ち出されたという伝説がありますが、それが本当であることが望まれています（ピサロは征服者とはいえ異常なまでに強欲でしたが、ライバルたちに妬《ねた》まれ、自身も1541年に殺害されました）。

人間の脳をマチュピチュの城塞《じょうさい》にたとえて考えてみると、帝国の最果ての辺境である足の親指まで命令を届けるメッセンジャーがいなくてはなりません。その身体的経路は、確かに目に見えます。中枢神経系が脊柱《せきちゅう》に沿って下り、背骨の各椎骨《ついこつ》の左右に枝分かれしていきます。そしてこの主要神経は、体の各部位と伝達し合う何百万というさらに細い経路に分かれていきます。初期の解剖学者たちは、16世紀には主要神経を見ているのですが、神経系のことはまだわからないままでした。メッセージを伝えるために脳を行き来したメッセンジャーの正体とはなんだったのでしょう？

神経が、電信システムのように電気的に働くと思っている人はまだたくさんいます。というのも以前は医学の教科書にそう書かれていたからです。しかし1970年代になると神経伝達物質と呼ばれる、新種の微量な化学物質を中心とする一連の重要な発見がなされました。その名前からもわかるように、この化学物質は神経インパルスを伝達し、体内で「コミュニケーター分子」として働き、それによって脳のニューロンは、体の他の部分と話をすることができるのです。

神経伝達物質は、脳を行き来するメッセンジャーであり、体内のあらゆる器官に、感情や欲望、記憶、直観、そして夢などを伝えます。伝えられるものは、脳だけに限定されません。さらに、これらは化学的メッセージに暗号化されうるわけですから、厳密にいえば精神的なものでもありません。神経伝達物質は、あらゆる細胞の生命に直接触れています。思考が到達したいところならどこへでも、この化学物質も行かねばなりません。そしてこうした化学物質なくしては、思考も存在できません。思考とは、脳内化学物質を活性化させて体中に次々と反応を起こしていくことなのです。私たちはすでに、ノウハウとしての叡智が生理機能に行きわたるのを見てきました。そして今や、物質的な基盤も得ることができたのです。

本章の構想を明らかにしてしまいましたが、ドラマはまだこれからです。実際、生体臨床医学の分野において起きた最近の出来事の中でも、これほど革命的なことはありませんでした。神経伝達物質の登場によって、心と物質との関わりは、これまでよりもずっと流動性のあるものになりました。川のモデルにより近づいたと言えるかもしれません。神経伝達物質はまた、心と体を明らかに隔てている溝を埋める助けにもなっています。その溝は、人間が自分は何者なのかについて考え始めて以来、直面してきた最も深遠な神秘のひとつなのです。

当初1973年頃には、必要とされる神経伝達物質は2つしかないと考えられていました。ひとつは、筋肉などの離れたところにある細胞を活性化するためのもの、もうひとつは活動を穏やかにするためのものです。それは、アセチルコリンとノルアドレナリンという2つの脳化学物質神経であり、神経システムの「ゴー」サインと「スローダウン」サインといえます。これらは、ひとつの神経細胞からもうひとつの神経細胞へと送られるインパルスが電気的なものではなく、化学的なものであることを証明することになったため、当時は革命的だと考えられていました。ニューロンからニューロンへ小さな火花が飛ぶという、これまで受け入れられていた概念は一気に時代遅れのものとなりました。しかし新しい化学モデルも最初のうちは、必要なのは2つのシグナルだけであるという基本的な理論はそのまま残っていました。人間の作ったコンピュータは、二進法の切り替えに基づいて作動しますが、人間の脳もきっとそうだろうと考えられていたのです。

そして、世界中の分子生物学者がさらに詳しく研究し始めると、多くの新しい神経伝達物質が見つかりました。それらは各々が異なる分子構造を持ち、異なるメッセージを伝達しているようでした。その多くはペプチドという構造を持っており、アミノ酸が結合した複雑な鎖になっています。そのアミノ酸は、脳細胞を含むあらゆる細胞を構成するタンパク質に含まれるものと同じ種類です。

こうした発見が行われるにつれ、多くの謎が直接的もしくは間接的に解明され始めました。眠っている猫からほんの少しの髄液を取り出し、起きている猫に注射した場合、注射されたほうの猫は即座に眠ってしまいます。猫の脳が、体内で作られた睡眠薬によって、体を化学的に眠らせるからです。この猫を再び起こすためには、目覚めのシグナルである、反作用を持つ化学物質を骨髄に注射しなくてはなりません。

人間の場合、同じ化学メカニズムが作動するのですが、体が朝目覚めるのは突然鳴り出す体内目覚ましによってではなく、指定時刻に作動するシグナルが、最初は優しく、だんだん強くなっていき、段階的に深い眠りから引き上げてくれるのです。その全プロセスは睡眠状態の生化学から覚醒状態の生化学へと段階式に変化するもので、そこには4つもしくは5つの波があります。もしこのプロセスが中断されると、2つの異なる局面の生化学が混ざってしまうため、完全な覚醒状態が得られなくなります。夜中に何度も起きなくてはならない新生児の親たちが、日中、普段とは違った感覚になるのはこのためです。目覚まし時計もまた、自然な目覚めのパターンから引き戻すため、ふらふらした感覚を引き起こし、この状態は次の睡眠覚醒パターンが心と体の生化学を再調整するまでまる1日続くこともあります。

これに関連する例をあげてみましょう。ラクダは、痛みに対する耐性がきわめて強く、怒り狂ったラクダ使いに棒で叩《たた》かれながら、トゲのある植物を静かに食べていられます。これに興味を持った研究者たちは、ラクダの脳細胞を詳しく調べ、ラクダが特殊な生化学物質を大量に生成していることを発見したのです。そして、その物質を他の動物に注射すると、その動物も痛みを無視するようになるのです。睡眠と痛みへの耐性は、脳内で生成される、まさにその化学的なメッセンジャーに依拠していることが今ではわかっています。

かつては「すべて頭の中に」あったさまざまな他の機能が、ひとつずつ特定の神経伝達物質と関連づけられるようになってきました。ひどい幻覚や妄想に苦しんでいる統合失調症の人々に、血液から不純物をろ過して取り除く腎臓透析の装置を付けると劇的に改善することがよくあります。先に見てきたように、統合失調症患者の脳内にはドーパミンという神経伝達物質が異常に多いということが脳研究者たちによって証明されています。精神疾患に対して施される現在の化学療法では、ドーパミンを抑制する向精神薬を使うことが必要とされます。おそらく、透析装置が、血流からドーパミン、もしくは関連する副産物を取り除いているのだと思われます。

最初の飛躍的進歩から10年経つか経たないかの1980年代半ばまでには、このような神経伝達物質と神経ペプチドが50以上知られるようになりました。これらすべては、ニューロンの間のシナプスの片側で作られ、シナプスを通過すると、反対側の受容体部位で受け取ることができます。このことから細胞間のコミュニケーションは非常にフレキシブルであることがわかります。今や個々のニューロンは、コンピュータのように単なる「はい」「いいえ」というだけではないメッセージの作り手として見なされるようになりました。脳の語彙《ごい》はさらに多く、個々の信号から成る何千もの組み合わせを作り、もはやその数には際限がありません。新しい神経伝達物質が、急激なスピードで発見され続けているからです。

では神経細胞はどのようなメッセージを互いにやりとりしているのでしょうか？ それに答えるのは、なかなか難しいことです。化学的な語彙には普通の会話と同じぐらい明確なものもありますが、かなり曖昧《あいまい》なものもあるからです。痛みに対する私たちの耐性は、ラクダと同様に特定の生化学物質に依拠しています。その生化学物質とは、１９７０年代に発見されたエンドルフィンとエンケファリンであり、天然の鎮痛剤として作用します。「エンドルフィン」とは、「体内性モルヒネ」という意味であり、「エンケファリン」は、「脳の内部」という意味です。そしてその名前からわかるように、脳自体で作られる一種のモルヒネのようなものなのです。

この体内で麻酔薬を作るというこれまで知られていなかった能力は、とても興味深いものだということがわかりました。体は痛みの感覚を調整することができるのではないかとすでに考えられてはいました。ひどい痛みであっても、痛みはつねに私たちの意識にのぼっているわけではありません。例えば強い感情は、体の発する痛みの信号を圧倒します。母親が、子どもを助けるため燃え盛る家に飛び込んで行くときや、傷を負った兵士が、ケガの痛みを無視して戦い続けるときなどです。もっと普通の状況においても、私たちはある程度までは、少しぐらいの痛みは気に留めません。例えば、誰かと強く興味を惹《ひ》かれる話をしていれば、喉《のど》の痛みに気づかなかったりします。

痛みに対する感度が上がったり下がったりするというのはごく普通の経験であるにもかかわらず、そのメカニズムはこれまで解明されてきませんでした。今では、体内のあらゆるニューロンが自在に生成することのできる、エンドルフィンやエンケファリンといった体内鎮痛剤を用いることによって、そのメカニズムを説明することができるようになりました。路上で買えるどんな麻薬よりも最大200倍もの強烈なものを脳が生成し、さらにすばらしいことに常習性もないということは、一般市民の間にも急速に広まりました。おそらく将来的には、中国の鍼《はり》治療を科学的なかたちで西洋医学に取り入れ、医師は患者の脳の特定の部位を刺激することによって麻酔をかけるようになるかもしれません。

モルヒネもエンドルフィンも、ニューロンの特定の受容体をふさぎ、他の化学物質が痛みのメッセージを運んでくるのを防ぐことによって、痛みを止めます。こうした化学物質がなければ、体への刺激がどれほど存在していようとも、痛みの感覚はありません。このモデルを使えば、エンドルフィンの分子は特定の言葉のようなものであり、その言葉の意味するところは「鎮痛剤」です。「痛み」という言葉が脳に来れば、「鎮痛剤」をその答えとして送り返すことができると想像できるでしょう。残念ながら、このシンプルな光景は、後の研究によって暗雲が漂うことになりました。

体内のエンドルフィンの分量と、どの程度の痛みを感じているかが比例していないということがわかったのです。これは、プラシーボ(もしくは、偽薬)を用いて証明することができます。痛みのある患者が、プラシーボによって緩和されることは多々あります。通常は薬のようにコーティングされた砂糖粒を使い、患者には非常によく効く鎮痛剤だと伝えます。すべての人に効くわけではありませんが、だいたい30%から60%の人は痛みがなくなったと言います。この結果はプラシーボ効果と呼ばれ、何世紀にもわたって知られてはいましたが、その結果を前もって予測することはほとんどできません。医師も、どの患者に効くか、またどれほど効くか、といったことを事前に知ることはできないのです。

そもそも化学反応をまったく起こさないような砂糖粒が、どうして痛みを、しかも消化性潰瘍《かいよう》やら外傷手術の突き刺すような痛みさえも取り除くことができるのでしょう? その答えは、発見されたエンドルフィンにあると考えられてきました。ナロキソンと呼ばれる薬は、モルヒネの拮抗薬《きっこうやく》として作用します。それは、モルヒネの分子を受容体部位から払い落とす力があるということです。ナロキソンが、鎮痛剤に加えて投与されると、痛みの感覚はすぐにどっと戻ってきます。結局、同じことがプラシーボでも起こるのです。砂糖粒によって痛みがなくなった患者は、ナロキソンを飲んだ後、痛みが戻ってきたと報告されています。このことは、エンドルフィンもモルヒネも、基本的には同じ薬物であるということを示唆していました。違いは、一方は体内で生成され、もう一方はケシから作られるという点です。

しかしまたしても、このような結果が出たのは限られた一定数の患者だけでした。ナロキソンを飲むと、ある患者には完全に痛みが戻ってくるのに対し、プラシーボ効果が完全に効いたままの患者もおり、また、ほんの少しだけ痛みが戻ってきた患者もいたわけです。研究者はあらたな混乱状態に置かれ、それは今日に至っても続いています。エンドルフィンが体内鎮痛剤であることは確かなのですが、この新しい分子について解明することで全貌《ぜんぼう》が見えてくるわけではありませんでした。

昨今の痛みについての研究によって、次のことがわかってきました。モルヒネとエンドルフィンは化学的には同じものではないということ、エンドルフィンは麻酔薬よりもさらに複雑な方法で作用するということ、そしてモルヒネ、エンドルフィン、鍼、催眠など、どんな痛みの緩和治療も、その効き目にはばらつきがあるということです。エンドルフィンを人工的に作るにしても満足のいくレベルには到達できないということも発見されました。体内鎮痛剤は、注射で投与されると、ヘロインと同じぐらいの常習性が出てしまうのです。

エンドルフィンとエンケファリンのために科学者たちはもどかしいほどの複雑さに遭遇したわけですが、まもなく他のすべての神経伝達物質でも同じもどかしさを味わうことになりました。ニューロンは隣の細胞から信号をただ受け取るだけではなく、それを隣のシナプスへ手つかずのまま伝えるということが判明したのです。それは、ニューロンの数ある選択肢の中のたったひとつに過ぎません。ニューロンがどうやって化学的メッセージを受け取るのか、もしくはどのようにして軸索を伝って伝達するのかをきちんと説明できる人はいませんが、そのプロセス全体は非常に流動的に違いないということはわかっています。神経細胞は、経路の途中でメッセージを変換することができます。つまり、A地点で受け取った化学物質を、B地点で異なる物質へと変換するのです。神経細胞の先端にある受容体部位もまた、異なるタイプのメッセージを受け取るために自ら変わることができるのです。シナプスの反対側のメッセージを送り出す部位も同じく流動的に変化することができます。

私たちの目的にとって、このように混沌とした状況は、実際のところ非常に有望な状態といえます。というのも、体は叡智の存在なしに理解しえないからです。エンドルフィン、もしくはその他の神経化学物質がどのように作用し、精密に調整された中で体の他の部分とどのようにして部位を選び、なにが引き金となって比べたら、そうした化学物質の物理的構造などまったく重要ではありません。真の化学革命の最中にあっても、心は物質に優るのです。事実、どんな神経伝達物質の分子構造も、それを用いる脳の力より完全に下位のものとなっています。

細胞生物学者たちを非常に驚かせたのは、分子に限定して言えば神経伝達物質は特別なものではないということです。体内のすべてのタンパク質は、20の基本アミノ酸の鎖からできており、これらの鎖がさらに配列して、ペプチドと呼ばれるもっと長い鎖を作ります。神経ペプチドは独自の存在で、体内の他のペプチドとは異色を放っています。しかしすべてのペプチドは、DNAという、いわば同じ工場で作られます。細胞を修復したり、新しい細胞を作ったり、欠如もしくは不完全な遺伝コードを差し替えたり、切り傷や打撲を治したりといったことを行うあらゆるタンパク質の源がDNAです。

DNAは新しい種類の化学物質をわざわざ発明するという必要もなく、アミン、アミノ酸、ペプチドといったなじみのある原材料の別の使い方を生み出してきました。決定的に重要なのは、こうしたいろいろなものを生み出す「能力」です。分子生物学者たちによる分子の発見は科学にとって特別なものかもしれませんが、分子自体はなにも特別なものではないのです。

それでは神経伝達物質を創り出す能力はどこからやって来るのでしょう？　おそらく心の働きに目を向けるべきなのかもしれません。結局、母親が子どもを救うために燃え盛る家に飛び込んで行くのはアドレナリン分子のせいではありませんし、炎をもおそれないのはエンドルフィン分子のせいでもありません。母親が飛び込むのは愛のなせるわざであり、痛みをも感じさせないのは、ひたむきな決意のためなのです。こうした心の特性が、化学的な道をたまたま見つけ出し、その道を脳がたどり、体に話しかけるというわけです。

私たちは、問題の核心に今たどり着きました。心とは、どのような定義にせよ非物質的なものです。しかし心は、こうした複雑な伝達分子と協力して作用する方法を考案しています。その協力関係は、これまでも見てきたように非常に緊密で、そのような化学物質がなければ体に心を伝えることはできません。それでもこうした化学物質が心だというわけではありません。もしくはそれが心なのでしょうか？

著名なイギリス人神経生理学者でノーベル賞受賞者でもあるジョン・エックルス卿が、数年前に超心理学者の会議での演説を頼まれた際に、この逆説的な状況を機知に富んだ言葉で要約しました。学者たちは、ＥＳＰ、テレパシー、物理的な対象を心で動かす能力であるサイコキネシスといった、おなじみのテーマについて論じていましたが、エックルス卿は、聴衆に向かってこう言ったのです。「もし本物のサイコキネシスを見たいのなら、脳内で、心が物質より優位に立っているという妙技について考えてみてください」と。あらゆる思考とともに、心が水素、炭素、酸素原子や脳細胞の中の他の原子を動かしているということは、非常に驚くべきことです。実体のない思考と、実体のある物質である脳──これほどかけ離れたものはないように思われます。そして、その全プロセスが、明らかな関連性が見出されぬままに行われているのです。

心が物質に優るという神秘は、まだ生物学的には解明されていません。生物学は生理機能の最も微細なレベルにおいて作用している、より複雑な化学的構造を解明する方向へとどんどん向かっています。どれほど微細なものであろうと、自然が「叡智」として分類した粒子が発見されることはなさそうです。そして体内の「あらゆるもの」は、大きかろうが小さかろうが、生来の機能としての叡智によって設計されていると認識するとき、ますますその「叡智」としての粒子が発見される可能性は低いと考えざるをえないでしょう。DNA自体、体の化学反応の立役者であるとされていますが、本質的には、自身が創り出したり調整したりしている神経伝達物質と同じ基本的材質でできています。DNAとは、煉瓦で作られた煉瓦工場のようなものなのです（ハンガリー出身の偉大な数学者ジョン・フォン・ノイマンは、現代のコンピュータの創造者であることに加え、あらゆるタイプのロボットにも興味を持っていました。ノイマンは、実に独創的な機械、自身とまったく同一のロボットを作ることができるロボット、言い換えれば自己増殖ロボットを机上にて考案しました。私たちのDNAも、それと同じことを壮大なスケールで行っているのです。人間の体も、DNAによって作られたDNAの変異体でしかないのですから）。

何十億もの遺伝子を持つDNAを、知性ある分子としてとらえることは容易なことかもしれません。確かにDNAは、糖のような単純分子より賢いに違いありません。糖はどれほど賢いというのでしょう？　しかし実際のところDNAは糖、アミン、その他の単純な要素がひも状になったものに過ぎないのです。そもそも、もしこれらの要素が「知的」ではなかったとしたら、それを寄せ集めたDNAも賢くなることはできなかったでしょう。こうした一連の論法に従えば、糖の中に含まれる炭素原子や水素原子も知的でないことがありうるでしょうか？　おそらくそれらも知的なのです。これから見ていくように、もしも体内に叡智が存在するなら、どこかから来ているはずですし、そのどこかとはあらゆるところからなのかもしれないのです。

神経伝達物質の話の次の段階において、私たちはもうひとつのクォンタム・リープ（量子的飛躍）に直面することになります。しかし驚くことに、心と物質の関係が、実は明らかになり始めるのです。感情を仲介する脳の部位である扁桃体《へんとうたい》と、「脳の中の脳」としても知られる視床下部はともに、神経伝達物質に属するあらゆる物質が特に多いことがわかりました。このことは、思考プロセスが豊かな部位（多くのニューロンが密に詰まっているところ）は思考と関係のある化学物質も豊かであることを示唆していました。この段階ではまだ、脳細胞間の隙間を飛んでいる化学物質と、脳から血流へと移動していく化学物質との間には、かなりハッキリとした区別が存在しました（私の専門分野である内分泌学では、ホルモンの特徴のひとつに「血液を介して漂う」というものがあるとされています。それは一般的に神経細胞の伝達速度よりもずっとゆっくりとしたプロセスです。神経細胞の伝達速度は時速３６０キロと測定されており、頭から送られたシグナルが足先まで到達するのに50分の1秒もかからないのです）。

科学において、脳化学物質を分離し、その部位を分類することができると考えられていたちょうどそのとき、体はその複雑さを見せつけました。アメリカの国立精神衛生研究所の研究者たちが、脳以外の他の部位にも同様に豊富な受容体があることを発見したのです。１９８０年代初頭に始まった研究において、神経伝達物質と神経ペプチドの受容体が、単球と呼ばれる免疫系の細胞の中に発見されました。白血球に「脳」の受容体が存在するという、この発見の重要性はいくら強調してもしすぎることはないでしょう。以前、体にメッセージを伝えるのは中枢神経系だけだと考えられていました。脳と、脳が「話したい」すべての器官とをつなぐ複雑な電話システムのようなものだと思われていたのです。この構想においては、ニューロンは脳の信号を運ぶ電話線のようなものとなります。その機能は独自のもので、生理機能の他のシステムと共有されないものだと考えられていました。

さて、脳はニューロンの軸索に沿って伝わる刺激を送っているだけではないということがわかりました。つまり脳は、体の内的宇宙全体に、叡智を自由に循環させているのです。神経系に沿った場所に固定されているニューロンとは違い、免疫系の単球は、血流に乗って移動し、体内の他のすべての細胞に自由に接触することができます。免疫系は、同様に複雑である神経系の語彙も持っており、よって神経系と同様に多様なメッセージを送受信しているようです。事実、嬉《うれ》しかったり、悲しかったり、物思いにふけっていたり、興奮していたりといった状態のとき、脳細胞で神経ペプチドや神経伝達物質が生成される必要があるなら、免疫細胞もまた、嬉しかったり、物思いにふけっていたり、興奮していたり、といった状態であるはずです。実に、免疫細胞は、ニューロンの発する「言葉」のすべてを完全に表現できるに違いありません。単球は、実質上、循環するニューロンだと考えることができます。

このひとつの発見によって、知的な細胞という概念が十分に現実的なものになってきたわけです。あらゆる細胞内のＤＮＡが、一種の局所的な叡智を持つことはすでによく知られていました。ワトソンとクリックが１９５０年代初頭にＤＮＡの構造を解読してからは、この卓越した複雑な分子が、人間の生命を創造、維持していくのに必要なすべての情報を暗号化していることが研究により証明されました。しかし、遺伝子の叡智は当初、固定されたものであると思われていました。なぜならＤＮＡ自体が体内で最も安定した化学物質であり、その安定性のおかげで、私たちは皆両親から青い目、巻き毛、顔の造作といった遺伝的特徴を受け継ぎ、それをそのまま温存して、子どもたちへと引き継ぐことができるからです。

神経伝達物質と神経ペプチドによって運ばれるノウハウは、なにか別のことを表していました。それは、翼を持ってあっという間に駆け抜けていく、意識ある叡智です。不思議なのは、こうした「知的な」化学物質は、考えるという機能を持つ脳によって作られるだけでなく、主要な役割が病気から体を守ることである免疫系によっても作られるということです。脳科学者の観点からすると、メッセンジャー分子の突然の拡張によって、研究にまたあらたな複雑さが加わることになりました。しかし私たちにとっては、「浮遊する」叡智の発見によって、体は川のようなものだととらえることが確かなものとなったのです。叡智が川のように体中を流れていると主張するためには物質的な基盤が必要でしたが、今やそれが存在するわけです。

心というものは、あまりにもとらえどころのない印象の洪水であふれていて、それをとどめておくことなどできないということは誰もがわかっています。心理学にはそれを表すために、「意識の流れ」という有名な言葉がありますが、同じくそのような漠然とした言葉に帰着するのです。今日、実際目に見え、触れることのできる水でその流れを満たすかのように、脳研究者たちは、脳化学物質という、実際に見て触れることのできる滝を発見しました。しかし川とは異なり、こうした滝には川岸がありません。どこもかしこも流れているわけです。また、ほんの一瞬たりとも流れを止めることがありません。脳科学者は実質的に、時間を止めることによって滝の内容物を詳しく調べます。科学者が見つけたい化学物質とはきわめて微小で、そのため脳が甲状腺を刺激するために使う分子を1ミリグラム得るために、30万頭の羊の脳が必要になります。細胞の受容体を獲得するのも簡単ではありません。なぜなら、受容体はつねに細胞壁の上を動き回っており、新しいメッセージを受け取るためにかたちを変えてしまうからです。どんな細胞であれ、そのひとつひとつに何百から何千という部位があり、その中で一度に分析することができるのはたったひとつか2つです。科学はこの15年間で、脳化学物質について、それ以前に持っていた全知識よりも多くのことを学びましたが、私たちは、路上で見つけた紙切れで英語を学ぼうとする外国人といまだかわりはないのです。

化学物質の滝がどのようにして、心が行うすべてに自身をパターン化するかはまだ解明されていません。記憶したり回想したり、また夢を見るといった、日常生活におけるあらゆる心の活動は、身体的メカニズムの面からすると、いまだに深い謎のままなのです。しかし今では、心と体は平行宇宙のような関係にあることがわかっています。心の宇宙で起きたことはなんでも、体の宇宙に痕跡を残すのです。

脳研究者たちは最近、思考の軌跡をホログラムのように3D写真に撮る方法を発見しました。ＰＥＴ（Positron-Emission Tomography：陽電子放射断層撮影法）として知られる手法は、グルコースの炭素分子に放射性同位元素で印をつけたものを血流に注入することによって行われます。グルコースは脳の唯一の栄養で、脳は他のどんな組織よりもグルコースを速く消費します。従って、注入されたグルコースが脳に到達するとき、指標となる炭素分子が、脳によって使われるのに応じて識別され、モニター画面に3D画像で映し出されるというもので、ＣＴスキャンとほぼ同様の方法です。科学者たちは、脳が思考する間にこうした指標分子がどのように動き回るかを観察し、痛みの感覚や強烈な記憶といった心の宇宙での顕著な出来事のそれぞれが引き金となり、脳内に1か所だけでなく数か所、あらたな化学的パターンができるということを発見しました。思考によって、その画像は異なります。そしてもしその画像を全身にまで拡張することができたなら、神経伝達物質とそれに関連するメッセンジャー分子のおかげで、体全体が同時に変化することは間違いありません。

このように、体とは思考の3D写真なのです。この注目に値する事実は、いくつかの理由により、見落とされてしまっています。第一に、体の物理的外形は、思考によって劇的に変わることはないという理由があります。しかし、たとえそうだとしても、体全体が思考を投影するものであることは明白です。私たちは、つねに変化する顔の表情から他者の心を文字どおり読み取ります。また、無数にある身振りからその人の気分や自分に対して向けられた意図を自然に読み取っています。睡眠研究室によって制作されたフィルムを見ると、私たちは無意識のうちに脳からの指令に従って、夜の間に何十回も姿勢を変えていることがわかります。

第二に、思考によって引き起こされる多くの身体的変化は目立たないので、体に思考が投影されていることに気づかないということです。そうした変化は、細胞の化学変化、体温、電荷、血圧などにおけるささいなものであり、注意をひかないのです。しかし体は流動的なので、心のどんな出来事も反映されているのは確かです。どこかを動かせば、必ず全体を動かさなくてはならないのです。神経生物学での最新の発見は、心と体の平行宇宙の確かな裏付けとなるような事例を打ち立てました。研究者たちがもっと深く追究していくと、神経系と免疫系に加え、腸や腎臓、胃、心臓などの他の器官にも、同じ神経ペプチドとその受容体があることがわかり始めたのです。もっと他の場所で発見される可能性も十分にあります。これが意味するのは、脳と同じ神経ペプチドを作ることができるという点において、腎臓は「考える」ことができるということです。その受容体部位も、単に粘着性のある箇所ではなく、それはつねに答えを待つ、化学的宇宙の言語で表された問いなのです。もし私たちが単なる紙の切れ端ではなく、完全な辞書を持っていたなら、あらゆる細胞が私たちと同じように流暢《りゅうちょう》に話しているのがわかることでしょう。

私たちの内部では、問いかけと返答が永遠に繰り返されています。甲状腺のような腺だけでも、脳や同類の内分泌腺に話しかけること、またそれらを通じて体全体に話しかけることはあまりにもたくさんあり、その会話は、成長、代謝率など、何十もの生体機能に影響を与えます。例えば思考の速度、身長、目の大きさといったことすべてが、ある程度は甲状腺のアドバイスに基づいているのです。心は、私たちの都合に合わせて設定した分類に従って脳だけにとどめられているものではないと結論づけられます。心は内的宇宙のあらゆるところに投影されているのです。

脳化学の分野で最も先見の明があり、すばらしい業績を収めた研究者のひとりである、アメリカ国立精神衛生研究所の脳生化学部門ディレクター、キャンディス・パート博士は、DNAや神経伝達物質のような生化学物質は、心ではなく体に属するということは、非常に独断的であると指摘しています。DNAは、物質であると同時に純粋な知識でもあるのです。パート博士は、物質の次元から知識のより微細な次元へと重点を移し、心と体のシステム全体を「情報ネットワーク」と表現しています。

心と体を完全に切り離しておく理由など本当にあるのでしょうか？　パート博士は著作において、この両者を表現するために、「ボディマインド」というひとつにまとめた言葉を好んで使っています。この言葉が定着すれば、ひとつの壁が崩れ落ちたことを示すことになるでしょう。パート博士はまだ医学界の後ろ盾を得てはいませんが、その状況はすぐにも変わるかもしれません。心と体は驚くほどに似ていることが日々明らかになりつつあります。すい臓とつねに結びつけられるホルモンであるインシュリンは、脳でも作られるということが知られるようになりました。ちょうど、トランスフェロンやCCKといった脳化学物質が、胃でも作られているのと同じことです。

このことからわかるのは、体を神経系、内分泌系、消化系などに分類することは、部分的にしか正しくないわけで、またすぐに時代遅れになってしまうかもしれないということです。同じ神経伝達物質が、ボディマインド全体に影響を及ぼしているということが今や完全に証明されました。すべてが、神経ペプチドのレベルで相互に関連し合っています。従って、こうした領域ごとに分けることは、単に悪《あ》しき科学でしかありません。

「考える」体は、医学が今日扱っている体とはかけ離れたものです。一例をあげると、「考える」体は、脳をとおしてだけではなく、メッセンジャー分子の受容体のあるすべての場所、つまりあらゆる細胞をとおして、今、自分自身に何が起きているかわかっています。このことは、わかっていなかった薬やその副作用について、多くのことを説明しています。薬の中には、驚くほど多くの副作用を持つものもあります。アメリカで医師が処方できる薬物が包括的にリストアップされたＰＤＲ（Physician's Desk Reference：米国医師用卓上参考書）を見てみると、コルチコステロイドの項に何ページもさかれています。最もよく使われるコルチコステロイド（もしくは単にステロイド）は、コルチゾンですが、同じステロイド系の薬全般は、やけど、アレルギー、関節炎、術後の炎症、他にも多くの症状に広く処方されています。

もしも受容体部位について知らなかったら、ステロイドはとても奇妙な薬に見えるでしょう。例えば、ひどい関節炎に苦しむ女性にステロイドを処方するとしましょう。ステロイドは、関節の炎症を劇的に抑えますが、後から奇妙なことがいろいろ生じてくる可能性があります。疲労や気分の沈みを訴え始めるかもしれません。皮膚の下に異常な脂肪の沈着が現れたり、血管がもろくなって治りにくい大きなあざができ始めるかもしれません。こうしたさまざまな症状をどう関連づけることができるのでしょう？

その答えは、受容体の次元にあります。コルチコステロイドは、副腎の上にある黄色っぽい箇所である副腎皮質が分泌するものにとって代わり、同時に他の副腎ホルモンと、脳内にある下垂体からの分泌物を抑制します。ステロイドは投与されるやいなや、特定のメッセージを「聞いている」体中の受容体にどっと流れ込みます。受容体がいっぱいになると、そのあとで起きることは単純ではありません。細胞は、その部位がどれぐらい長い時間満たされた状態でいるかによって、副腎の「メッセージ」をいろいろな方法で解釈します。このケースにおいては、受容体はいつまでも塞がったままになるのです（他のメッセージが受け取られていないという事実は、他の分泌腺との無数のつながりがなくなるということであり、重要なことです）。

細胞は、ひとつの受容体を満たすことから極端な反応を示すことがあります。たとえて言うと、夏の夜に、軒下を飛び回る蛾《が》がよい例です。オスの蛾の頭部にある毛羽だった触覚は、実は体外へ拡張した受容体部位です。太陽が沈むと、蛾は近くにいるメスの蛾からの信号を待ちます。メスは、フェロモンと呼ばれる特別な分子を発します。蛾は小さな生き物ですので、空気中に放出するフェロモンの数も、空気の総量や空気中の花粉、埃《ほこり》、水分、人間を含むあらゆる動物から分泌される他のフェロモンなどの量と比べれば、ごく微量なものです。かなりの距離を隔てた2匹の蛾が互いにコミュニケーションをとることができるとは考えられそうもありません。

ところが、ひとつのフェロモン分子がオスの触覚に付着すると、その行動が変化するのです。オスの蛾は、そのメスめがけて飛んで行き、空中で複雑な求愛の儀式を始め、交配行動を進めます。生物学的に言えば、この複雑な行動を引き起こすの唯一のものが、「ひとつ」の分子なのです。

私が関節炎の患者にステロイドを投与すると、患者の何兆もの細胞と受容体部位が関わってきます。よって、血管、皮膚、脳、脂肪細胞など、あらゆるものが異なる反応を示します。もし医学書を参照するとしたら、ステロイドを使い続けると長期的な影響として、糖尿病、骨粗鬆症《こつそしょうしょう》、免疫系抑制（感染症やがんにかかりやすくなります）、消化性潰瘍、内出血、高コレステロールなどが起きやすくなります。副作用の中には死亡も含まれるかもしれません。というのも、長期間にわたりステロイドを用いると、副腎皮質が縮んでしまうからです（使われない器官が、いかに退化するかということがよくわかる例です）。ステロイドを突然やめてしまっても、副腎皮質が修復される時間がなくなります。副腎ホルモンはストレスを和らげる働きを助けるので、患者はストレスに対しての防御が不十分になってしまうのです。そのような患者が親知らずを抜きに歯医者に行き、いつもなら正常な範囲内のストレスなのに、副腎皮質ホルモンが奪われているためにショック状態に陥ることがあります。抜歯が死を招くことさえあるのです。

こうした細かいことをすべて考慮に入れると、ステロイドは文字どおり「どんなこと」でも引き起こす可能性があるということがわかります。それが直接の原因になることもあれば、ドミノ倒しの最初の駒となる場合もあります。その区別は、患者にとってはほとんど意味をなしません。ステロイドによって引き起こされた骨粗鬆症と、「本物の」骨粗鬆症との違いなど、患者にとっては関係ないのです。同じことが、うつ病、糖尿病、そして死についても言えます。すべてを引き起こすのは、ひとつのメッセンジャーです。それぞれのメッセンジャーは、体内に蜘蛛の巣のように張り巡らされた叡智を形成するひと筋の糸のようなもので、その1本の糸に触れれば、蜘蛛の巣全体が揺れ動くのです。

このことから、医療被害のカタログ作りにとりつかれているような今日においてさえ、薬は私たちが思っているよりもずっと危険なものだということがわかります。副作用がどのようなものかについて、薔薇《ばら》のトゲやワイン1本を飲んだ後の二日酔いなど、よい思いをした後の苦しみといったような、ごく限られたイメージしか持っていないのです。それどころか、副作用は風船のようにふくらみ、体に起こるさまざまな状態を引き起こしえます。一般的に、体は一定の狭い範囲の中で反応するので、私たちは深刻な害から守られています。アスピリンを飲む患者は、胃の内壁の出血を起こすかもしれませんが、心臓発作を起こすことはありません。ところが、体内のあらゆる細胞は、行動に広い自由裁量を持っています。細胞はまわりの世界を理解できる意識的な存在です。私のPDRに書かれた副作用とは、これまでに観察できたものについて述べているだけなのです。

最近読んだ話なのですが、それには70代後半の男性患者が突然パラノイアのような行動をとり始めて困惑したという内科医のことが書かれていました。その患者は、強盗たちが自宅に押し入るという考えにとりつかれ、銃を購入し、枕の下に置いていました。ある日、真夜中の3時にベッドから飛び起き、銃を持って階下へ降りて行き、侵入者たちが隠れていると思い込んで椅子の後ろを乱暴に探し回り、妻をひどく怖がらせました。夫が危険な妄想を抱いていると知った妻は、急いで内科医のところに連れてきたというわけです。患者は、精神疾患の病歴はなく、心拍を安定させるために飲んでいたジギタリス以外、なんの投薬もされていませんでした。年齢を考慮に入れると、アルツハイマー病という診断がすぐにもつくことでしょう。

しかし、その内科医は患者のCTスキャンを見せて、神経科医に相談しました。データ上は、なにも異常がないように見えましたが、神経科医は言いました。「この患者は間違いなく、ジギタリスのせいで幻覚を起こしています」。30年の臨床経験があり、またニューヨークの医学部教授でもある内科医は、この副作用についてかろうじて聞いたことはあったものの、実際に目にしたことはありませんでした。医師がジギタリスの投与量を減らすと、10日もしないうちに患者は正常に戻りました。心臓の特効薬が精神障害を引き起こすとは、非常に奇妙なことに思われます。もしもこの患者が幻覚を起こしたのが、医師向けの医学書にもそのような妙な副作用が掲載されていない数十年前だったなら、そんなことを信じる医師はいなかったでしょう。今日、その内科医も、ありとあらゆる検査を行い、他のすべての可能性が排除された後になって初めてそれを信じたというわけなのです。

このケースからわかることは「体が、どこでなにを考えているかは決してわからない」ということです。ドミノの最初の駒を倒すことがパラノイアの始まりの引き金となったという意味において、その患者の心臓が精神の異常を起こしたということは十分に可能性があります。脳と心臓は、多くの同じ受容体を共有しています。さらに重要なことに、同じＤＮＡも共有しており、心臓の細胞は、脳細胞や肝臓細胞、他のどんな細胞のようにもふるまうことができるということがわかります。心臓手術後、患者が精神障害を起こし、幻覚が生じることが時にあります。脳への酸素供給が欠乏することで意識が混濁し、無菌状態の集中治療室の中で仰向けに寝たままの状態で閉じ込められた患者が突然、緑色の小人たちがシーツの上を行進していると考えるようになる、ということが起きたりするわけです。ひょっとしたら、実際に幻覚を起こしているのは心臓なのではないでしょうか？　手術で受けた傷が、現実がひどいものになったと心臓に思わせ、脳にそれを教えているというわけです。

神経伝達物質、神経ペプチド、あらゆる種類のメッセンジャー分子の発見は、私たちが抱く「叡智」というものの概念を大きく拡張することになりました。しかし、すべての細胞が無限とも言える数のメッセージを送受信できるとしたら、一度に活性化されるのはほんの一部分であるということも明らかになります。誰が、もしくはなにがメッセージをコントロールしているのでしょうか？ それは物議をかもす問題になりました。化学の実験室では、実験を開始するとすぐに化学反応が自動的に起こります。それはひとつの化学物質を別の化学物質と混ぜ合わせるだけのことです。しかし、そもそも誰かが化学物質を棚から持ってこなくてはなりません。

医学は伝統的に、こうした事実を人間の体にあてはめて考えようとすることを避ける傾向にありました。今では、細胞は棚の中の何千種類という化学物質の中からいくつかを選び、選んだものを混ぜ合わせ、結果を分析するだけではないということがわかっています。細胞は第一に、炭素、水素、酸素、窒素といった基本的に数種の要素から新しい分子を作り出す何千とおりもの方法を見つけ、化学物質を作らなくてはなりません。そのために必要なのが、心なのです。こうして、神経ペプチドの話を追ってきた私たちは、最終的には世界観の劇的な変化に到達したわけです。科学史上初めて、目に見える舞台に心というものが登場することになりました。それまでは「人間とは思考することを覚えた物理的な機械のようなものである」と科学は言明していました。今や「人間は物理的な機械を作り出すことを覚えた思考である」ということがわかり始めたところなのです。

Expanding the topic

さらなる考察

　本章の要点である「心を脳より優先させる」ということは、ある種の人々、とりわけ脳の研究に生涯を費やしてきた研究者たちにとってはいまだ耐え難いものであり続けています。脳の活動をリアルタイムに「光る」ことで見ることができるｆＭＲＩ（機能的磁気共鳴画像法）のように、最先端の脳スキャンを開発することによって、神経科学は一種の黄金時代に突入しました。文字どおり月単位であらたな発見があり、領域によっては、心の謎はまもなく完全に解明されるだろうと確約されています。

　もし科学が、脳＝心であるという前提で進んでいったら、この約束が守られることは決してないでしょう。音楽を例にとってみましょう。モーツァルトが、まったく精神的なプロセスを経て、ひとつのピアノソナタを創り上げます。モーツァルトは五線紙に音符を書き込みます。そしてソナタはピアノで演奏することができます。さて、ある科学者が次のように言ったとしたらどうでしょう?・「私はピアノがどのように動くのか研究してきました。鍵盤と弦を分子レベルで調べました。ピアノのメカニズムは、モーツァルトのソナタのきわめて微妙なニュアンスまでどのように表現するのか、私には説明することができます。もうまもなく、モーツァルトがどのように全楽曲を創ったのか解明されることでしょう」

この発言はナンセンスです。いくらピアノを詳細に調べても、音楽がどのように作曲されたのかはまったくわからないからです。同様に、人間の脳を、ニューロン内部やニューロン同士を隔てるシナプス間隙での最も微細な化学反応に至るまで調べても、思考がどこから生じるのか知ることはできません。これは、唯物論に対する最もわかりやすい反論ですが、それでも深遠な結論をはらんでいます。

最も基本的な質問をしてみましょう。脳は、どのようにして三次元世界における視覚、聴覚、嗅覚《きゅうかく》、味覚、そして触覚を生み出すのでしょうか？　言い換えると、赤いリンゴが見えるとき、その赤い色はどこからやって来るのでしょう？　脳の内部は完全に真っ暗です。視覚野のどこをとっても光はありませんし、ましてや赤色などどこにもありません。この謎が、ほとんどの科学者、そして脳科学者さえも悩ますことはありません。彼らはただ、リンゴは赤いということに反応し、脳がこの事実をどうとらえるかということは視覚野で化学反応が起こるためであると考えます。しかし、実際に「そこ」に赤色が存在するという考え方はまったくの誤りです。

光は光子によって伝えられます。そして光子には色がありません。実際、光子は目には見えません。光子が一瞬にして星々から現れるとき、「そこ」に明るさはありませんし、当然ながら脳の完全なる暗闇《くらやみ》の中にも明るさはありません。よって、光の明るさが「ここ」にも「そこ」にもないとしたら、肉眼で数秒間見つめることさえできないほど太陽が明るいのはどうしてなのでしょうか？

光の明るさと色は、私たちが知覚する他のすべてのものと同様に、「意識の媒介」から生じます。「意識の媒介」とは、カリフォルニア大学アーバイン校の認知科学者ドナルド・D・ホフマンが作った言葉です。ホフマンは、私たちが知りうる唯一の現実とは、意識によって創造された現実であると提唱しています。実在しつつも、人間の心を超えたものであれば、それにアクセスすることはできないでしょう。意識の媒介は、人間である必要はありません。動物は、各々の神経系に順応する現実を経験します。よって犬は人間が知覚するよりもずっと高音域の音をとらえることができ、一方ザトウクジラはずっと低音域の音をとらえるのです（クジラは、水中の何百キロも離れたところにいる仲間の声を聞き取ることができます）。ニシキヘビやガラガラヘビを含むある種のヘビは、顎にある特殊な「ピット器官」で赤外線を感知することができ、よって人間の知覚が完全に遮断されている次元を文字どおり「見る」ことができるわけです。

私は意識の媒介というものに心ひかれました。インドの古代ヴェーダ時代の聖者たちの考えは、意識が現実の源であるという考え方に完全に合致していたからです。聖者たちは、五感によって感じ取る日常の世界を完全に切り離すことはしませんでした。代わりに、そうした世界を「Maya（マーヤ）」と呼び、より低次の地位を与えました。マーヤ

Expanding the topic

とは、本書でも後に触れますが、通常「幻想」と訳されるサンスクリット語の言葉です。マーヤとは、私たちが文字どおり愚直に受け入れている、「そこ」にある見かけ上の現実のことです。

本書の初版時よりも、さらにもっと哲学的にふみこんでみることにしましょう。古代インドの聖者や哲学者たちは、自身の内側に向かうことによって心を探求しました。しかし科学の時代において、私たちはこう問わなければなりません。「なぜ、心について考えることが、脳に関する確たる事実を収集することよりも望ましいのだろうか？」

それは、データとはある一定の見方をすることで与えられる意味を持つに過ぎないからです。この点については、大学生なら（もしも多少なりとも本を読むならば）誰もが読む、科学哲学の本の中に書かれています。その本とは、1962年に出版されたトマス・S・クーンの『科学革命の構造』です。クーンは、既定の出発点となる前提、つまり自然を説明するためのあらゆる科学体系――彼がパラダイムと呼ぶもの――はそれ自体では独自に正しいものであると主張することによって、科学における累積による進歩という概念を打ち砕きました。

この画期的な洞察は、1947年当時、ハーバード大学院生だったクーンが、アリストテレスがなぜ誤りを犯したかという論争を行ったときに遡ります。アリストテレスの物理学は、自然を専門用語によって初めて体系的に説明したものであり、コペルニクス、ニュートン、アインシュタインの登場を可能にした欧米の科学の礎となりました。それにもかかわらず、アリストテレスのような偉大な叡智も、なぜ物体は地面に落下するのか、熱とはなにか、といった基本的なことに関して完全に間違った結論に至ったのです。クーンは次のような突然のひらめきを得ました。「アリストテレスの誤りと私たちが呼ぶものは、実はまったく誤りではなかった。もしアリストテレスの物理学の背後にある、出発点の前提を受け入れるなら、自然に対するアリストテレスの説明も有効なものである」

クーンは「すべての物理学者を含むほとんどの人間にとって理解ができなかったという点において、アリストテレスはニュートンと同様に正しかった」と言っているように思われます。私たちの時代においては、誰もが科学の進歩を受け入れており、現代技術の勝利は否定できないものです。しかし「私たちは自分自身のパラダイムと世界観をとおして自然をとらえている」というクーンの考えに反論する者はいません。科学の歴史とは、次から次へと繰り返されるパラダイム・シフトの流れなのです。自分が信じているパラダイムの外へと踏み出すことはできません。

しかし、現在のパラダイムが、たまたま絶対的に正しいものだとしたらどうでしょう？万物の理論は、もう何十年間も試みられており、そして理論が完成するのはもう時間の問題に過ぎないと言われています。クーンが言っているのは、どれほど多くのデータを集めようと、絶対的に正しい理論を完成させることは不可能であるということです。完成させ

Expanding the topic

うるもののすべては、あなたが信じているパラダイムの成就なのです。最終的には問題が生じるでしょう。そしてそうした問題を解決するには、あらたなパラダイムができあがるように、現在のパラダイムが打ち砕かれなければならないのです。

医師にとって、がんの自然寛解は正にそうした問題を提起することになりました。あなたが抱く医学のパラダイムが心と体から分離している限り、細胞の毎日に影響を与えるような意識（信仰、期待、恐怖、願望、信念、希望も含む）が存在する余地はありません。医学の先にあるものを見るとき、意識を「全体」としてとらえなくてはなりません。もし心が体に影響を与えることができるなら、心はどんな意味を持つのでしょうか？　もし脳＝心であるならば、すべて病気に対する回答は、私たちが望むように脳を誘導し、その機能を変えるすばらしい薬であるべきです。実際、これこそ神経科学が目指していることで、古いパラダイムの意向です。意識が変化の媒介となる余地はまったくありません。

本書が最初に出版された後に、心と体をつなげるという難題に対する私自身の考え方はさらに進化しました。脳＝心であると断言する人なら、科学という哲学が教えることに背を向けることでしょう。

① 理論とはなにを含めるかという点においては正しく、なにを除外するかという点においては間違っている

②どんな現実のひな型も、現実を説明するのに十分なほど筋が通ってはいない
③データは、解釈されなければ無意味であり、解釈は観察者の前提に制約されている

要するに誰もが物語を持っており、誰もが自分の物語を信じているのです。たとえその物語が矛盾したものであっても、それは有効であり、同じデータに適合します。この驚くべき結論は、日常生活にもつねに見られます。結婚が破綻《はたん》すれば、離婚調停所で矛盾した物語が語られ、刑事裁判所では検察側と弁護側が戦いを繰り広げ、病院の廊下では、2人の医師が治癒について異なる考え方をしているわけです。自分の物語に固執することは、実は自分の見方をただ防御しているときに真実を語っているのだと自分に納得させることになるのです。

神経科学によって語られる「脳＝心である」という物語は、とりわけ説得力がありません。ニューロンが思考するということを示すデータなどまったくありません。ニューロンは、思考が生じるとfMRI上で光るに過ぎず、それはニューロンが思考しているということにはなりません。すばらしい考えが浮かぶたびに頭上の100ワットの電球を光らせるようなセッティングをしたからといって、電球がその考えをもたらしたということにはなりません。神経科学は、電球の代わりにニューロンを用いて、同じ誤った結論にたどり

着くとき、明らかに欠陥であるにもかかわらずそれを無視するのです。

神経科学が絶対的に信頼されているという現況においては、厚い目隠しが必要とされます。思考がどこからやって来るのかをニューロンが説明してくれると断言するとき、脳科学者たちには自分たちが向かっている先が行き止まりであることが見えていません。思考だけでなく、色彩、かたち、音、味、そして香りもニューロンの中にはありません。そしてニューロンの中にないものは、脳の中にもないのです。

よりよいパラダイムがないのに、古いパラダイムを打ち崩すことは無意味でしょう。その意味において、本書は正しい方向を指していたわけです。脳の役割と考えられるものすべては、実は心が行っていることです。いったんこの転換が起こると、これまで眠っていた膨大な可能性が実現可能になるのです。神経科学は、特にさまざまな病気と関連する脳の異常と不具合を修繕するといった価値ある仕事をし続けるでしょう。壊れたピアノでモーツァルトを弾くことはできません。しかしモーツァルトの天才性の謎は、心のすべての謎と同じく、物理的な次元を超越した、異なる次元において解明されるに違いありません。

5 記憶という亡霊

ある日、パートタイムでモデルをしている20代後半の若い女性がボストンにあった私のクリニックを訪れました。摂食障害に苦しんでいるという事実を何年も隠していたのですが、とうとう家族の説得により治療を始めることにしたのです。思春期の頃から、彼女は自分の外見にとらわれるようになり、それは時とともにだんだん異常になってきて、ついに拒食症と過食症になってしまったのです。

一見したところまったく問題など抱えていそうもない、魅力的で華やかなその女性を見て、問題は決して単純なものではないだろうと私は思いました。ここ最近の研究の進歩や広報活動にもかかわらず、拒食症も過食症はいまだ厄介な病気なのです。教育水準も所得水準も高い若い女性たちが、ダイエットや体重にとらわれ、コントロールが利かなくなってしまうのはなぜなのでしょう？　拒食症患者は、食べ物と食べるという行為に対して恐怖を抱きます。自発的な飢餓状態を招くことになる、儀式的とも言えるような行動パターンにとらわれてしまい、死んでしまうかもしれないほど痩《や》せすぎていても、それを認めようとはしないのです。

過食症は拒食症と切り離しては考えられない病気でありますが、別々に生じることもあれば、この女性のケースのように同時に発症することもあります。過食症では、食べ物への恐怖が過剰な飲食という異常な方向へと向かいます。過食症患者がこっそり食べる量は極端に多く、一度の食事で2000～5万カロリーも摂ります（2000カロリーとは、70キロの健康な人が体を維持するのに十分な食事量です）。この大量の食べ物は、その後吐かれることになり、消化系と体全体に多大なストレスを与えます。

この女性の場合は、仕事で必要とされる細い体型を維持するために、毎日吐くという段階まで病気が進んでいました。話を聞いてみると、デザートを見ただけで冷や汗が出てきて動悸《どうき》がするというのです。彼女は非常に聡明《そうめい》で、摂食障害の根底にあるのは間違ったセルフイメージなのだと私が言うと、真剣に耳を傾けました。私たちの社会は痩せていることが理想的であるという考えにとらわれているため、自分の本当の体型とはそぐわないイメージを持ち、それに応えようとする女性が多いのです。しかし彼女の場合、そのセルフイメージは「私は痩せていなければならない」というものではなく、「どれだけ痩せても十分ではない」というものでした。

この逆説的な病気を説明するためには、心と体を区別することをやめて、「心身」というひとつのシステムとしてとらえなくてはなりません。これは、摂食障害がホリスティックな健康とは真逆の、ホリスティックな病気だからです。拒食症では「もっと痩せなくてはならない」という歪んだ考えが、とらえどころのない悪霊のように心身を乗っ取ってしまいます。長期にわたる入院と徹底的な精神科治療を受けた後でさえも、患者が普通の人のように食べられるようになることは滅多にありません。正常な人が飢餓状態になるには非常に大変な思いをするものです。例えば体が欠乏レベルの一線を超えてしまうと、空腹信号が心身の他のなによりも優先され、食べ物に対する欲求が抵抗し難いものになります。拒食症の人にも同じことが起きますが、流れが逆で、食べることを避けるという衝動が抑え難いものになるのです。

こうした話をする間、その若い女性は悲しそうに私を見つめていましたが、ささやくように言いました。「では、本当に亡霊のようなものが存在するというのですね」。私はハッとしました。そして一瞬置いて答えました。「ええ、本当です。でもこの亡霊は追い払うことができるのですよ」。ここで言っていたのは、記憶という亡霊、つまり体内で保存された記憶のことなのです。食べ物は非常に具体的なものですが、記憶と聞くと非常に抽象的なもののように思われます。しかしこのケースにおいては、記憶のほうがはるかに現実的なものなのです。ある人が強迫的なまでに痩せすぎていたり太りすぎていたりするのは、その人が食べる量によって決まるわけではありません。これは、拒食症ほど深刻ではない状況についてもあてはまります。何世紀にもわたって、肥満は性格上の欠陥だと思われてきました。宗教が力を持っていた時代には、肥満は大食の罪と呼ばれました。もし太っている人々がもう少し意志が強く、ほんの少しの自制心を働かせていれば、ただ食べる量を減らすだけで、他の人々と同じぐらい痩せることができただろうと思われていたのです。

今では、慢性的な肥満にはダイエットをしても問題解決にならないということは一般的に認識されています（逆の場合、つまり拒食症が食べ物を詰め込むことで解決しないのと同じです）。太っている人の脳は、過度に食べ物を求める信号があまりに強すぎるのです。こうしたメッセージはなにが引き金となるのか、またどのように方向転換させればよいのかという問題は、まだ解決に至っていません。意識の非常に深いレベルにおいて、ある程度のコントロールが行われるようにならなければ、太った人々は生涯ダイエットに無理に励むことになり、そしてそれは精神的なひずみをさらに悪化させるだけの自己破滅的な方法なのです。5キロ減らすことは、彼らの脳には飢餓状態として検知され、次に食事が与えられると脳は次の飢餓に備えて2キロ付け加えた7キロを取り戻すまでその動きをやめないでしょう。肥満の人々は、基礎代謝を維持できる必要最小限のカロリーだけを摂る食生活をしても体重が増えることが知られています。その理由は、カロリーがエネルギーとして燃やされる代わりに脂肪として蓄えられるよう、脳が代謝方法を変えることができるからです。

こうした歪んだセルフイメージを変えることに対し、叡智がなぜこれほど無力なのか、その理由はわかりません。闘えば闘うほど、亡霊は強くなります。拒食症患者は、自分たちが問題を抱えているということをかたくなに否定するものですが、医師がいったんその防御を突き破ると患者の心身に深い亀裂《きれつ》が入り、なんとかして理性を保とうと必死になっている部分と、不合理な衝動を荒々しく送ってくる部分とに分かれることは明らかです。

私はかつて、別の拒食症の女性に1時間のカウンセリングをしたことがあります。彼女は30代で、40キロに満たない体重で出産をしており、急激に体が衰えていました（拒食症患者の10％は、故意に陥った飢餓状態もしくは栄養失調に関連する原因で死亡します）。彼女の場合は、特に不思議なケースでした。国に帰ってイタリア人の大家族のために料理をし、大勢の兄弟姉妹、いとこ、叔父、叔母たちに、オリーブ油で和えたパスタを食べてもらうことがなによりも好きだったからです。

私たちの会話は、不気味なほど理性的に進んでいましたが、突然彼女は強い口調でこう言いました。「先生は、こんな話をすることで、私の拒食症が治ると本当に思いますか？　私にはすべてわかっているのです。こんな話をしてもまったく意味がありません。もう放っておいてください。これが私の食べ方なのです」

彼女は敵意を隠さず、私をにらみつけました。「話をすることで、先生はいったい何人の人を禁煙させられますか？　喫煙者はニコチンの害についてもわかっていますし、肺がんの危険性もなにもかも知っているのですよ。そんな人たちに話をしたって意味はないんです。それは私だって同じことです」

私は椅子に深く座り、彼女の言葉の中に失望の冷たい風と憎しみの熱い風が吹いているのを感じとりました。その両者が不気味に絡まった不快さとともに生きていかねばならないとは、なんとつらいことでしょう。

「本当の問題は、私があなたを助けられるかどうかということではありませんね？」。彼女が落ち着きを取り戻すと、私は指摘しました。「あなたが自分で自分を救えるかどうかが問題なのですよね」。彼女が少し穏やかになってきたので、私は優しく付け加えました。「あなたが食べないことで私が傷つくわけではありません。あなたは誰のことも傷つけていないのです。あなたが傷つけているのは、イメージという誰かです。すべてはあなたの内面の問題であって、その点こそ、実在の人間としてのあなたにとっても、医師としての私にとっても非常に難しいところなのです」

このケースは、すぐにはよい結果を得たわけではありませんでした。確かに患者本人の言うとおり、病気について話をしても無駄でした。彼女は敵意に満ち、混乱したままでした。私は拒食症や過食症の患者のグループ組織に参加することがいちばんよいのではないかと思いました。彼女に記憶の亡霊を退治させるためには、亡霊が住んでいるところまで到達してもらわなくてはならないでしょう。彼女のような患者は、亡霊がいなくなるまで自分は病気だと感じません。患者の存在自体が病気そのものなのです。

それは文字どおりの意味を持っています。蛇を見てその場から飛びのくとき、なにが起きているでしょう？　「蛇だ！」というおそれの思考が心に浮かび、それとまったく同じ瞬間にアドレナリンによって飛びのかされるのです。通常、思考と行動は非常に緊密に結びついているので、意識的な思考は言葉を発する時間さえありません。あなたはただ蛇を見て、飛び上がるだけです。だから、その両者の間に楔《くさび》を打ち込むスペースは存在しません。拒食症の場合、食べ物を見ただけで嫌悪が高まるのです。おそらく、焼き立てのパンの見た目と香りは、「ああ、私はこんなもの食べられない」という思考を送り、同時に一方では吐き気を催し、唾液腺《だえきせん》が乾き、全消化器が機能しないよう警告を受けるのです。

当然、これは歪んだ反応です。しかし思考と反応は一心同体であり、両者の間に楔を打つ場所はありません。ここで作用しているのは、「叡智の衝動」とでも言うべきなにかで、これはコインの表裏のように思考と分子が結びついているという意味です。衝動が一度起き始めると、もう後戻りはできません。思考は分子で、分子は思考なのです。それが起きると、叡智の衝動が患者の内側の現実となります。拒食症患者が食べ物に嫌悪を感じるとき、その反応はそれ以外にありません（少なくともその瞬間は）。その瞬間、彼女の存在自体が病気そのものになってしまうのです。同じことが、食べ物を我慢しようとしている肥満の人々や、もう1本タバコを吸うことに抵抗しようとしている喫煙者などにもあてはまります。

すでに生じた思考を変えることはできません。そのような患者の内的葛藤全体が完全に無駄なことなのです。しかし叡智の衝動には、思考と分子以外にもうひとつの構成要素があります。その第三の要素とは静寂です。これは、目に見えない要素です。私たちの誰もがそうであるように、拒食症患者は思考よりもっと深いところにある領域から思考をとりださなくてはなりません。そして治癒の可能性があるのは、まさにこの領域においてなのです。

拒食症患者がおそれている「私という存在こそが病気である」という認識は真実かもしれませんが、決定的な真実ではありません。もし拒食症患者が自身の衝動を超越し、俯瞰して眺めることができたら、病気はそこで終わります。静かな目撃者になることで、彼女は亡霊から解放されるのです。アルキメデスは、十分な長さの梃子《てこ》と、それを支える支点さえあれば、地球を動かせると言いましたが、おそらく彼はそのとき地球外に立っていなくてはならないでしょう。拒食症患者は、ただそのような場所が必要なのです。残念なことに、人間は内的宇宙にとどめられています。自分の神経系がおかしな考えを持ったときに備えて、クローゼットの中に予備の神経系を持つことはできません。悲しくも確かなことに、外には立つ場所がないのです。

思考が引き金となって体内で適切な化学物質が作られ、心とそのメッセンジャー分子が自動的かつ完璧に調和するという事実に、私たちは気づかないうちにあまりに頼りすぎています。しかしこのプロセスは正常に働かなくなる可能性があり、そうなると同じコンピュータの中で2つのプログラムが作動しているような混乱が起きます。入力に異常が生じれば、そのプリントアウトである体がおかしくなるのは当然です。例えば、これまでに発明された中でも最も不明瞭な薬のひとつにバリウムがあります。

バリウムは、ベンゾジアゼピンという種類の化学物質で、安定剤としても睡眠薬としても使われています。これらの化学物質は、全盛期には革命的な薬として歓迎されました。それ以前によく使われていたバルビツールは、悪名高い欠点がたくさんありました。常習性が強く、夢を見る睡眠であるレム睡眠を妨げるために睡眠の質を悪化させ、飲みすぎた場合は命に関わることもあるのです。一方、バリウムとその類似薬は、翌日に眠気が残ることも少なく、質の良い睡眠をもたらすため、過剰摂取になりにくく、最初は常習性がないように見えました。人気が高まり、いちばん使われていた頃には、バリウムはアメリカ国内で書かれる処方箋の4分の1を占めると言われました。

今では、バリウムは常習性があること、不規則な睡眠（第三、第四段階の深い、夢を見ない睡眠を妨げます）を生じさせ、長期にわたって使用すると深刻な離脱症状を起こすことが知られています。細胞壁の受容体のレベルを見れば、それも驚くべきことではありません。なぜならバリウムは、体自体の神経化学物質に勝ってしまい、その受容体部位を乗っ取るという働きをするからです。この種の阻害はおそらく、もしバリウムが、不安感を引き起こす神経ペプチド（オクタデカ神経ペプチドと呼ばれます）だけと競合するなら利益をもたらすのでしょう。しかし、薬の鎮静作用は単独でもたらされるわけではありません。バリウムは神経系全体を混乱させるのです。そのうえ、最近になって発見されたのですが、免疫系の単球もまたバリウムに引き寄せられるのです。よって、医師は睡眠薬や安定剤のつもりで処方した薬が、実は同時に免疫系にも作用し、受容体のレベルにおいてさらなる混乱を生じさせていたわけです。

これによって、なにが害になるのかどうか誰にもわかりません。おそらく免疫系に関しては、発見されたのがつい最近のことだからということもあります。十中八九、すでに体内にバリウムと類似するものが自然に備わっていたことが発見されることになるでしょう。これが意味することは、すでに完璧なかたちで存在するものを私たちが不器用に複製しているということです。何百万人もの患者、とりわけ女性患者にバリウムを与えていたその見境のないやり方で、もしも私がこれと同じ化学物質を毎日自分の免疫細胞の中に入れ込むという考えを好むかどうか聞かれたら、その答えは明白です。

免疫細胞は受容体ひとつひとつに対して理知を持っていて、それを思考、行動、知覚、正確な反応のために用いています。人は、世界全体を見るために同じ2つの目を使います。しかし細胞は、見る必要のあるそれぞれのものを見るのに異なる目を持つのです。言い換えれば、受容体がつねに塞がっている状態だと、その細胞は特定のものが見えなくなってしまうのです。乳がんなどの多くのがんの発生率がいまだに増えているときに、未知のメッセージを免疫系に送ることは非常にリスクがあると思われます。

現在、精神疾患の治療では「化学革命」が進行中です。そしてそれは、30年前にバリウムがそうであったように、奇跡的なことのように見えます。医師たちは今日、精神疾患の患者たちの主にうつや躁、幻覚といった明白な症状をなくすために、心を変える薬、つまり向精神薬を広く使用しています。症状は往々にして緩和され、時にはかなり劇的に、そして突然に効果がもたらされたりします。しかし、一般的な副作用である精神的無感覚や疲労感を耐え難いものだと感じている患者はたくさんいます（副作用は単純なものではありません。ある抗うつ剤は、最初の数週間で患者のうつ症状を悪化させることがあります。もしくは急に逆転させ、乱暴な躁病へと変えてしまいます）。

薬物療法を批判する人々は、これを「化学的ロボトミー」と呼び、患者から人間の尊厳を奪っていると非難します。薬物の乱用が多いことは確かで、特に人手が不足している公立の精神科病院ではその傾向が顕著です。どんな向精神薬も、正しい投与量を安定化させるには、非常に注意深い微調整が必要なのです。投薬後の反応が悪く、治療に耐えるよりは自殺を選んでしまうという、うつ病患者のおそろしい話はたくさんあります。それでも、この分野でなんらかの成功があったということは、薬物が統合失調症やうつ病の治療に将来も使われるだろうことを示唆しています。

薬物によって統合失調症が「治った」人はまだ存在しません。それは、単に幻覚がないというだけで正常であるとは言えないからです。統合失調症患者が見る奇妙な幻や、頭の中で聞こえる奇妙な声を抑制すると、患者は正常な人間ではなく、抜け殻のようになってしまうのです。ドーパミンの化学的レベルを変えることは、たとえ今の技術よりも100倍うまく行うことができたとしても、それによって治ることはないでしょう。その理由は、神経伝達物質自体から学んだ教訓の中にあります。つまり、どんな化学的ブレイクスルーを起こすにしても、化学的障壁が必ずあるのです。

神経伝達物質の利点とは、それが物質であるということです。思考というものは、それが狂気であれ正気であれ、把握するのは困難です。なぜならかたちがないものだからです。思考は、触ったり感じたりできるものではありません。しかし、神経伝達物質は、きわめて小さく短命ではあるものの、確かなかたちあるものです。神経伝達物質には思考と調和するという役割があります。そのために、神経伝達物質の分子は、思考と同じぐらい柔軟性に富み、つねに流れ、とらえどころがなく、変わりやすく、おぼろげなものでなくてはなりません。

そのような柔軟性は一種の奇跡ですが、通過することがほとんど不可能な障壁を作るという点においては、同時に災いでもあります。この柔軟性を再現できるような人工的な薬は、今も近い将来もありません。実際のところ、薬は思考とペアを組むことはできないのです。受容体の構造を見ればそれは明白です。受容体は固定されたものではありません。正確には、細胞の奥深くから浮かび上がった睡蓮《すいれん》のようなものとして表されます。睡蓮のように根は下に向かって沈み、DNAがある細胞の核へと到達します。DNAは、非常に多くの、潜在的には無限のメッセージを取り扱います。従ってつねに新しい受容体を作り、それらを細胞壁に浮かべています。受容体の数は固定されておらず、また細胞壁の上での配置も決まっておらず、そしておそらく、なにと結びつくかということにも制限はないでしょう。細胞壁は、冬の池のように睡蓮がないこともありますし、花盛りの6月の池のようにぎっしりと浮かんでいることもあります。

受容体の唯一変わらない点は、予測がつかないということです。例えば、最近研究者たちは、イミプラミンという神経伝達物質が、うつ病の人々の脳内で異常に多く生成されていることを発見しました。イミプラミンの受容体の分布を探してみると、脳細胞だけでなく皮膚細胞にも散在していることがわかり、研究者を驚かせました。なぜ皮膚が、「精神的な分子」のための受容体を作るのでしょう？　これら皮膚の受容体は、うつ病とどんな関係があるのでしょう？

もっともらしい答えとしては、うつ病患者は全身がうつ状態だということです。悲しい脳、悲しい皮膚、悲しい肝臓などを持っているというわけです（同じように、研究者たちは、つねに苛立《いらだ》ちを感じると訴える患者を調べ、脳と副腎に、アドレナリンとノルアドレナリンという2つの化学物質が異常に高レベルで存在することがわかりました。しかし、その後、血小板での高濃度な状態がわかりました。つまり彼らは「苛立つ血液細胞」も持っているということを意味します）。

すべてがこれほどにも複雑になっていることを認識するのは、医師にとってもどかしいことでした。統合失調症、うつ病、アルコール依存症、薬物依存症、その他の疾患を短期間で治したいという希望は、1973年にエンドルフィンが初めて分離されてから2～3年後には粉々に打ち砕かれました。今では、メッセンジャー分子の真の柔軟性が予言されており、化学的障壁が以前よりも強力なものになっているのです。

この問題について考えると、私はもっと深い疑問を自らに問わずにはいられません。薬は本当に記憶という亡霊を追い払うことができるのでしょうか？　私の医師としての経験上、答えは否です。これまでに、薬で「治った」うつ病患者が、その後もまだうつろで病的な感じをかもしだしているケースをあまりにもたくさん見てきました。薬を信頼する代わりに、そもそもどのようにして患者の病気の記憶が化学システムの中に入り込んだのかを見つけ出す必要があります。非物質的な記憶がそこにあるのは明らかだからです。記憶は、分子の上に乗っているのかもしれません。しかし記憶の寿命はその分子によって決まるわけではありません。次のケースは、ひとつの例を示しています。

ウォルターは、1960年代後半にボストン南部の街で育ちました。その地域にやって来る黒人には強い憎しみが向けられるのを感じました。人生にずっとつきまとうこうした憎しみと貧困から逃れるために、ウォルターは、18歳のときに軍に入隊しました。その後6か月も経たないうちに、彼はベトナムにいました。戦い、そして生き延びましたが、2年後に再び故郷に戻ってきたときには、ヘロイン常用者になっていました。多くの兵士が、戦争のストレスを減らすためにヘロインを使っていたのです。他の兵士たちとは違い、ウォルターには故郷に戻ってもヘロインをやめる理由がありませんでした。ついに警察に捕まり、裁判所の命令で、病院で依存症の治療をするために私の患者になったのです。

主な目的は単に解毒をすることでしたので、通常の流れならすぐに家に帰されていたでしょう。しかし彼の入院中、私は彼とおしゃべりをするようになりました。彼が非常に優れた人物だということは明らかでした。絶望していたにもかかわらず、内面の暴力にむしばまれてはいないようでしたし、自分の習慣と勇敢にも闘おうとしていました。ウォルターと私は友達になったのです。彼はまた回復も早く、解毒をした1年後には安定した仕事を持ち、切望していた普通の生活について熱く語るようになりました。

そんなとき、妙なことが起こりました。ある日ウォルターの車が壊れて、数か月ぶりに地下鉄で仕事に行くことになり、ドーチェスターまで電車に乗りました。線路がギシギシ音を立てる古い路線です。彼はその騒音が嫌で、気になって仕方ありませんでした。扇風機も壊れており、おまけにそれは7月のことでした。暑くて息苦しい車両に閉じ込められて数分も経たないうちに、彼はもう電車に耐えられなくなりました。落ち着かない気分を通り越し、だんだん興奮が強まり、ついには極度の興奮状態に陥ったのです。そして地下鉄を降りる頃には、完全に狂暴で理性を失った状態になっていました。その2日後に会ったときには、ウォルターは完全にヘロインの依存症に戻っていました。そして今回はもはや治りたいという意志がほとんどありませんでした。

彼にいったいなにが起きたというのでしょう？　地下鉄での出来事を化学的に説明するだけでは十分ではありません。私は、彼が細いストライプのビジネスス一ツを着て、自信を持って新生活にふさわしい格好をしていたのに、問題ばかりでヘロインの依存症だった頃に乗っていたのと同じ地下鉄に戻らなければならなかったということに注目しました。思い出が裏切りの角を曲がり、過去がよみがえってきて、それとともに過去の欲求も戻ってきたのです。その欲求は、戻って来るまでの1年間、どこに隠れていたのでしょう？まだ医学が解明し始めたばかりなのですが、なんらかの方法で、細胞の記憶は、細胞そのものよりも長く生きることができるのです。

心身はどこをとっても、2つのものが一緒になっています。その2つのものとは、情報と物質です。そして情報のほうが、物質よりも寿命が長いのです。移動するだけのために舞い降りる渡り鳥のように、炭素、酸素、水素、窒素の原子がＤＮＡの中を渦巻いてとおるために物質は変化します。しかし次の原子を待っているシステムがつねに存在していま す。事実、DNAはその精密な構造を1000分の1ミリメートルでさえ動かすことはありません。なぜならDNAの情報であるゲノム（全遺伝情報）が、全部で30億もあるすべてのものの行き先を覚えているからです。この事実から、記憶は物質より永続的なものだということがわかります。それでは、細胞とはなんなのでしょうか？　自身のまわりに物質を作り、特定のパターンを形成しているのは記憶です。体とは、記憶にとっての家に過ぎないのです。

化学的叡智のかたちについて今わかっているすべてのことを踏まえれば、この結論に異論をさしはさむのは難しいでしょう。しかし医学はこうした意味合いに対して頑固に抵抗しています。例えば、アルコールやタバコ、麻薬依存患者は「薬物依存症」であると一般的に思われています。細胞が、ニコチン、アルコール、ヘロインなどの依存症にかかっているという意味です。しかし体の化学反応のレベルを見てみれば、ヘロインやニコチンは誰もが細胞壁に持つ受容体に収まることがわかります。依存症とは、異常な欲求を示す受容体を持っているわけではないのです。

例えば、太った人の胃の内壁は、食べ物に依存しているわけではありません。胃は、ただ与えられるものを受け入れているだけです。常習性のある物質を求める細胞の記憶こそが中毒しており、その記憶が、弱さを反映する歪んだ細胞を作り続けているというのが真実のようです。言い換えれば、依存症とは歪んだ記憶なのです。細胞に注意を向け続けるのは、物質的なものにばかりに目を向ける私たちの先入観に過ぎません（依存症は家族にも及ぶため、この有害な記憶はひょっとすると遺伝するものかもしれません。しかし、たとえ特定の「依存遺伝子」があったとしても、ＤＮＡにその遺伝子を発現させた非物質的な条件について考えてみなくてはなりません。私たちの耳は、遺伝子がそれを暗号化するためにこのように形成されていますが、そもそも耳が何百万年も前に発達しだした理由は、なんらかの器官が音に反応し始めたという、確かに非物質的なものでした）。

もしも依存症患者を預かり、その体を解毒して、アルコールや麻薬から数年間遠ざければ、「化学的依存症」であった古い細胞はすべてなくなります。しかし記憶はとどまり、もし機会さえ与えられれば、その記憶はもう一度依存していた物質をつかみとるでしょう。私の親しい友人にコロンビア出身の心臓外科医がおり、彼は15年前にタバコをやめました。この春、彼は故国に戻り、めったに行かない映画館にたまたま行ったそうです。ただでさえ忙しい心臓外科医ですが、彼は中でもきわめて忙しい人間で、最後に映画を見たのがいつだったかも覚えていませんでした。その上映の途中休憩でロビーに出ると、タバコを吸いたいというほとんどコントロールできないほどの強い衝動に襲われたのです。

彼は私に言いました。「ボゴタにいた10代の頃、映画の中休みにはロビーでタバコを吸っていたんだ。私はただそのときの場面に戻っただけだった。そしてタバコを吸いたいという衝動が一瞬にして戻ってきたんだ。次の瞬間には、私はタバコ自販機の前に立ち、小銭を探っていたんだ。心の中で自分をしっかりとつかみ、『どうかしてる。おまえは心臓外科医なんだぞ』と繰り返すことでなんとか抵抗できたんだ」と。それでも彼は急いで映画館から出ざるをえず、今でもその映画の結末はどうだったのかと思うと残念に感じるそうです。

依存症がこれほどおそろしいものであるのは、脳の受容体がつねに心の指示に従おうとしているからです。車がバックファイヤーを起こし、血流にアドレナリンが放出されるストレス反応について思い出してください。反応全体の一部として、胃と腸は消化活動を止めます。ストレス反応が一時的なものである限り、これは完全に正常で正しいことで、自動的にそうなるのです。

しかしつねにストレスがある環境にとどまることを選択する場合、体が消化活動を再開したいと思うときが必ずやって来ます。そんなとき、深い葛藤が起きるのです。なぜなら、ストレス反応は、胃に「動くな」とまだ言い続ける一方で、脳の他の部位（おそらく視床下部）が「動かせ」と言うからです。結果的に起こる混乱状態が胃を緊張させ、腸を激しく動揺させます。これらの器官は自然のリズムを失い始め、もし元に戻る機会が与えられなかったら、依存症患者の場合と同じように確実に、誤った記憶の犠牲となることでしょう。胃は適切ではないときに胃液をどっと出し、結腸は痙攣し、胃腸全体のスムーズな連携は崩れてしまいます。それゆえ、強いストレスにさらされた多くの人々が、焼けるような潰瘍や慢性結腸炎を経験するのです。

依存症患者の場合、麻薬によって阻まれる反応のひとつが、理性的に考えて明敏に知覚する能力です。受容体がふさがっている限り、依存症患者は幸福感に満たされ、その知覚はぼんやりと不鮮明になるでしょう。それは短期的には快楽かもしれませんが、長期的に見れば破滅的な状態です。ハッキリとした知覚がないと、脳は考えたり、食べたり、仕事したり、他者と関わったりといった最も基本的な指示を出すことができません。生きるには、明確な思考が必要で、明確な思考にはさまざまな神経伝達物質が必要ですが、中毒患者はその中のほんの少しのものに飛びつき、必死になってしがみついているのです。

同様に、厳密にはがんも身体的な説明では納得がいきません。そしてさらに抽象的な歪みと結びついているに違いありません。おそらく歪んだ記憶が細胞のレベルで生じている可能性があると考えられます。例えば、ある医師が患者のレントゲン写真を撮って悪性腫瘍を見つけたとします。1年後、再びレントゲンを撮ると、同じ腫瘍が写っています。医師がこれを同じ腫瘍と呼ぶのは、実際のところ正確ではありません。1年前の細胞は完全に入れ替わっているからです。

医師がそこで目にするものは、根強く生き残る記憶の結果であり、新しい腫瘍の中で何度も何度も生まれ変わったものなのです。がん細胞そのものは、その歪んだ設計図ほどには荒々しく手に負えない細胞ではありません。その設計図には、正常な細胞の働きを自滅的ながん細胞に換えてしまう誤った指示が書かれているのです。運がよければ、体はその状況に初期段階で対処します。DNAは、初期の腫瘍を含む、逸脱した記憶を感知し、すぐに取り除くのです。

今のところ細胞レベルでがんの記憶をどのように消し去るかは解明されていません。なぜならDNAに「話しかける」ために細胞壁を突き破ることはできないからです。しかし、免疫系がインターロイキンと呼ばれる抗がん物質——ホルモンに似た一種のタンパク質——を分泌するという重要なステップがとられていることは知られています。免疫細胞は、さまざまな状況においてインターロイキンを生成します。切り傷、打撲、感染症、内部組織の損傷、アレルギーなど、どれもインターロイキンを生じさせます（「インターロイキン」（interleukin）という名前は、研究者が元々、この化学物質が白血球（leukocyte）の間に信号を送ることを発見したことからつけられました）。

インターロイキンは自然に生成される際、その量はごく微量なので、商業的に複製することはきわめて高くつきます。それにもかかわらず、研究者は最近インターロイキン-2（IL-2）を大量に抽出し、進行した皮膚がんと腎臓がんの患者約450人に投与しました（一連の治療1回で、現在は8万ドルにもなります）。5〜10％の患者は、この治療をとおして劇的に腫瘍が退縮しましたが、ひどい副作用のために亡くなった人も数人いました。体の他の部分へのIL-2の長期的影響という問題は、いまだ未解決のままです。

化学的に近しい関係にあるインターフェロンが70年代のがん治療法だったように、インターロイキンは、その欠点にもかかわらず、次代の有望ながん治療法になろうとしています。すでに遺伝子工学者のチームが、市場性のある規模でインターロイキンを製造する方法を見つけようと競っています。また誤った希望が生まれつつあるということに私は失望を感じます。なぜ約束は決して果たされないのでしょう？　インターロイキンについての何百という事実を医学は知っています。それは、「インターロイキン-1のアルファとベータでは、遺伝子のアミノ酸レベルではたった26％しか相同ではないこと」、どちらも「10の10乗モルの領域内と高親和性のある」受容体と結合する、といったことで、専門用語を理解できれば、それは決して取るに足らぬ事実ではありません。

しかしこうした事実はインターロイキンの際立った点である叡智については文字どおりなにも語っていません。もしインターロイキンが、いつ、どこでがんと闘うかを「知っている」なら、私たちの興味をひくのはその分子ではなく、目に見えないなにか――がんの記憶が存在し、それを消し去る必要があると認識する細胞の能力です。これは体に注射することはできません。体とがんの戦争は、叡智と叡智の戦いです。インターフェロンやインターロイキン、ホルモン、ペプチドといった、身体的な叡智の表れは、武器のようなものとも考えられますが、そうだとすればまずいちばん最初に狙いを定められるに違いありません。

だから私は、最も深い意味において、「魔法の弾丸」的アプローチに信用をおいていないのです。ペニシリンは、狙いを正確に定める必要がなかったので、効果のある弾丸だったのです。抗生物質は、血流に入ってしまうと、自動的にバクテリアの細胞壁を攻撃し、破壊します。同様に、がんに対する初期の化学療法も、粗削りな弾丸で、第1次世界大戦の化学戦と大差ありませんでした。（事実、がんに対して用いられた薬で最も毒性が強いものは、アルキル化剤と呼ばれるもので、これはナイトロジェン・マスタードという第1次世界大戦で兵士たちを震撼《しんかん》させた悪名高いマスタード・ガスが起源なのです）。さまざまな副腎皮質ホルモンやエストロゲンなど、後になって化学療法に用いられるようになったものは体由来であり、よって狙いがより正確になりました。しかし今では、こうした進歩が実際は、魔法の弾丸理論の最後のあえぎかもしれないと思われるのです。

ある時点で使いたい化学物質は非常に精密であるため、その働きも最大限に狭い限られた範囲内でのみ効果を発揮します。ホルモンに狙いを定めるなら、ペニシリンが行きわたる血流の広い範囲ではなく、ただひとつの特定の受容体に命中させなくてはなりません。狙いたい受容体が、インターロイキンの受容体のように複雑なプロセスに関わっていたら、どれほど正確に狙ったとしても十分ではありません。細胞が生きるか死ぬかは、そこに含まれるあらゆる化学物質の正確な調和がなくてはならないのです。それは、ピアノ内部の1本の弦の調弦を誤ったら、すべての調子がおかしくなってしまうのと同じです。ピアノソナタは、たったひとつの音を間違えただけで、台無しになってしまうのです。

私は、破滅の論理を唱えたいわけではありません。何百万という患者ががんの薬によって治癒しています。化学療法の毒性は徐々に減っており、多くのケースでこの治療法に悪評をもたらしてきたひどい副作用も、実際にかなり緩和されています。がんを治療せずに放置するリスクを考慮に入れれば、この変化は注目すべきです。しかし、がんはきわめて早い時期に発見しなくては、治すことはできないという事実に変わりありません。肺がん患者が私のところに訪ねてきた場合、早期発見だったとしても手の施しようはないのです。放射線治療を行い、それを治療と呼ぶことはできますが、多少死期が延びることになるに過ぎません。おそらく、患者も私も、もはや治療の術がないという絶望を回避するためだけに最後までやり抜くのです。黒色腫のような他の一般的ながんも、このカテゴリーに入ります。

私たちは、弾丸を使わない医学を切実に必要としています。物質的な偏見なしにインターロイキンを見てみると、その最も重要な特質は目に見えないということです。インターロイキンは、免疫細胞のＤＮＡの中で適正な量、組成、タイミングで生成されていますが、そのすべてが分子そのものより重要なことなのです。

白血球が、バクテリアやがん細胞のような侵入者を飲み込んでいるところを顕微鏡でのぞくと、ハエのまわりに琥珀《こはく》色の物体を1滴落としたような、一見シンプルなかたちに見えます。実際は、人間の体の中で、これほど精巧なプロセスはありません。インターロイキンは、最も厳格な手順をふみ、正確に狙いを定めた地点に駆けつけます。これを「がんハンター」と呼んでもよいかもしれませんが、免疫プロセスの大半は非常に抽象的なものです。ほとんどすべてが情報交換によって行われ、ターゲットを攻撃することは、一連の作戦のほんの小さな部分に過ぎないのです。

マクロファージ（免疫細胞）が抗がん物質を分泌する前に、免疫系は他にもたくさんの段階をふみます。まずは問題が存在することに気づき、それがなにであるか正確に識別しなくてはなりません。がん細胞はウイルスではなく、またバクテリアでもありません。体はヘルパーT細胞と呼ばれる一種のメッセージの運び屋を使い、残りの免疫系に活性化するよう告知し、ナチュラルキラー細胞を作り始めます。キラー細胞が間違った対象を破壊しないよう確認するために、体は敵の正体が刻まれた化学的名札をマクロファージの上に付け、その名札を出会う他の細胞に見せるのです。これは、免疫系が最初にどう働くかのほんの一部分に過ぎず、そのあとも多くの枝分かれや重複、説明のつかない込み入った動きをします。

過去5年間、免疫系がきわめて入り組んだものであることを理解した研究者たちは、その複雑さについて、好んで脳と比較します。脳のように免疫系も新しい情報を吸収し、新しい病原体の正体を記憶し、何十億という知識を整理する驚異的な能力を持っています。脳と免疫系はお互いに「似ている」のではなく「脳は免疫系である」と言ってもよいかもしれません。というのも、両者とも同じ化学的ネットワークの中で作用しているからです。

免疫細胞と脳細胞の唯一の違いは、それぞれのDNAが全知識のうちのある側面を強調し、他の側面を抑制することを選ぶ点です。インターロイキンは、神経ペプチドと非常に近い構造を持っています（研究文献では、「ホルモン様ポリペプチド（抗生物質）」と呼ばれています）。このことは、馬に乗った騎手のように、私たちの感情は分子に乗っており、そうした感情が乗ることを選んだ馬にあたる分子は、インターロイキンとほとんど同一であるということです。幸せを感じることとがんと闘うことは、分子レベルにおいては、あらゆる意味でほとんど変わりはないのです。私たちは、その両方を「癒しのメッセージ」と呼ぶことができます。細胞をそうしたメッセージの送り手と受け手というように分けることは間違っているのです。というのも、ある免疫細胞はその特定の役割の一部としてインターロイキンを分泌しますが、体内のあらゆる細胞がそれを受け取ることができ、それはまたインターロイキンを生成する能力があることを示唆しているからです。おそらく、この「沈黙の」能力が、自然寛解においては活性化されるのでしょう。

もしくは記憶の亡霊と至近距離で戦うような思考レベルが存在し、目に見える分子は戦場にたくさん散乱する爆発後の弾に過ぎないのでしょうか？　後者の可能性が真実であるためには、心はがんの記憶が私たちを危険にさらしているということに直接的に気づかなくてはなりません。確かに依存症患者と拒食症患者は、亡霊がそこにいることを知っています。そして、すい臓がんのような特定の腫瘍の場合、医師が悪性細胞を見つけるずっと前から患者は気分にむらが出たり、うつ症状が出たりするということはすでに触れました。この初期の警告は、がん細胞が本当に存在することによりますが、だからといって、それよりももっと早い時期には警告の余地がないというわけではありません。

それがどこから来ているのか見つけ出すために、私たちは叡智と物質がどのように結びついているのかという問題全体について、もっと深く掘り下げていかなくてはならないでしょう。それは、魔法の弾丸理論が崩れ落ちる前にしなくてはならないことだと私は思います。インターロイキンは弾丸ではありませんが、叡智という目に見えぬ騎手を乗せて移動する生命の断片のようなものです。あらゆるところで化学物質に乗っている叡智こそが、生命そのものなのです。私たちは、その騎手と馬を同一視するという間違いを犯してはなりません。叡智は好きな場所へ自由に、たとえ分子が行けないところにさえ行けるのです。

Expanding the topic

さらなる考察

思考はつねに脳内化学物質と対になり、また逆に脳内化学物質も思考と対になっていると主張することで、本章は重要な一歩を踏み出すことになりました。心と体を分離する壁は厚く、また古くから存在しているものです。分子レベルにおいて心の指令を実行する化学物質そのものを認識することによってのみ、あらたな展望が現れうるのです。

しかし、上手に述べられた理論という叡智の弓矢も、医師が処方箋に手を伸ばす際にはさほど影響力を持ちません。患者は「魔法の弾丸」をほしがり、医師は「弾丸がいっぱい詰まったホルスター」を持っているわけです。医師と薬剤の間の足並みを、たとえほんの少しでも崩すには、劇的なニュースが必要でした。本書の初版以来、「抗うつ剤は効かない」というあからさまな言葉で宣言された、『ニューズウィーク』誌2010年2月号の記事によって巻き起こされた議論ほど劇的なことはありません。これは、精神医学界ではすでに認識され始めていたことを公表したものでした。心理学者アーヴィング・キルシュの研究によれば、最も人気のある抗うつ薬の効果はプラシーボと変わりなかったのです。

言い換えれば、もしうつの症状を軽減したいなら、砂糖粒を飲んでも、大手製薬会社によって大々的に宣伝された高価な薬を飲んでも、その効き目は同じだということです。反対派と支持派が、それぞれの陣営において声を上げました。反対派は、ゾロフトやレクサプロといった薬剤の効果を信じているうつ病患者から今や希望が奪われていると主張しました。支持派は、抗うつ剤はそもそもうつ病を治したことなどなく、症状を緩和するだけであり、しかもさまざまな副作用があると指摘しました。その副作用には、薬剤依存は言うまでもなく、暴力的になったり自殺傾向が現れたりするということも含まれるのです。

２０１１年６月、『ニューイングランド・ジャーナル・オブ・メディスン』誌の元編集長マルシア・アンゲルが、『ニューヨーク・レビュー・オブ・ブックス』に一般的な抗うつ剤や向精神薬についての2本の記事を書いたことにより、この議論は一層注目を浴びました。彼女は、過熱した擁護論と比較し、こうした薬剤に対して否定的な結論に達した数冊の本に対して好意的なレビューをしました。社会の主流派であった彼女の同僚たちはショックを受けました。向精神薬は、主にうつ病や不安神経症に使われますが、アメリカ人の10人にひとりが飲んでいるものなのです。

しかし、告発や反撃が充満する中にあっても、精神疾患とは脳内化学物質のアンバランスが原因であり、薬剤によってバランスを取り戻すことができるという、こうした薬の基本研究を平均的な医師はいまだに信奉しています。こうした信奉も、２０１３年『サイエンス・ニュース』誌の「うつ病に関わる遺伝子発見の膨大な努力が、ほぼ失敗に終わる」というトップ記事によって根幹からゆさぶられることになりました。

Expanding the topic

私はあるオンライン記事の中でそうした混乱状態を取り上げました。世界の先端を行く遺伝子学者のひとりである、マサチューセッツ総合病院のルドルフ・E・タンジ博士と、認知神経科学と精神衛生の専門家であるデューク大学のP・ムラリ・ドライスワミ教授と共同執筆したものです。うつ病がアメリカで蔓延《まんえん》しており、また心と脳の謎について述べることは非常に役立つため、この問題についてはさらに詳細を述べてみたいと思います。

こうした抗うつ剤への挑戦が生じる前は、うつ病は治療すれば治るものという認識が一般的でした。アメリカでは誰でも、ゾロフトを飲んで回復したという家族や親戚がひとりはいるものですが、知らされている医学的所見は非常に曖昧なものなのです。なぜなら何十年間にわたって受け入れられてきたうつ病のひな型は脳疾患と考えられており、そして脳疾患は遺伝子に基づくものだったからです。うつ病に関わる遺伝子を見つけることができなかったことで、うつ病患者の遺伝子は、うつ病ではない人々の遺伝子と比較して、なんら損傷を受けてはいないし、歪みが生じているわけでもないということが強く示唆《しさ》され、今では少なからずの著名研究者もこの点を認めています。

このことに密接に関わっている、間違った前提がもうひとつあります。最も人気のある抗うつ剤は、シナプス（2つの神経末端の隙間）の化学的不均衡を修復することによって作用すると考えられていますが、そのシナプスにおける問題の原因はセロトニン（ドーパミンと並び、脳の最も重要な神経伝達物質のひとつ）の不均衡にあるとされていました。しかし、セロトニンは直接遺伝子によって制御されているものであり、ある重要な研究によると、セロトニンの問題を解決することを目的とする薬がそのように作用しないか、もしくはそもそも最初にセロトニンの問題が存在しなかったかのどちらかだというのです。

『サイエンス・ニュース』誌のレポートは、この点についても放任的な姿勢をとらず、このように書かれています。「86人の科学者から成る国際チームは、3万4549人のボランティアのDNAをくまなく調べることによって、人のうつ病になりやすさに作用する遺伝子の影響を発見しようと期待していました。しかし、分析してもなにも出てこなかったのです」。なにもないということは、なにか意味があるというわけではありません。

遺伝子からシナプスまで、そして最後には製薬研究所に至るまでの一連の説明が成り立たなくなると、多くの疑念が生じます。うつ状態とは、そもそも脳の病気なのでしょうか？　それとも、現代の薬剤治療が始まる前に精神医学において考えられていたように、心の疾患なのでしょうか？　最新の理論もまだ白黒ハッキリしてはいません。決して完全なものではありませんが、人をうつ状態にさせうるものを次にリストアップしてみました。

ストレス

個人的危機

悲しみ

Expanding the topic

身体的病気
人生における突然の変化
事故や予期せぬ失敗
仕事や金を失う
個人的不安
失敗
劣悪な育てられ方
自己評価の低さ
罪悪感や羞恥心を持たせるネガティブな信仰心
その他の理由で感じる罪悪感や羞恥心
愛の拒絶
未知の要因

このように長いリストになりましたが、まだ発見されていない原因（未知の要因）をさしひいて考えても、心は人生の複雑さに直面し、多くの経験によってうつ状態を招きうるのです。もしも「君はクビだ」と私が告げたとしたら、あなたをうつ状態にするのは脳ではありません。それは壊滅的な悪いニュースによって引き起こされた突然の動揺なのです。

しかし悪い経験をしても、うつ状態になる人もいれば、ならない人もいるというのはどうしてなのでしょう? 結局のところ、グラスは半分も空だと思うことと、グラスは半分も満たされいてると思うことは、同じように真実です。研究によると、さまざまな人や状況が中立的な写真を見せられた場合、うつ状態の人はその写真を、ネガティブで絶望的で、悲しく、肯定的な結果にはならなさそうだとつねに思うものなのです。

さまざまな変わりやすいものが影響を及ぼし合う中、信頼できそうな一般的結論は多少なりとも存在します。

1. うつ病にも多くの種類がある
2. うつ病の人は各々、原因と症状を自分なりに混ぜたものを示す
3. うつ病における精神的要素には、幼少期の育てられ方、学習行動、核となる信念、自己評価が含まれる
4. 脳の要素としては、原因がまだわかっていない脳の特定領域の弱さを示唆する、元々備わっている神経経路が含まれる。しかしうつ病は、脳内のただひとつの領域に起こるものではない。複数の領域の関わりが関連している

遺伝要素によって、なぜうつ病が家族間で起こりやすいのかを説明できるかもしれませ

Expanding the topic

んが、人がうつ病になるということを保証するような遺伝子も遺伝子群も存在しないのです。私たちが今問題にしているのは、病気にかかりやすくしてしまう遺伝子についてです。こうした（未知の）遺伝子をなにが刺激するのかはまだ謎のままです。遺伝子が出力する結果は、固定したものではなく流動的なものなのです。よって遺伝子の状態も変化します。未知の要素については、まだ何年かはうつ病として発病しない子どもに見られるような素因かもしれませんし、無力感や犠牲者の感覚を生み出す社会的な関わりのことかもしれません。

懐疑論者たちはこのリストを見てこう言うかもしれません。「それでは、どんなことでもうつ病の原因となるわけだ。それはなにも証明していないのと同じではないか」。しかしうつ病の原因となるものを見つけてみたらそれがあまりに多くあったという事実と、最初から諦めることとは異なります。そうではなく、私たちは「クォンタム・ヒーリング（量子的治癒）」が目指す方向へと向かっているのです。つまり心と体が、人生のあらゆる瞬間においても一体となって動的に関連していると考えることです。約20％の人々が人生のある時点においてひどいうつ病を経験するといわれます。目下、イラクやアフガニスタンで務めを果たした戦闘兵（突然の自殺の増加と直接的に関係していると思われます。そして自殺は一般的にうつ病と関連しています）や長期にわたって失業状態にある解雇された労働者たちの間でうつ病が多発しています。どちらのケースも、外的な出来事がうつ病の原因となっていますが、同じ要因（戦争や失業）でうつ病を発症するのが一定数の人だけであるという意味においては、その理由はよくわかってはいません。

もうひとつの隠れた論点は、うつ病に関しては病気のひな型がないということです。風邪は特定のウイルスによって引き起こされますし、エイズはＨＩＶというレトロウイルスが原因です。ひとつの原因がひとつの結果をもたらすわけです。簡単に言えば、それは身体的不調を引き起こす細菌のひな型なのです。精神医学の土台は、そのひな型を精神疾患へと拡大適用することなのですが、内的なものと外的なもの、遺伝子や環境的なもの、固定されたものや変化するものといった、非常に多くの要因が存在するときには不安定なものになってしまいます。研究目的で、どういう人が医学的にうつ病と言えるのか定義することさえ難しいのです。うつ病は、引き継がれた遺伝子の手を借りずとも、家族や友人間にも「広がる」ものです。人はうつ病の「保菌者」になりうるのでしょうか？　もしそうなら、なぜある人にはうつり、ある人にはうつらないのでしょう？

また、悩みの根本的な問題について話し合うという、旧式のカウチセラピーを通してうつ病を治療することについてはどうでしょう？　さまざまな研究によると、うつ病患者は自分のうつ状態について語ろうが、薬を飲もうが、その反応に変わりはないといいます。しかしここに真の謎が存在するのです。精神安定剤のプロザックは、強迫性障害の治療において予期せぬ効用を持つことがわかりました。典型的な強迫性障害とは、１日に何度も手を洗ったり家の掃除をしたりすることを、たとえしたくなくてもやめられず、まるで儀式のように繰り返さなくてはならないと思うことです。プロザックを飲むと、強迫性障害に関連する脳の特定領域での過活性が鎮まるようで、患者の症状は改善し始めます。強迫性障害にはカウチセラピーの治療も行われるのですが、ｆＭＲＩでスキャンすると、驚くべきことに、まるで薬を飲んだときのように脳の同じ領域に改善が見られたのです。

うつ病の原因遺伝子を見つけられなかったという元々の研究は、『バイオロジカル・サイキアトリー』誌２０１３年1月3日号で発表されたのですが、うつ病という診断は無視して、その代わりに症状を対象とするという珍しい手法をとったものでした。これは必ずしもよいことではなく、ただこれまでの研究とは異なるというだけのことでした。症状について尋ねることは、うつ病だと考えられる人の数が低く出る結果となります。これは、うつ病であることを否定する人や、うつ病と普通の悲しさとの違いがわからない人がいるためだと考えられます。しかしもっと重要なのは、一生のうちに症状は変わっていくということです。患者各々、そして病気全体としても変動があるのです。

うつ病には、人から人へと大きく循環する反応と習慣という要素があります。普通の状況に対してうつ状態になる反応を覚えてしまうと、この反応は習慣となり、より強固なものになります。うつ状態になるという習慣は、依存症と同じぐらいにやめるのが大変なのです。そしてどちらの場合も、「もうどうしようもない。私は変われない。これが私だ」

という叫びを聞くことになります。自分は病気や損傷を受けた脳の囚《とら》われの身であると人に告げることは、この敗北主義的な信念とうつの循環を強めるだけなのです。

最終的に、その状態があまりにわかりにくいものになってしまい、うつがどこに向かっているのか、悲観的な予測も楽観的な予測もできなくなってしまいます。薬による治療は、基礎科学がなにを言おうと、いまだに根強い人気があります。最も多く見られる軽いうつ病の場合、抗うつ剤を飲むことは、その効果が30％ほどに過ぎず、プラシーボとなんら変わらないという事実を無視している限り、「効き目がある」のです。これは見過ごせないことです。効き目のある薬とは、少なくとも砂糖粒よりは効果があるべきです。重度のうつ病の症状の中には難治性のものもありますが、そうでなければ、慢性のうつ病にはやはり薬剤治療がいちばん効きます。諦めてしまうよりは、希望はつねによいものです。

この詳細にわたる論争のポイントは、うつ病が他の精神疾患、とりわけ統合失調症に結びつき、そこには単純な病気のひな型が成り立たないことです。あまりに多くのパターンがあり、また患者も発病してから非常に個人的な道筋をたどるわけです。アメリカは「なによりも唯物論を優先させる」という信念体系を捨てることになると信じるのはあまりに単純でしょう。しかし、つねにすべてを脳まかせにして心を軽んじるのは愚かなことです。それは常識に逆らうことであり、さらに重要なこととして、私たちにクォンタム・ヒーリング（量子的治癒）の真の可能性を見えなくさせてしまうのです。

6 量子的な人間の体

量子物理学が生まれてから90年が経ちますが、いまだにほとんどの人にとってまったく謎に包まれた存在であり続けています。しかし神経ペプチドの発見がなにを意味するかを理解してしまえば、量子の理解に向けて一歩だけ前進したことになります。神経ペプチドの発見は、体は心と同じぐらい流動的なものであるということを示したという点で、非常に重要なものでした。メッセンジャー分子のおかげで、思考と身体的反応というまったく無関係に思われることも、今では一貫性のあるものとしてとらえられるようになりました。神経ペプチドは思考ではありません。それでも思考とともに働き、変換点としての働きをします。量子もまったく同じ働きをしますが、ただ異なるのは、宇宙もしくは自然全体において働くということです。

分子の変換点で心がどのようになるかを本当に理解するためには、量子について考える必要があります。思考に触れると神経ペプチドが生じますが、実際どこから生じるのでしょう？　恐怖という思考が神経化学物質になるという流れには、非物質から物質への変換という隠れたプロセスが関わっています。

自然界でも同じことが至るところで起こっています。ただ、私たちがそれを「思考」とは呼ばないだけです。原子のレベルでは、固体が予測可能なステップを踏む2人組のダンスのように互いのまわりを動き回っているという光景が見られるわけではありません。素粒子は大きな隙間によって隔てられており、あらゆる原子の中身の99・9999％以上は空隙となっているのです。このことは、大気中の水素原子や、テーブルの原料となる木の中の炭素原子だけでなく、私たちの細胞内の「固体である」原子すべてについてもあてはまります。従って、私たちの体を含むすべてのかたちあるものは、銀河系の空間と同じぐらいに空っぽだと言えます。

固形の小片が遠く離れた間隔で散在する、このように広大で空っぽの空間が、いったいどのようにして人間になりうるのでしょうか？　この問いに答えるには、量子という観点が必要になってきます。量子を理解することによって、クオークから銀河にまで及ぶ、より広大な真実の世界へ足を踏み入れることになるのです。同時に量子の世界の動きは、私たちと非常に近しいものであるということがわかります。実に、人間の体と宇宙とを隔てているのは、ほとんど見えないぐらいのおぼろげな影のようなものなのです。

すべての物理現象にあてはまる、首尾一貫した合理的な法則を見つけようという途方もないプロジェクトにおいて、アイザック・ニュートンは自然の働きについて、あらゆる物理現象を支配する固体、直線運動、定数という観点から説明しました。これは自然を複雑

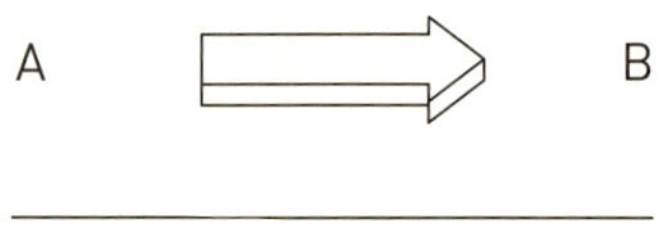

なビリヤードゲームのようにとらえたモデルで、その中でニュートンは名選手というわけです。物質とエネルギーは既定のルール内にあるため、隠れた世界について理論化する必要はありませんでした。すべては、ゲームボード上で起こるような明らかな現象なのです。この考え方は、単純な図で表すことができます。

この図では、Aは原因で、Bは結果です。両者は直線で結びつけられており、私たちがなじんでいる、この感覚のある世界においては原因と結果は論理的に関連していることを示しています。もしもAとBが2つのビリヤードの玉だとしたら、ひとつの玉をもうひとつに当てるということは予測可能な出来事です。

しかし、もしAが思考でBは神経ペプチドだとしたら、この図をあてはめることはできません。たとえペプチド分子のような小さなもので

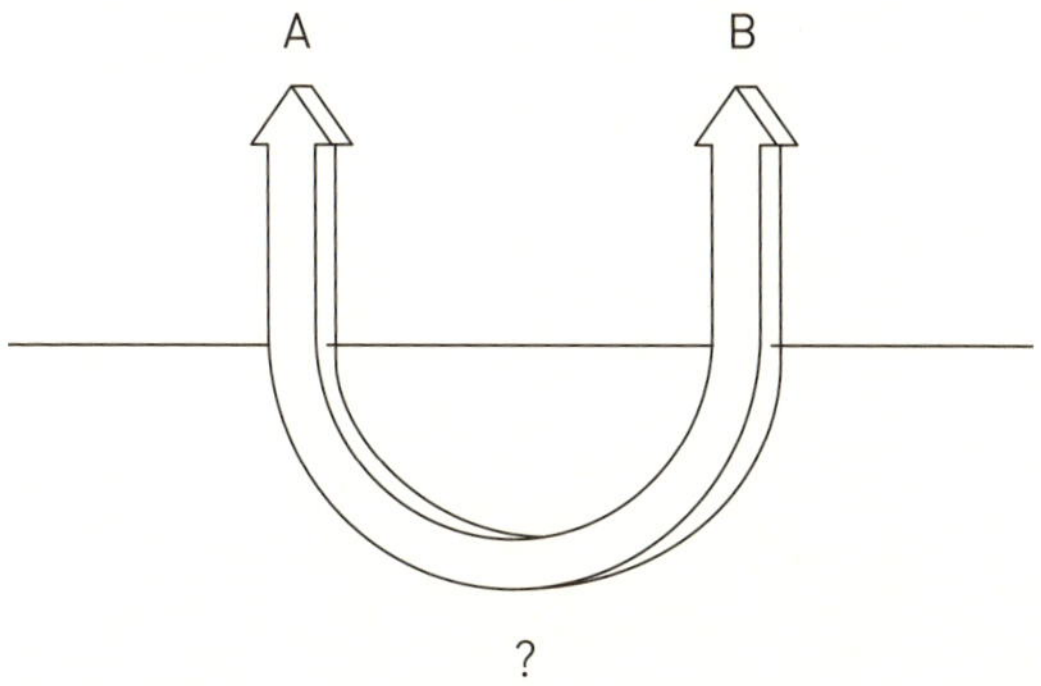

も、非物質的な思考と物質との間を直線でつなげることはできないのです。その代わりに、迂《う》回《かい》路《ろ》のある図を描かなければなりません。

U型は、境界線の上にはないところで、つまりニュートンの合理的な直線世界ではないところでプロセスが起こらなくてはならないことを示しています。つまり思考が分子になるという隠れた変容が起こっているのです。その変容が起こるのに時間は要さず、またいかなる場所も必要ありません。神経系の衝動が生じさえすれば行われるのです。例えば「薔薇」という言葉を思い浮かべるとき、多くの脳細胞が発火しなくてはなりません（どのぐらいの数の脳細胞が発火するかはわかりません。おそらく話にならないほど少ないでしょうが、とりあえず100万個としてみましょう）。しかし、これらの細胞はAからB、BからCへというようにメッセージを伝えることによって互いに交信するわけではありません。思考は時空の中にただ突然現れ、それによって脳の全細胞が共鳴して変化するのです。思考が生じ、100万個の脳細胞が神経伝達物質を作るというこの完璧な協調関係は、境界線の下で起こっているに違いありません。

境界線の下の全領域は時空の中にあるものではなく、思考が分子に変換されるときに向かう場を表しています。精神的な衝動を体と相互に関連づける制御室のようなものと考えてもよいでしょう。どの時点においても、150億もの神経系のニューロンが、境界線の下から完璧な正確さでもって調整されているのです。

量子物理学が誕生したとき、直線からU字型迂回路へという同様の変化が起こりました。自然界のあらゆる現象は、古典的なニュートン理論に従って、机上で起こるように見えましたが（物理学者たちは明らかに精神的な現象は除外していたようですが）迂回路なしには説明できないことがいくつか出てきたのです。その最も顕著な例が光です。光はAという波動のようにも、Bという粒子のようにもふるまうことができます。波動は非物質なものであり、粒子はかたちあるものなので、この2つはニュートン物理学ではまったく異なるものとされています。しかし、光は状況によってはどちらのようにもふるまうことができます。従って、光は境界線の下の迂回路をたどったに違いないのです。

光を、波もしくは波動としてとらえることは難しくはありません。白色光はプリズムによって虹《にじ》の7色に分解されますが、その理由は白色光が波長の異なる光から成っているた

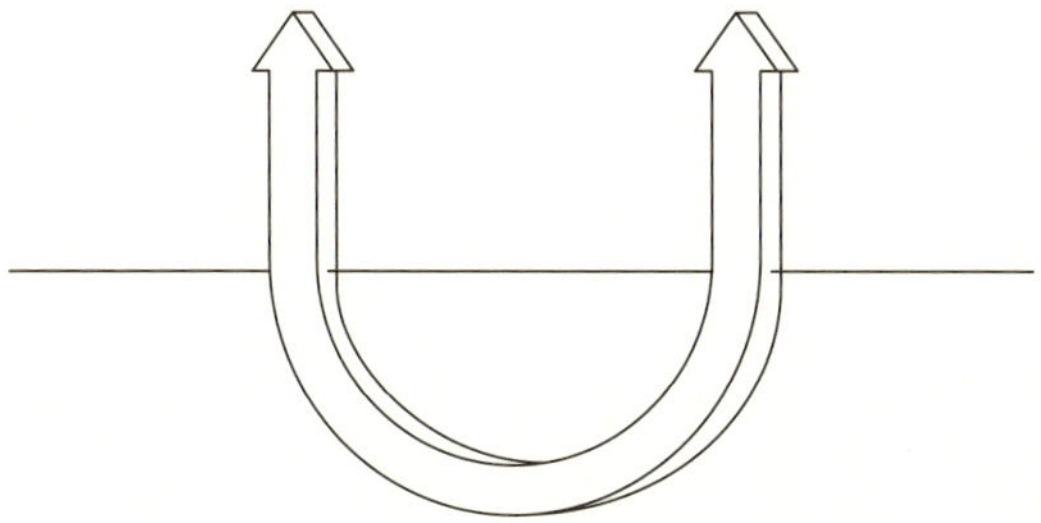

めで、それはスペクトルに分解されたときに明らかとなりました。白熱電球の光は、電気がタングステン・フィラメントを通過するときに発生する独自の波長を持ちます。しかし減光スイッチで光を最小限にしていくと、光は波動ではなく粒子のような現れ方をします（これほどまで微調整された減光スイッチはありませんが、物理学者たちはその粒状性を見ることができるように光を出させたというわけです。私たちの目は、量子レベルの光にも物理的に反応できるようになっています。たとえたったひとつの光子が網膜に当たったとしても、その一瞬の閃光《せんこう》は視神経に沿って伝えられるのです。しかし脳はそのような一瞬の閃光を処理することはありません）。

「クォンタム（量子）」という言葉は、「どのぐらいの量か?」という意味のラテン語に由来するものですが、粒子のようなものの「最小単位」を表します。光子は、それ以上細かい粒子に分割できないため、光の量子であるわけです。電子の流れがタングステン原子に当たるとき、光子が現れます。電気の中で動いている電子は、タングステン原子の外周軌道を回っている電子とぶつかり、そうした衝突から光の量子としての光子が飛び出るのです。この量子は質量がないという、非常に奇妙な粒子です。しかし私たちの目的にとって重要なのは、光の波動が光子になるためにはテーブルの下、つまり目に見えない領域にある迂回路をとおらなくてはならないということです。ニュートンの法則が通用しない未知の領域において、その変容が起こるわけです。

ここでは物理学の解説をしようとしているわけではないので、これ以上深く追求することはしません。アインシュタインの後、世紀の変わり目にマックス・プランクなどの先駆的物理学者たちによって光の量子的性質が証明され、非常に多くの興味深い結論が出てきたということを知れば十分です。五感の世界においては当然のことと思われるような現象を、奇妙な時空のねじれと調和させなければならないかと思われましたが、実際はすでに調和がとれていたのです。神経ペプチドの場合のように、量子は自然というものを流動的にしていて、非物質が物質に、時間が空間に、質量がエネルギーに変容するという説明のつかない現象が許容されていたからです。

基本的な量子現象のパターンを示したのが次の図です。通常の現象の範疇《はんちゅう》外にある迂回路がつねに示されています。

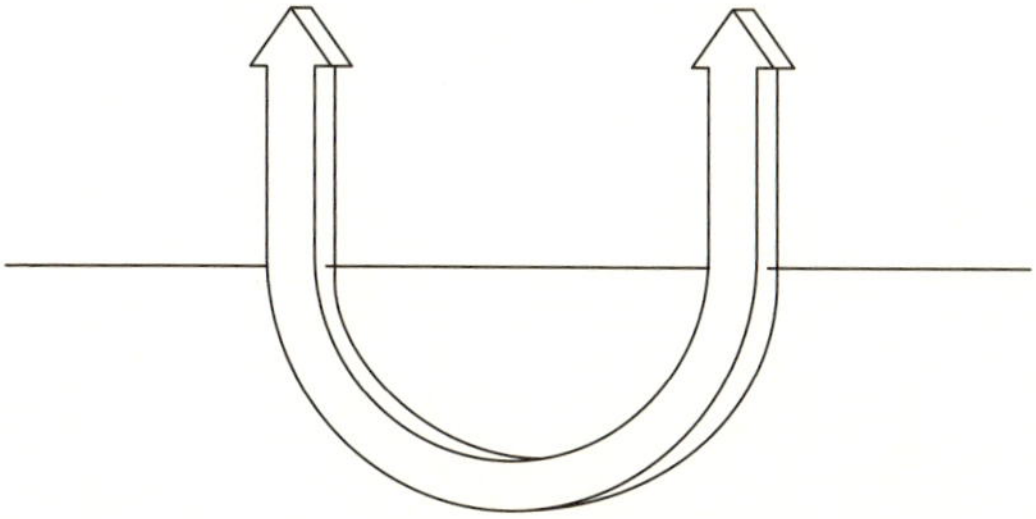

思考や神経ペプチドと同じように、光は波動で同時に光子でもあるというわけにはいきません。そのどちらか一方なのです。しかし光量を絞っていっても、タングステン電球が別の現実に入ってしまうわけではないことは明白です。どういうわけか、自然は変換点を設定することで光がAかBのどちらかになるように、そして両方とも同じ現実の領域内にとどまれるような法則を作っているのです（今でもアインシュタインがニュートンをひっくり返したと思い込んでいる人々がいますが、実は完璧な順番で、アインシュタインがニュートンの信条を拡大することで救ったのです）。

この基本的な量子現象から、心と体のきわめて優雅な姿をたったひとつの図に収めることが可能です。

心も体もともに境界線の上にあります。Aは

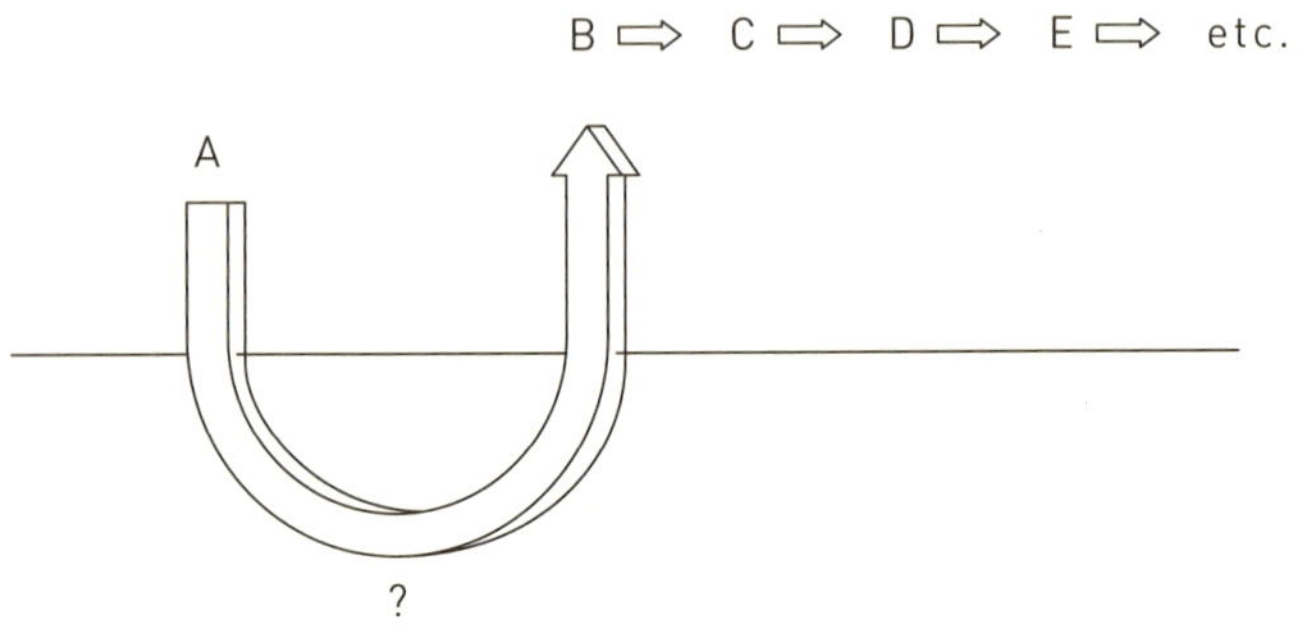

精神的現象もしくは思考です。B以下すべては、Aに続いて起こる身体的プロセスです。恐怖を感じることをAとすると、B以降は、副腎への信号、アドレナリンの生成、動悸、血圧上昇などで、B、C、Dといったように表されます。体内で起こるすべての身体的変化は、原因と結果という論理的な鎖で関連づけることができますが、例外はAの後の空間です。ここは思考から物質への最初の変換が起こる地点なのです。変換が起こっているに違いありません。そうでなければ、残りの現象も起きることはないでしょう。

その構成内のどこかに迂回路も間違いなくあるでしょう。そこでまっすぐな線が崩れます。テーブルの上、つまり目に見える領域で心は物質に触れることはないからです。あなたが小指を上げたいと思うなら（A）、生理学者は神経伝達物質（B）の跡を追います。その神経伝達物質は、神経の軸索（C）を走らせる衝動を活性化させ、筋肉細胞に反応を起こし（D）、その結果、小指が上がる（E）というわけです。しかし生理学者の説明だけでもAからBへ到達することはできません。そこには迂回路が必要なのです。その全体像は、バケツリレーのようなものです。各消防士が自分の前の消防士からバケツを受け取るのですが、最初の消防士だけは例外で、どこからも受け取っていません。

「どこからも」とは、ぴったりの表現です。というのも、体を細かく分けていっても思考が分子になる場である正確な分岐点にたどり着くことができないからです。それは、光子が光の波になる分岐点を見つけられないのと同じです。物理学においても、医学においても「?ゾーン」でいったいなにが起こっているのかを知ることはできません。奇跡的な治癒は、?ゾーンに足を踏み入れた例のように思われます。なぜならそのようなケースでは、心と物質との協調が説明のつかない量子的飛躍を起こすからです。もっとも、心と体が不思議なドラマを演じるときはいつでも同じことが起きるのですが。

数年前のある夜、ボストンに住む40代半ばの消防士が、郊外の病院の緊急治療室に胸に差し込むような痛みを訴えてやって来ました。当直の研修医が診察し、心臓機能の異常といった兆候は見られませんでした。患者は安心できないまま帰宅しましたが、同じ症状ですぐにまた来院しました。先輩医師として私の元へ回されてきましたが、やはり彼の心臓にはなんの問題も見つけられませんでした。

徹底的に検査をして問題がなかったにもかかわらず、消防士は緊急治療室に繰り返しやって来るようになりました。それも、いつも夜遅くなってからです。来るたびに自分は心臓病に違いないと不安におののいて私に告げるのでした。しかし最新の心エコー図や血管造影図を含むどんな検査をしても、まったく異常は見つからなかったのです。ついに不安のますます高まる患者を前にして、私は、純粋に心理的な理由から仕事を続けられないとして退職を勧めました。身体的な異常がないという理由で、消防署の診察室はそれを拒みました。2か月後、その男性は緊急治療室に最後にもう一度だけ現れました。重度の心臓発作に襲われて担架で運ばれてきたのです。発作を起こして10分も経たないうちに心筋の90%が破壊され、亡くなりました。それでも彼は私のほうを見て、ささやくだけの力は残っていました。「先生、これで私は心臓病だったと信じてもらえますよね?」

このケースが非常に劇的に物語っているのは、?ゾーンへの迂回路は強力で、体のどんな身体的現実をも変えうるということです。ここで起きたことは、量子現象と呼ばざるをえないと私は感じます。というのも、医学によって観察され、体の正常な状態とされてきた因果の法則にのっとっていないからです。心臓病なのではないかという恐怖を抱いている人はたくさんいますが、そのために死んだりはしません。反対に、多くの心臓発作は、心からの事前の警告もなしに起こるのです。たとえ心身医学に合わせて思考が心臓発作を引き起こしたと言うにしても、その思考がどのようにして致命的な意図を実行に移す方法を見つけたのでしょう?「心臓発作」という考えをコンピュータにプログラムしたなら、誰もが自分がなにをしたかということを自覚しています。それを検索したければ、画面上にその情報を出そうと電気回路が活性化され、画面に出てしまえば、ソフトウェアを使って操作することができます。しかし「心臓発作」という思考は、その患者の中ではこのようには作動しませんでした。彼はどこからそんな思考が来るのかわかっておらず、一度来てしまうと、もう逃れることはできませんでした。そして思考は1か所にとどまることなく、体を侵攻し、悲惨な結果をもたらしたのです。

　これは量子現象のほんの半面、ネガティブな側面に過ぎません。?ゾーンへの旅はすばらしくポジティブな結果ももたらしうるのです。別の患者の例をあげましょう。その患者は50代の物静かな女性で、10年ほど前、腹部のひどい痛みと黄疸《おうだん》を訴え、私のところにやって来ました。胆石だと思われたので、すぐに手術をすることになりました。しかし開腹してみると、肝臓に大きな悪性腫瘍があり、腹腔《ふっこう》中にがんが散らばっていました。

　手術不可能と判断し、執刀医はそれ以上のことはせずに開いたところを閉じました。患者の娘さんが、母親には真実を告げないよう私に懇願したため、その患者には胆石は無事除去されましたと告げました。いずれご家族が彼女に真実を話すだろうし、ほぼ確実に彼女の余命はあと数か月なのだから、少なくとも彼女は安らかな心で家族と時を過ごせるだろうと私は考えたのです。

8か月後、私はその患者が診察室に戻ってきたのを見てびっくりしました。彼女は定期健診を受けに来ており、検査の結果、黄疸も痛みもがんの兆候もありませんでした。それから1年経って初めて、彼女は私に不思議なことを打ち明けてくれたのです。彼女はこう言いました。「先生、私は2年前に自分ががんだと思っていました。だからただの胆石だと知ったとき、誓ったのです。もう一生病気になんてかかるまい、と」。そしてがんが再発することはありませんでした。

この女性はなんのテクニックも使っていません。心の奥底でした決心をとおして元気になったように見えます。そしてそれだけで十分だったのです。このケースも量子現象と呼ばなくてはなりません。なぜなら器官、組織、細胞、DNAよりも深くに、体という時空的存在の根源へと直接的に届くような根源的な変容があったからです。ひとりはポジティブな思考、もうひとりはネガティブな思考を持っていた、この2人の患者は?領域へと足を踏み入れ、そこから自身の現実を決定づけたのです。

この2つのケースは不思議なことではありますが、本当に量子現象の例と言えるのでしょうか? 物理学者なら、これは単に隠喩《いんゆ》であって量子物理学によって研究されてきた素粒子と根源的な力の秘められた世界は、心という秘められた世界とは非常に異なるもの

系
器官
組織
細胞
DNA

?

であると異を唱えることでしょう。しかし私たちが「薔薇」という思考を取りに行く、想像も及ばない領域は、光子が現れる領域と同じ――つまり「宇宙」であると主張することはできます。叡智には量子的特性がたくさんあるのです。それを明らかにするために、体を系、器官、組織、細胞といった階層で並列に配置する、おなじみの教科書的な図から始めましょう。

この図では、体のそれぞれの段階が次の段階と論理的に関連しており、境界線の上にとどまっている限りにおいては、生命が始まるときに現れるプロセスはお決まりの順序で起こります。これは子宮内の胎児によって示されます。まず胎児は、受精した1個の卵細胞の中心にあるDNAから始まります。時間の経過とともに、その細胞は増えていき、多くの細胞から成るボール状のものが形成されます。そして十分大きくなると、組織ができ始め、最終的には心臓、胃、脊髄などの器官ができあがります。そして神経系、消化器系、呼吸器系などの系全体が現れ、新生児の何兆という細胞が、母親の助けがなくても生命として生きていけるように正確に調整され、ついに誕生の瞬間を迎えるのです。

しかし、もしＤＮＡがこの脚立のような構造のいちばん下の段にいるとしたら、最初にＤＮＡを動かすものはなんでしょうか？　受胎後2日目に最初の分裂をし、18日目に神経系を作り始めるのはどうしてなのでしょう？　すべての量子現象と同じく、なにか説明のできないことが水面下で起こってＤＮＡの全知の叡智を形成しているのです。大事なのはＤＮＡが天才分子であり、複雑すぎて理解を超えているということではありません。ＤＮＡが不思議なのは、量子と同じくまさに変換点に存在しているということです。ＤＮＡは、より多くの生命を作り出すことに生涯をささげます。私たちはそれを「化学物質と結びついた叡智」と定義しました。ＤＮＡはつねに量子世界からのメッセージを私たちの世界に合わせて変換し、新しい叡智を新しい物質に結びつけているのです。

ＤＮＡは各細胞の中心となる完全な舞台裏にひとりで座り、ステージ上で起こるすべての振り付けを行っています。ＤＮＡは自らの一部を神経ペプチド・ホルモン・酵素として血流中を移動させ、同時に自らの別の一部を受容体として細胞壁に付着させ、膨大な問いに対する答えを聞くためのアンテナとします。ＤＮＡはどのようにして、問いであると同

DNA

有機的な副分子

原子

素粒子

?

時に答えであり、また全プロセスの静かな観察者と成りうるのでしょう？

その答えは、物質のレベルにはありません。分子生物学者はずっと以前に、ＤＮＡをより細かい要素に分けましたが、その全行程はいまだにニュートン的世界の境界線より上にとどまったままです。

これまで見てきたように、ＤＮＡはなにか特別なものからできているわけではありません。遺伝物質の鎖は、糖やアミンといったより単純な分子に分けることができ、その分子はさらに炭素元素、水素原子、酸素原子などに分けられます。ＤＮＡと結びついていない場合、水素原子もしくは炭素原子には、元々タイミングのようなものは組み込まれてはいません。何十億という他の組み合わせの中では水素も炭素もただ存在しているだけです。しかし、ＤＮＡでは時間をかけて制御したり、なにか新しいものを毎日作り出す能力に寄与するようになり、それがＤＮＡのタイムテーブルに従って一生の間、人間では70年以上も続くのです（ブリッスルコーン・パインという米国西部に生息する小型の松のＤＮＡは、２０００年以上もの時間が設定されています）。

どれほど念入りに見ても、脚立の土台はあまり強固なものではありません。原子を超越し、ＤＮＡを電子、陽子、さらに細かい粒子へと分け始めると、量子現象が起こってくるに違いありません。そうでなければ、生命は無――物質もエネルギーもない空隙からできているという当惑させるような立場に取り残されてしまいます。もしかたちある粒子をある地点を超越して分けていくと、残るものは無だけなのです。

量子のレベルでは、物質とエネルギーは、物質でもエネルギーでもないなにかから生じています。物理学者は、この原初的な状態を「特異点」と呼ぶことがあります。特異点とは、時空による限界のない抽象的な概念ですが、宇宙の拡張した次元を凝縮したものなのです。理論的にビッグバンでは、宇宙全体が特異点から飛び出したと言われています。この特異点とは、この世に存在するものの中で最も小さいものよりさらに小さい点としてたとえられます。しかしこの創造というとてつもない現象は、スケールこそ違いますが、あなたが「薔薇」という言葉を考えるたびにやはり起きているのです。

この「薔薇」という言葉がどこか限定された場所にあり、そこに物質が存在しているわけではありません。「薔薇」という言葉は、物質と叡智を、心とかたちをどうまとめあげるかを知っている領域から湧き出てきて存在するのです。脳内の原子は移り変わりますが、「薔薇」という言葉は消えません。さて、今、私たちはとてもおもしろい地点に来ています。特異点は今では探求可能となっており、それは時空の外側にあるので、ビッグバン「以前」には存在せず、よって今、ここに存在するに違いないのです――実際、特異点はどこにでも存在し、過去、現在、未来の境界がありません。量子物理学では？ゾーンからこの隠れた世界をほんの一瞬でもつかみとるために、巨大な粒子加速器やその他の珍しい装置を用いています。疾走する新しい素粒子の軌跡を100万分の1秒でもとらえることは大きな発見です。それは未知のゾーンに到達し、その実体のほんの一部でも私たちの元にもたらされるということを意味するからです。そのようなことが、私たちが考えたり、夢を見たり、切望したりするだけで本当に起こっているのでしょうか？

私たちの内部の量子レベルはどのようなものなのでしょう？　それは、今ではすっかり熟知されるところとなった神経ペプチドを論理的に拡張したものに過ぎないかもしれません。神経ペプチドのすばらしい能力とは、心が出す指令に対して電光石火のスピードで反応できることです。それが可能なのは、神経ペプチドが量子ゾーンの境界線上に存在するためだと私は思っています。科学は、何百という神経ペプチドが存在していて体中で生成されていることをすでに発見しています。あらゆる細胞が、こうした神経ペプチドを生成

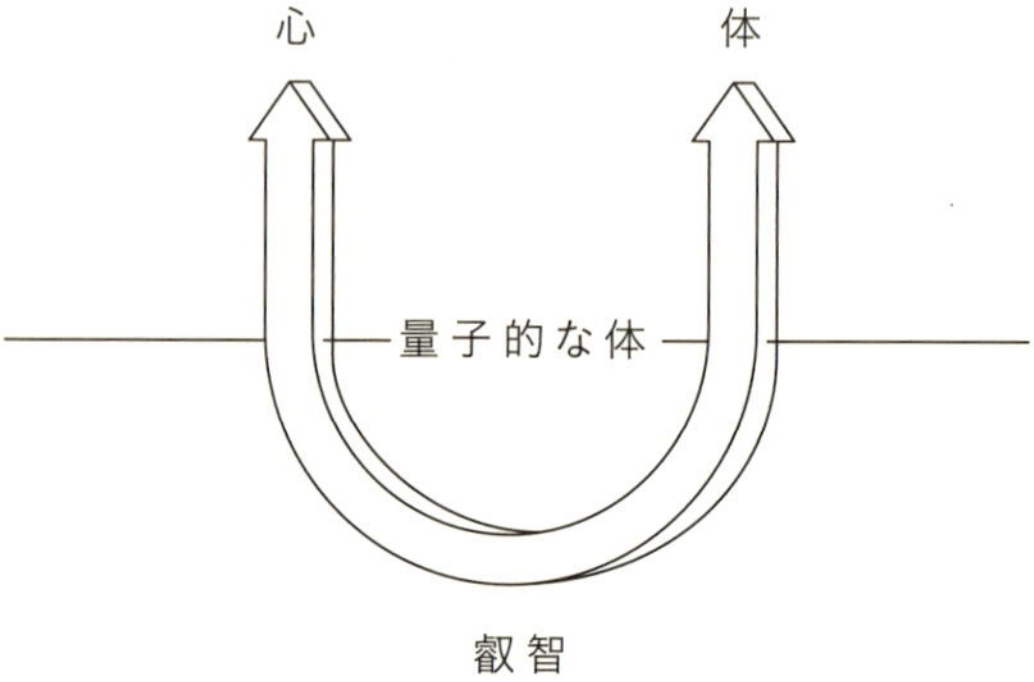

することができるとわかるまでは、あともう一歩です。それが真実だとわかれば、体全体が「思考」、つまり叡智の創造と発現であるということになります。その様子を表す図がもうひとつあります。

叡智が思考や分子というかたちをとるということは、もうすでにわかっています。このことは、「心」と「体」が、叡智の選びうる2つの選択肢となっている図の中で示されています。心と体は、別々のものに見えるときでさえ、つねに互いに調和しています。両者を調和させるために、「量子的な体」という量子レベルが挿入されています。この量子レベルは物理的な人工物ではなく、叡智の層であり、体は全体として体系化され、関連づけられています。この層こそ、不活性な分子を「賢く」するノウハウが存在している場なのです。

思考が一度にひとつずつのメッセンジャー化学物質になっていくと考えるべきではありません。体内の何十億というDNAのすべてが、大きなひとつのDNA分子のようにさまざまに働いているということはよく知られています。例えば胎児のすばらしく複雑な成長が母親の子宮の中で調整されているとき、受胎初日から9か月目まで、まだ生まれぬ子のすべてのDNAはまるでひとつであるかのようにふるまいます。同じことが、今日の私たちにおいてもあてはまるのです。

おそらく量子現象はもっぱら「外」の空間にだけあるわけではなく、「内」にも存在するのでしょう。私たちの中には、物質とエネルギーが永遠に消えてしまう「ブラックホール」もあるのでしょうか？　答えは「そのとおり」です。それを私たちは「忘却」と呼んでいます。ロケットが速度を光速に近づけられるような中を旅する宇宙飛行士のように、私たちは時間を早めたり、遅らせたりしているのでしょうか？　答えは再び「そのとおり」です。作家は、紙に書き付ければ何時間もかかってしまうような物語を、一瞬にして考えることができます。逆に「記憶」と呼ばれる時間のない領域を見つけてしまえば、瞬時に出てくるはずの誰かの名前を思い出すのに30分もかかることもあるのです。

精神的な現象がそれに対応する物理的な相手を見つける必要があるときはいつでも、量子的な体を通じて作用します。これがどのようにして心と体という2つの宇宙を誤ることなく結びつけるかという秘密なのです。どれほど違ったものに見えようとも、心と体はともに叡智がしみ込んでいます。自然には叡智があるという主張を前にすると、科学は懐疑的になりがちです（これは歴史的にも例外的なことです。なぜなら、私たちより前のどんな世代も、普遍的な法則をなんの疑問も持たずに受け入れてきたからです）。しかし、もし物事と現象をつなげるのに通常の現実以外なにもなかったら、不可能さへと導かれることになるでしょう。

これを重力の法則の中で見ることができます。常識的には、空っぽの空間に隔てられた2つの物体は、互いになんの関わりもありません。物理用語でいえば、それらは自身の「局所実在」を有しているのです。しかし地球は重力によってその軌道を保ちつつ、太陽のまわりを回っています。地球と太陽は、約1億5000万キロの広大な空間によって隔てられているにもかかわらずです。ニュートンがこの局所実在の侵害を発見したとき、ショックを受け、なぜこのようなことが起きるのか深く考えることを避けました。以来、局所実在は次々と攻撃を受けるようになりました。光、電波、レーザーその他あらゆる電磁力は、なにもない空間を伝わっていきます。物質と反物質は、物理的な接触を持たない調和のとれたそれぞれの宇宙に存在しているように思われます。素粒子は、互いに釣り合うスピン（固有角運動量）を持っています。その際、素粒子同士、時間も空間もどれだけ離れていようが関係ありません。宇宙の両端に存在する素粒子のスピン同士も釣り合っているのです。

こうしたことが意味するのは、局所実在という常識的な概念は、ある特定のレベルにおいてのみ通用するということです。量子物理学で説明されるような全体的な実在は、もっと深いところにあります。ベルの定理（アイルランド人物理学者ジョン・ベルの名をとってこう呼ばれます）として知られる数学の有名な公式によれば、宇宙としての現実は非局所的であるということになります。言い換えれば、宇宙に存在するすべての物質と現象は、相互につながっており、そして互いの状態の変化に反応するということです。ベルの定理は1964年に公式化されましたが、それより何十年も前に、偉大なイギリス人天文学者アーサー・エディントン卿は、「電子が振動すると、宇宙も揺れる」と述べ、この相互関連性を予見していました。物理学者は今日、相互関連性を、いろいろなかたちで宇宙に広がる対称性（例えば、まだ発見されてはいませんが、すべてのブラックホールに相応する「ホワイトホール」がどこかにあり、つり合いが取れているのではないかと理論化されています）と並び、基本原則として受け入れています。

どのような説明をすれば、ベルの唱える完全な相互関連性、つまり「非局所的実在」は満たされるのでしょう？　それには量子による説明が必要になるでしょう。なぜならもし重力が至るところに同時に存在するなら、もしブラックホールがホワイトホールの行動を知っているなら、また、もしひとつの素粒子のスピンの変化が宇宙空間のどこかに存在する対の素粒子のスピンに均衡した逆の変化を引き起こすなら、ある場所から別の場所へともたらされる情報は光速よりも早いスピードで移動していることは明らかです。これは、通常の世界では、ニュートンによってもアインシュタインによっても許されてはいないことです。

ベルの定理の意味を大々的に研究したイギリスの物理学者デヴィッド・ボームなど現代の理論家たちは、あらゆる現実を包括する「不可視の領域」、つまりあらゆるところで瞬時に起こっていることを知る権利を有する領域が存在すると推定せざるをえませんでした（「不可視」という言葉はここでは単に目に見えないということではなく、どんな測定器をもってしても探知できないという意味です）。こうした推論を深く探求しなくても、不可視の領域とはDNAに内在する叡智のようなものであり、両方とも心と非常によく似た働きをするだろうということはわかります。心は、私たちの考えすべてをあるべき場所で保っている、いわば物言わぬ貯水池のような性質を持っており、そこで私たちの考えはきちんと整理され、概念化、分類化されるのです。

それを「思考」と呼ばないにしても、私たちは自然が多くの異なる道筋をとおして考える様子を見ているのかもしれません。私たちの心は、その中でも最も恵まれています。心は量子という現実を生み出せますし、また同時にそれを経験することもできるからです。光の波の領域で量子現象を目撃することは、完全に客観的なものに見えるかもしれませんが、もし量子という現実が私たち自身の思考、感情、欲望の中にも同じように存在するとしたらどうでしょう？　エディントンはかつて、物理学者としての信念を、「世界の素材は、心素材である」（訳注：『物理的世界』1928年刊行より）と言明しました。よって、叡智の層としての量子的な体とは、非局所性の現実の中にふさわしい場があるのです。

このようなシンプルな観念のすばらしさとはどのつまり「叡智はシンプルなものだ」ということです。心と体のシステムのきわめて入り組んだ構造をとらえようとすると、ことは複雑になってしまいます。精神障害者と詩人の脳波のパターンは、脳波計から出てくる脳波図上、どれほど精密に分析しても同じに見えます。ひとつの細胞の日常の化学的結果を科学的に説明するのにかかる何千時間という時間について考えていた、私の友人である神経科学者はこう言いました。「自然はあまりにも複雑にできていて、なにか他のものにたとえることもできない。だから自然は賢いと結論づけざるをえないんだよ」

もし彼が「あまりにもシンプル」と言っていたとしても同じことだったかもしれません。思考を毎秒何千という化学物質に変換する人間の脳は、複雑というよりは、創造を絶するものなのです。古代インドでは、叡智は至るところに存在すると考えられていました。それはブラフマンと呼ばれ、「大きい」という意味のサンスクリット語からきていました。そしてそれは、目に見えない領域のようなものでした。何千年も前の格言に、「ブラフマンを見つけられない人は、水を見つけられない喉の渇いた魚のようなものだ」というものがあります。

私たちの生理機能はすべて、量子的な体にとって不可欠な部分である神経ペプチドと同じぐらいの素早さで変換することができます。私たちはつねにうつろい変化することができるゆえ、生命が流れであるという本質は、私たちにとってはごく自然なことです。物質的な体は原子の流れであり、心は思考の流れ、そしてその両者をつなげるのが叡智の流れなのです。

量子的な体は、死ぬか生きるかという状況にのみ関わっているように見えるかもしれませんが、それは正しくありません。私たちは体全体の中に生きているのと同じように、なにげなく無意識に量子的な体の中で生きているのです。私の患者に、芝生の上に座り、モーツァルトを聴きながらフランスパンを食べているときに、この事実を垣間見《かいまみ》たという人がいます。彼女は2年以上も通院していましたが、過敏性大腸炎、頭痛、疲労、不眠、抑うつといった慢性的な症状に苦しんでおり、なにを試してもうまくいきませんでした。こうした症状のどれもが命に関わるものではありませんでしたが、その不調のために彼女の人生は惨めなものになっていました。抗うつ剤と精神安定剤を用いた通常の治療法はほとんど効き目がなく、私が施したアーユルヴェーダの治療でも同じでした。

ある日、彼女はタングルウッドに行きました。ボストン交響楽団の夏季の活動地であり、ピクニックをするのによいのどかなところです。チェック模様の布を広げ、太陽の光を浴びながら横になり、音楽を耳にしながら静かに昼食を摂りました。彼女はとても幸せに感じ、その夜はなん年ぶりかでぐっすり眠ることができました。しかし、彼女は具合が悪いことにあまりに慣れてしまっていたので、この新しい出来事が心に印象を残すことはありませんでした。そして、またつらい1年が過ぎ、再びタングルウッドに行く時期が巡ってきました。そしてまた同じことが起きたのです。その日は、すべての症状が消え、夜にはぐっすり眠れました。

今回の経験は、彼女の心に残りました。そして、SAD（季節性情動障害）について書かれた医学雑誌のコピーの束を楽しげな表情で振り回しながら、診察室にやって来ました。SADとはSeasonal Affective Disorderを略したもので、特に理由もないのに毎年冬になると深刻なうつ状態になるという症状のことを言います。今では、その原因は、頭蓋骨《ずがいこつ》の奥深くにある松果体《しょうかたい》と関係しているということがわかっています。この小さく、平らで楕円形《だえんけい》をした内分泌腺は、脳物質に囲まれているにもかかわらず、太陽光の変化に反応し、ニューエイジにおいては誰もが持ちたいと憧《あこが》れる「第三の目」の源となっています（ヤツメウナギのような下等動物の中には、文字通りの第三の目を持つものもいます）。人によっては、冬に日光に当たる時間が短いと、松果体からの分泌が起こり、メラトニンというホルモンが過剰に生成されるためにうつ状態になるというわけです。

「やはりそうですよね」。彼女は言いました。「結局、私はSADだったんですよ。日なたで座っていたから、松果体が正常になったのですね」

「残念ですが、そうは思いません」。私は言いました。「不調は冬に起こるのですよ」。彼女の顔はみるみる曇ってきたので、私は急いで付け加えました。「でもとても重要な点に気づかれましたね。これでなにが不足していたかわかりましたので、今後の治療に役立ちます」

「それはなんでしょう?」彼女は尋ねました。

「ピクニックですよ」。私は言いました。すると彼女は、知り合って以来、初めて本当の微笑《ほほえ》みを私に見せてくれました。

彼女のセルフヒーリングは効果を出し続けています。定期的にオフィスビルの灰色の世界から逃れ、日なたに座って昼食を摂り、友人たちとおしゃべりをし、モーツァルトをたくさん聴くのです。これは先進的な医学とは思えないかもしれませんし、ある意味、確かにそうではありません。それでもこの方法が効果をもたらすのは、自分の本質を解放するためには自然が必要だからです。私たちは新鮮な空気、陽光、美という、最高のヒーリングに囲まれているのです。インドには、アーユルヴェーダ版ヒポクラテスとでもいうべき偉大な医師であり聖人でもあるチャラカという人がいます。彼はどんな病気にも、日光浴と早朝の散歩を処方しました。このアドバイスから新鮮さが失われることは決してないでしょう。

もしも私がヒナギクの咲き乱れる緑の草原を見つけ、澄んだ水が流れる小川のそばで腰を下ろしたら、それは薬を見つけたようなものです。幼い頃、母親の膝の上に座ったときのように、私の痛みも和らぎます。地球は本当に母であり、緑の草原は母の膝だからです。あなたと私は他人同士ですが、体の内部のリズムは同じ波の音を聞いています。それは記憶の彼方《かなた》で私たちを包んでくれた海の波音なのです。

自然は人間を癒してくれます。自然は人間だからです。アーユルヴェーダが「太陽は私たちの右目であり、月は私たちの左目である」と言うとき、私たちはそれを馬鹿にしてはいけません。私たちを月の光や日光そして海に浸すことによって、自然は私たちの体に力を及ぼします。これらが私たちひとりひとりに、避難所で、命を維持するシステムで、親しい仲間で、そして70年以上暮らす家である自然のかけらを与えてくれる材料となってくれたのです。

量子領域の発見によって、太陽、月、海の影響をたどり、私たち自身の奥深くにまで到達する道が開けました。そこにはさらなる治癒が見つけられるのではないかという希望を持って、私はあなたをそこに案内するのです。人間の胎児が、魚、両生類、初期哺乳類《ほにゅうるい》のかたちを思い出し、模倣することによって成長することはすでにわかっています。量子の発見により私たち自身の原子に到達し、初期の宇宙そのものを思い起こすことが可能になります。太古の昔、光と熱が宇宙に生まれ、それが200億年続きました。しかし人間はその火を再び起こし、生命を燃え立たせる火をともしたのです。ヴェーダ時代のインドでは、暖炉の神聖な火も、お腹の中の消化のための火も、空の太陽の火も、どれも「アグニ」と呼ばれていました。

アーサー・エディントン卿はかつて、現実には取るに足らぬものと、きわめて重要なものと2つあり、それぞれが自身の条件に基づき認識されなくてはならないと断言しました。取るに足らぬほうは、科学によって研究される力学的現実で、重要なほうは、普通に経験できる人間的な現実です。エディントンが言うには、科学的現実においては地球は平凡な恒星のまわりを旋回する微小なかけらであり、地球も平凡な恒星も、無数にあるもっと重要な恒星状天体の間を漂っていることになります。しかし人間的現実においては、地球は宇宙の中心であり続けます。なぜなら地球が有する生命は、少なくとも私たちにとっては存在するものの中で最も重要だからです。

私の元へ診察にやって来たあるひとりの患者は、こうした考え方を強烈に体現してくれました。彼女はがんも含め、たくさんの健康上の問題を抱えていました。将来への展望を取り戻そうと、彼女は過去の大切な経験を書き留めました。その中のひとつ、16歳のときに起きた出来事は次のようなもので、彼女はそれに「でも私はどうしたら月になれるのかしら――16歳」という題名を付けました。

「牧草地にひとり横たわる。真っ暗な夜空の魅力的な満月。圧倒されるほどの静寂。

私という存在は大地の一部であり、同時に月の純白な光の一部でもある。これ以上に大切なものなどなにもない。ほんの一瞬、私は思う。『私は死んでるのかしら?』と。どうでもいい――私は神の手の内で1時間を過ごし、それが私の一部になるのだろう」

このような経験をしたことがある人は大勢います。エディントン卿はこれを「地球との神秘的な接触」と呼んでいます。私の患者はそんな経験から離れていき、だんだんつまらない仕事や家族の心配事などにかまけるようになりました。私たちは皆、こうして自然と断絶していくのです。彼女の場合、たまったストレスのせいでたびたび病気になりました(彼女は当時の生活に皮肉っぽくこんなタイトルをつけています『自然に逆らうこと――それが大人になるってこと?』)。

彼女の場合不思議なことに、彼女が自然に逆らうのをやめると昔の感覚が新鮮なままで戻ってきたことです。20代後半に彼女は太平洋沿岸を訪れ、次のように書いていました。

「2時間ほど海辺でひとり過ごす。私はまた神とともにあった。私は波であり、その音、その強さだ。私は砂であり、その温かさ、ゆらぎ、躍動である。私はそよ風であり、その優しさと自由。私は空、果てしなく青い……私はただ大きな愛を感じていた。私は自分の体以上の存在であり、そのことを知っていた。この瞬間は絶対的に清浄で美しい」

彼女が表現していることに、私も医師として同感です。私たちの内にある治癒の仕組みは、外側にある仕組みと完璧に調和しています。人間の体は緑の草原のようには見えませんが、そよ風やさざ波、陽光、そして大地が変容したものが私たちであり、そのことは忘れられているわけではありません（古代のあらゆる医学では、人間は土と空気と火と水からできていると言っているのも筋が通っています）。体は知的なので、その事実をわかっています。だから、自然に回帰すれば、自由を感じるのです。圧倒されるほどの喜びとともに、母親を感じるのです。その自由と喜びの感覚はきわめて重要で、それが内的自然と外的自然を融合させるのです。同じことが量子的な体にもあてはまります。それこそが、自然へ回帰するための入り口です。自然に逆らう理知が、その入り口を閉ざすなどということをしてしまった悲しい事実を除けば、説明する必要さえないことなのです。

量子的な体について述べることはまだまだたくさんありますが、さらに知る必要があることがあるかというと、もうなにも思いつきません。今日、医学はジレンマを超えたいと望んでいますが、その望みは待つことに変わってしまいました。ニューデリーの医大時代の仲間のひとりが研究医としてアメリカで華々しく出世し、45歳になる前にハーバード大学医学部の教授になりました。先日、私たちはボストンのレストランで夕食後にくつろいでいたのですが、彼は未来についての予測を憮然《ぶぜん》として語りました。「トップの研究者たちがワシントンで内密に集まってね。2010年までに主ながんが完治するようになることはないだろうし、エイズの研究にも大きな進歩はないだろうということで意見が一致したんだ」

このような悲観的な予測は、なにをおいても回避しなくてはなりません。その予測は、科学的には非のないものかもしれません。しかし量子の観点からは意味をなしません。「?ゾーン」において、科学はひとつの小さな明かりを手がかりに模索している状態ですが、私たちは皆、この?ゾーンの熟練した案内人なのです。これはひとつの解決策を提示していないでしょうか？　がんとエイズで引き起こされる体の叡智の不可思議な断絶は、たどっていけば、ひとつの歪み——ＤＮＡという叡智の隠れた領域に至る迂回路が間違っているということなのかもしれません。心と体の問題がどう解決されるかを理解するには、この迂回路と目に見えない起源を詳細に見ていく必要があります。

Expanding the topic

さらなる考察

執筆時から30年経った今、本章には理論的な面と医学的な面という2つの流れがあることを実感しました。理論的な部分では、あらゆる科学における知識の爆発について言及しています。医学的な部分は、病気の治癒と人間の進化を進めることにこの知識を応用することに関係しています。そしてその2つの間には、大きな隔たりが存在するのです。

2003年になる頃には、20世紀末における最も偉大な科学的勝利と考えられていたヒトゲノムプロジェクトにおいて、人間のDNAを構成する30億もの塩基対の解読が行われていました。しかし遺伝子医療が急速に躍進するという約束は決して実現されることはありませんでした。ごく限られた特定のがんの治療を除き（例えば、ひとつの遺伝子の変異を標的にし、特殊な合成薬を用いる治療など）、一般的な医療への応用は皆無です。こうした薬の大部分は、非常に高価でもあります。

物理学においては1980年代に超弦《ちょうげん》理論が登場したことが、本書が世に出て以来初めて、量子の領域を理解するうえでの主要な「進歩」でした。かぎ括弧を付けたのは、超弦理論はいかなる実験によっても立証されていないからです。超弦理論は、純粋に数学的な構成概念であり、理論からバリエーションを生み出すのに多くの物理学者たちが携わったということを除けば、今のところどんな応用もされていないのです。

3つ目の隔たりは神経科学の分野において見られ、オーストラリアの哲学者デイヴィッド・チャーマーズの造語で間もなく定着した言葉「ハード・プロブレム」として知られる不可解なジレンマを巡って展開しました。そのハード・プロブレムとは、心と脳の関わりをどう説明すべきかというものです。脳の働きについてのあらたな知識は膨大であるにもかかわらず、そのすばらしいデータのどれをとっても「心は依然としてとらえどころのないものである」というハード・プロブレムの解決には至らないのです。思考はどこからやって来るのかについての基本的な説明さえありません。「化学物質に包まれた叡智」という本章で行った命の定義は、そのジレンマを一言で表しています。叡智はこれまで原子、分子、素粒子から成る不活性の物理的塊とどのように関わってきたのでしょうか？

私はこうした隔たりの全貌を簡単な言葉で説明してきましたが、歪曲することは決してしていません。生物学、遺伝学、物理学、医学は大躍進しており、それでいて同時に袋小路に迷い込む危険にさらされてもいるのです。成功は大いに評判になりますが、行き詰まっていることはほとんど取《と》り沙汰《ざた》されません。粒子加速装置の開発のために何十年もかけ、何十億ドルものお金をかけたにもかかわらず、物理学は「万物の理論」にはほど遠く、実際のところ逆行しているかもしれないという事実もほとんどの人が気にとめないでしょう。そして、いわゆるダークエネルギーとダークマター（「ダーク」とは、目に見えないと

Expanding the topic

いう意味と、一般に認められた自然法則の境界外という意味があります）の発見は、物理学を根幹からゆるがせることになってしまいました。

医療現場においては、大々的に宣伝された薬があまり効かなかったり、もしくは宣伝された結果がまったくないといったことに対する認識がどんどん高まっているのですが（最近の例としては、コレステロール値を下げるために広く処方されているスタチン系薬剤が、実は心臓発作を起こすリスクを下げはしないということが発覚しています）、世間は遺伝医学の進歩が遅々として進まないということにも無関心だったりするのです。

理論と応用の間のひどい不一致を把握するためには、はるか彼方まで時間を遡って考える必要があります。どんな科学的事実も、量子の領域における目に見えない状態から、物質とエネルギー、そして時間と空間が出現したことが源になっています。量子の領域から、現実ももたらされます。遺伝子も、セロトニン分子も、ワールドシリーズも、薔薇も、アンドロメダ星雲も、そしてあなたが次に抱く思考も、すべてが創造以前の状態、つまり量子の領域から現れるのです。いわゆる量子の泡は、時間と空間の中に存在していなくても、時間と空間を生み出す源から生じる宇宙の泡です。それ自身は物質でもなく、宇宙を「のり」でつなぎとめる4つの力（重力、電磁気力、弱い力、強い力）の特徴を示すこともなく、物質とエネルギーを生む子宮のような役割をします。

ここまで遡って源に近づくと、あらゆる謎が合流します。しかしすべての人間の人生にインパクトを与えるであろうひとつの謎、つまり難解な科学探求としてやり過ごすわけにはいかないような謎こそがハード・プロブレムなのです。心が先に創られるのか、それとも物質が先なのか、私たちは見出さなくてはなりません。この謎が解明されれば、おのずから他のすべての謎の答えもわかるでしょう。「心が先か」それとも「物質が先か」という問題は、そのどちらが正しいかによるのです。

もし心が先に現れ、物質がその後に現れたなら、私たちが生きている宇宙には叡智があることになります。人間の叡智のあらゆる側面が、すべての原子の中で目に見えないようにくるまっているのです。宇宙が創造的であるがゆえに、私たちは創造的です。私たちの人生には目的と意味があります。なぜなら私たちは意味のある宇宙に現れたからです。そして物質が現れます。宇宙の叡智は自身を表現する手段を必要としたからです。ビッグバンの瞬間から展開してきた宇宙は、まったくランダムなものではありません。ランダムさは見かけだけで、それはパン職人が生地を練るときに、粉と水が混ざっているようなものです。練っているときは、粉と水の分子は識別がつかないほどぐるぐる回っている状態です。でも、1斤のパンになるという、完全に意図された結果がもたらされつつあるということを私たちは知っています。

その一方で、もし物質が先に創造されるとしたら、心が登場するのはもっと後、原子と分子の間でランダムな相互作用が起こった10億年後のことになります。心が現れることに

Expanding the topic

は、その根底に目的も意味もありません。ビッグバンの後で合体した最初の3つの原子——水素・ヘリウム・リチウム——が宇宙の塵《ちり》になっていく旅をたまたま始めただけのことです。その塵は、ランダムに恒星をかたち作ります。こうした恒星の中には超新星として爆発するものもあり、鉄やその他の金属の重い原子が集まって惑星になりました。

そうした惑星のひとつである地球では、同じくランダムなプロセスによって、生命にとって必要な化学物質が作られ続けました。こうした原始的な有機分子から、そのうちDNAが形成され、その30億年後には生細胞が神経系を生み出し、それが人間の脳へと進化しました。この非常に複雑で、つねにランダムに起こる一連の出来事の最後になって初めて、心が出現したのです。

私は最初の説、つまり「心が先」という考え方を選択するほうに傾いています。「物質が先」というもうひとつの説は、私には信じがたいものに思えます。イギリスの物理学者フレッド・ホイルの有名なたとえを用いると、人間のDNAが10億年かけてランダムなプロセスから進化したというのは、ハリケーンがガラクタ置き場を襲ったことでボーイング747が製造されたというのと同じぐらいに可能性が低いのです。しかし「心が先」という説明を後押しすることによって、本書は多くの人々を啓発しましたが、同じぐらい多くの人を怒らせることにもなりました。というのも「物質が先」という考え方は、すべての自然科学の土台となっているからです。科学は、よりよい新技術を生み出し続けているので（本書が書かれた当時は、iPhoneもタブレットもグーグルもウィキペディアもない世界でした）、科学が行き止まりを目指しているなどとはとても考えられないわけです。

懐疑論者や現状擁護者たちが間違っているということは、時間が証明してくれました。科学の領域を超え、心の根源的な謎と心がどこから生じたのかということに回帰することによって、理論と応用の間の隙間を縮めるような新しい考え方が現れたのです。ハード・プロブレムは、直接的にせよ間接的にせよ、30年前には夢にも思わなかった量子生物学のような新しい領域へと導くことになりました。「意識」は本格的な科学研究の一分野となりました。本書の執筆時には、意識などというものは呼吸するときの空気のように単に与えられているに過ぎないとして一笑に付されていたのです。呼吸がどんな仕組みになっているか知らなくても、車を組み立てることはできます。意識について理解していなかったら、宇宙、生命、脳、進化について説明することはできません。こうした認識が怒りを招いたわけです。

その状態はまだ解消されてはいません。怒りを持つ人々は、完全なる唯物論者と、その対極にある汎神論（存在するすべてのものが心的な性質を持つという概念）の擁護者たちの間に存在しています。宗教は、たいていは過激な無神論者によって議論の渦中にひきずりこまれてきました。なぜなら叡智が宇宙に織り込まれていると主張することは、宇宙意識があることを示唆するからです。宇宙意識というと、神のように聞こえます。そして「神」は

Expanding the topic

「叡智による設計」というような、とんでもない亡霊のようなものを想起させるのです。神という創造者なしに、いかに設計と叡智がともに存在しうるかということについて、今では堂々巡りの状態にあります（そのジレンマに伴う苦しみは東洋ではやや弱いようです。なぜなら古代インドに由来する哲学者たちは、宇宙意識というものを人間の姿をとった神に結びつけなかったからです。インドではこれまでもずっと、そしてとりわけ高次の意識が関わるときには、違和感なく抽象的概念を受け入れてきたのです）。

混乱、対立、そして敵意に満ちた状態を目にするのはつらいことです。しかし実はそれほど悲観的な状況ではありません。ハード・プロブレムは、驚くべき創造性の登場を推し進めることになりました。特に若い世代の間では、「心が先」という考え方こそ、唯一の実行可能な選択だと見なされているのです。

本書が書かれたときには、心が物質を創造するなどと言えば、それは自分の科学的な評価を危険にさらすことになりました。当時一般的であった世界観によれば、体は機械であり、脳は「肉でできたコンピュータ」であり、心は焚火《たきび》によって放たれる熱のような、二次的な影響に過ぎないと見なされていました。今ではもう風向きは変わりました。こうした考え方のどれもが、たとえどれほどかたくなな唯物論の信条に固執していようとも、理屈に合わないものになっています。私たちは体を創り出せるようになった思考であるという現実は、はるかに奇跡的なものであり、そしてそれは真実でもあるのです。

7

どこにもなく、どこにでもある

量子的な体というものは誰の目にも見えません。多くの人にとって、そこが問題となります。科学者だけでなく私たち誰もが、実際に目に見えて触れられるもののほうが心地よいのです。現代医学の歴史は主に、病気を引き起こす固体を追跡することで成り立ってきました。しかしそうした固体のほぼすべてが、裸眼で感知できるレベルを超越した、目に見えない領域に住んでいるのです。

14世紀ヨーロッパにおいて慎重な観察眼を持つ人であれば、家の中にネズミがいたら腺ペストの前兆だと推測したかもしれません（実際、ネズミはあまりにも多かったので、ペストとの関連づけはできませんでした）。ネズミの皮膚にノミをつけてみれば、本当の原因にさらに近づけます。しかし紀元前5世紀にペルシア軍がギリシャに進撃した際、多くの犠牲者を出したと言われているほど古くからの人類の敵である黒死病の謎は、ネズミの血液を顕微鏡で調べてペスト菌というバクテリアを見つけることによって、初めて解明することができたのです。

顕微鏡がなかったら、バクテリアはどんなものだと言えるでしょう？　それは、目に見えないなにかだけれど、世界と同じぐらい大きなものだとも言えないでしょうか。なぜなら、それは地球のどんな場所にも、北極や南極にさえたどり着けるからです。またバクテリアは煙のように移動でき、ピッチリ閉めた窓やドアからも入り込めます。もしあなたが自分の感覚だけを信じるなら、どこにもなく、同時にどこにでもいるような有機体の能力はなんとも奇怪なものに思われるでしょう。量子の世界は本質的に、目に見えないというその度合いをさらにもう一歩見えなくしたものに過ぎません。最も小さいバクテリアやウイルスとも違って量子の世界では、ひとつの光子、電子、その他の物体は視覚や触覚をどれだけ拡大しても決して見ることはできません。それらは真に、どこにでもあると同時にどこにもないのです。

この事実はごく最近まで医学とは結びつけられてはいませんでした。なぜなら最も小さなウイルスでさえ、素粒子の何百万倍も大きいからです。また細菌は時間と空間の中で安定していますが、一方で量子物体はなんの前触れもなく、一瞬のまたたきで存在したり、存在しなくなったりするのです。もしペスト菌が血液に潜伏していたら、それは絶対かつ確実にそこに存在しています。数百万分の1秒で写真乾板に閃光を残し、そして消えてしまう幽霊のような中間子や、さえぎるものもなく、感知もされずに地球を突き抜けることができるニュートリノとはまったく違うのです。

医学と量子物理学とはあまりにスケールが違いすぎるため、別々の土台に基づく2つの科学として問題なく存在できました。しかし1987年にフランス人免疫学者ジャック・バンヴェニストが、世界の量子的ではない考え方からするとあまりに突飛な実験を行い、状況は一変したのです。元々は、無難に始まった実験でした。バンヴェニスト博士は、IgE（免疫グロブリンE）と呼ばれるありふれた抗体を取り出し、血液中の好塩基球という白血球にさらしました。この2つが相互に反応するとどんなことが起こるかはよく知られています。IgE抗体は特定の受容体部位としっかり結合し、待機状態になります。なにを待つかというと、血流中を浮遊する侵略分子で、これと戦う必要があるのです。この実験の場合、侵略者は細菌ではなく、アレルギーの原因物質である抗原です。

ハチに刺されることにアレルギーを持っている場合、ミツバチの毒分子が体内に入ると数秒も経たないうちにIgE抗体が出ます。IgE抗体は細胞内で複雑な連鎖反応を起こし、体のアレルギー反応を強めます。そして好塩基球がヒスタミンという化学物質を放出し、それが原因となり、腫れ、赤み、かゆみ、息切れといったアレルギーの典型的症状が引き起こされます。アレルギーの不思議なところは、体に入ってくる原因物質である抗原が、ウールや花粉や埃《ほこり》など概して無害なものであるにもかかわらず、免疫系はそれらを命取りになるような敵として扱うことです。その理由を見つけるために、アレルギーは分子レベルで徹底的に研究されてきました。その結果のひとつがIgEの正確な把握です。

このことが、バンヴェニスト博士の劇的な実験の舞台装置となったわけです。博士は白血球とIgEがいっぱいに詰まった人間の血清を用い、それを確実にヒスタミン放出の引き金となるようヤギの血液から作った溶液と混ぜました。この溶液には、ミツバチの毒や花粉やその他の抗原に相当するような抗IgE抗体が含まれているのです。IgEと抗IgEがぶつかり合うと、試験管内では、ひどいアレルギーのある人の体内で起こるのとまったく同じ反応が始まり、大量のヒスタミンが生成されました。

次にバンヴェニストは抗IgEを10倍に薄めて加えました。それでも反応は同じでした。そのまま何度も薄め続けましたが、依然としてIgEの約半分（40－60％）は反応し続けました。これはきわめて驚くべきことでした。なぜなら溶液が化学的に反応する限界をとうに下回っていたからです。博士は抗IgEをさらに薄めることにして、毎回100倍薄めていき、最終的には抗IgEが完全になくなるまで続けました。最後に希釈された溶液には、水10の120乗に対して、抗体は1しか含まれていませんでした。博士はアボガドロ数と呼ばれる定数を使い、水が抗体分子を含むことはありえないと数学的に確認しました。今ではただの蒸留水となったこの「溶液」を加えると、ヒスタミン反応は前と同じ強さで始まったのです（ハンフリー・ボガートが出演する映画『脱出』には、「死んだハチに刺されたことがあるかい？」という妙なセリフがありますが、今回のケースも目に見えないハチが登場するわけです）。

実験結果は不条理なものでしたが、バンヴェニストは70回も同じ実験を繰り返し、イスラエル・カナダ・イタリアの研究チームにも同じ実験をしてもらうよう要請しました。結果は、すべて同じになりました。そこには存在しないはずの抗体で、免疫系を働かせることができるとわかったのです。私たちの言葉で表現すれば、バンヴェニストは記憶という亡霊をよみがえらせたのです。彼自身、かつてはそこにあった分子の幻の痕跡を水が含んでいるのではないかと推測しました。その実験結果は、イギリスの権威ある『ネイチャー』誌の1988年6月号に不本意ながら掲載されました。編集者たちは「物理的根拠がない」という然《しか》るべき主張をし、その実験結果への反発を率直に表明しました。人間の白血球は、抗IgEが実際は存在しないのに、至るところから攻撃してくるかのようにふるまっていたのです。

たとえこの実験によって明らかに量子の世界への扉が開かれたとしても、医学はその中に入っていくことに乗り気ではありません。(注)バンヴェニスト博士は、ホメオパシーという手法の信用度を高めることになったと言われています。ホメオパシーは、200年前にドイツ人医師サミュエル・ハーネマンによって作られた医療体系で、今もヨーロッパ中で広く普及しています。「ホメオパシー」という言葉は「同種の苦しみ」という意味のギリシャ語の2つの単語に由来しています。これは「似たものが似たものを治す」というホメオパシーの基本原理を示しています。ホメオパシーは、バンヴェニストの手法を用いてあらゆる病気に対処します。患者が拮抗する物質をごく微量摂取することによって免疫を増強し、もしくはすでに病気があるならそれを追い払うのです。

注

バンヴェニスト博士の発見が掲載された1か月後の1988年7月、『ネイチャー』誌は博士の実験について調べ、不信感を一掃しようと調査団をフランスに派遣しました。残念ながら実験はうまくいったりいかなかったりで、博士は調査団の前で同じ結果を連続して再現することができませんでした。その後『ネイチャー』誌は、博士の実験結果は「思い違い」であったとして、その研究を否定しました。白熱した論争が巻き起こり、今に至っています。バンヴェニスト博士は今も自分の研究の正しさを信じています（元の論文は、4か国にまたがる12人の研究者たちが署名しています）。水の記憶能力を説明することができないため、それに対抗する忘却能力も説明できないのです。これは、同じコインの裏と表なのかもしれません。

従来の医学が天然痘《てんねんとう》ワクチンを投与するとき、ホメオパシーの論理が作用しているように思われます。というのも、ワクチンの中の死んだウイルスが体内の抗天然痘抗体を刺激するからです（天然痘と闘うこの手法は、歴史をたどると古代中国に遡ることができます。医師は、天然痘になった人の痛む箇所からかさぶたをとり、予防したい人々の腕に小さな傷をつけてそこにこすりつけるというやり方を知っていました)。しかし、ワクチンとは違ってホメオパシーは病気の原因となる実在の有機体よりもむしろ症状を土台にしているのです。

ホメオパシーは本当の病気と似た症状を呈する毒物や有毒な薬草の精巧な体系を用いて、治したい症状の味見を体にさせるのです。例えば、「マチン」の種には、ストリキニーネが含まれているのですが、慢性疲労や被刺激性を中和するためにこれをすりつぶしたものを与えます。なぜなら、それによってこうした症状が引き起こされるからです。バンヴェニスト博士の実験は、実のところホメオパシー理論全般を認めたわけではありませんでしたが、体が異物をごく微量投与すると反応しうることを示すことによって、その一端を支持したのです。ホメオパシーの残りの部分は、依然として曖昧なままです(「類似したものは類似したものを治す」という原理はアーユルヴェーダにも受け入れられており、そしてさらに広げて体のあらゆる部分は、治療のために使われる薬草、鉱物、色彩、音にさえ合致すると言っています。しかしアーユルヴェーダは、病気を治すために体を病気にすべきだというホメオパシー的論理には従っていません)。

バンヴェニストの実験が持つより深い意味とは、前章で掲載した量子の図のひとつによって明らかになると私は信じています。

先に述べたように、身体的プロセスはひとつのステップから次のステップへと一連の現象が移動していくバケツリレーのようなもので、最初のバケツ(B)だけが例外的でした。

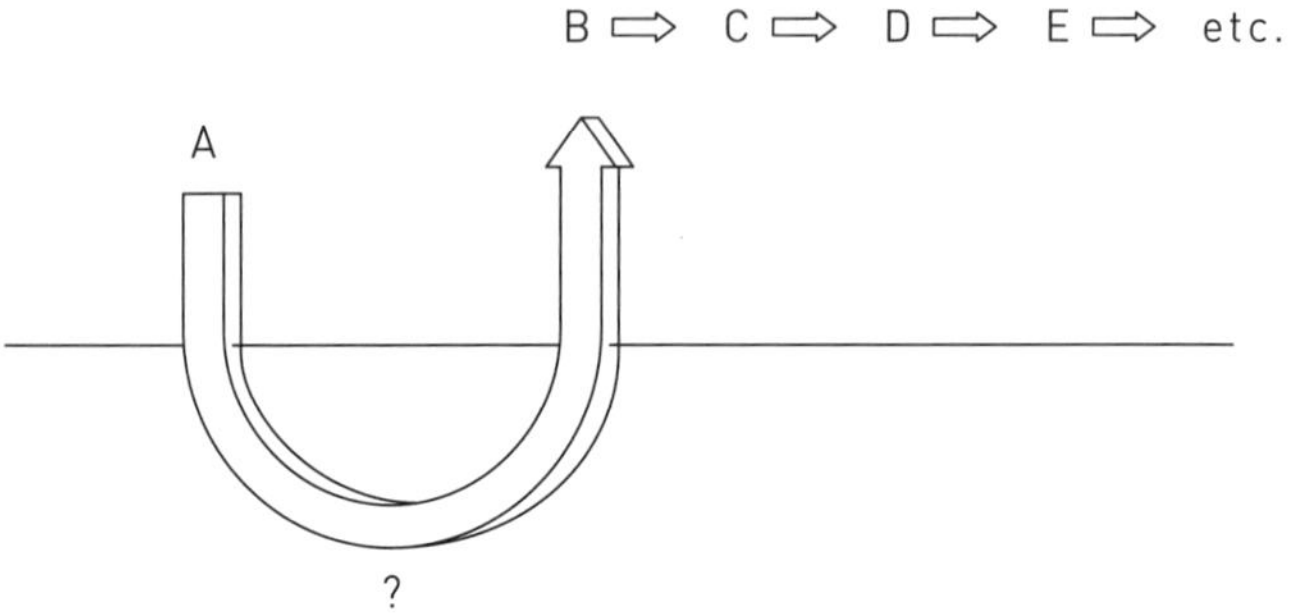

このバケツは、明らかに最初のなんらかの衝動（A）が引き金となっていますが、まるでどこからともなく現れたように見えます。バンヴェニストが成し遂げたのは、このモデルを最も本質的なところにまで分解したことです。

私たちは継続的に、分子がない状態から分子がひとつある状態へと変化しています。車を初めて運転したときのことを思い出そうとしても、そのときに存在していた脳の化学物質は今ではもう消えてしまっています（その化学物質のほとんどは、運転を終える前には消えてしまいます）。車を見たり、握っているハンドルを感じてみたりして、その記憶を再構築するとき「どこからともなく」始まる細胞の反応はあなたが起こしているのです。というのも、あなたの脳細胞にはバンヴェニスト博士の水と同様、古い分子は存在しないからです。もしも、心身はどのよう

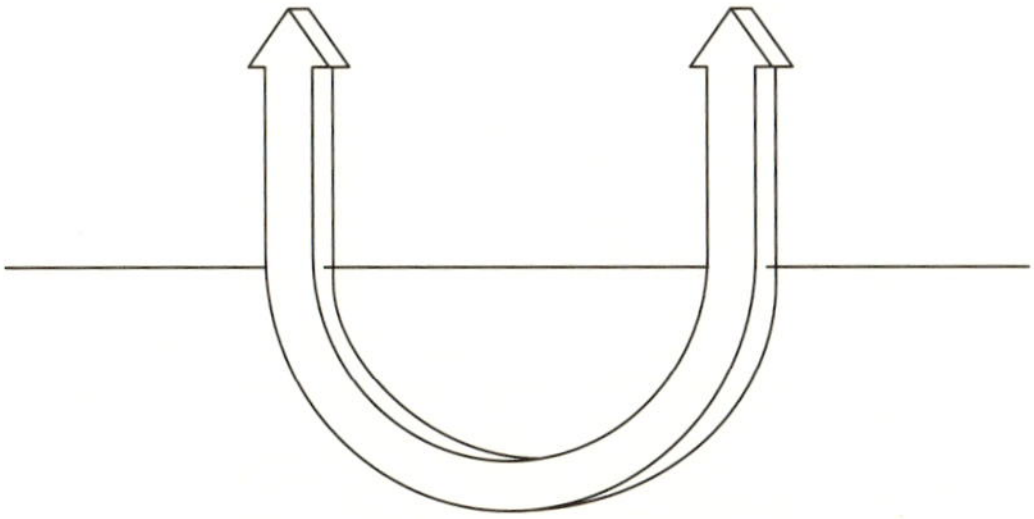

にして分子がない状態から分子がひとつある状態になるのか説明することができるなら、脳に関する多くの謎が解明されるでしょう。最初のこのほんの少しの状態以降、残りの流れはよく知られている自然法則に従っているのです。ホメオパシーの他に、もっと明白な例として多重人格という不思議な精神医学的ケースがあります。心身の領域でこれほど不可解なことはないように思えます。複数の人格を持つ人が、ひとつの人格から別の人格に移行するとき、体もまた変わるのです。

例えばある人格は糖尿病だとすると、その人格が出てきている限り、その人はインシュリン欠乏の状態になります。しかし他の人格になると正常な血糖値を示し、まったく糖尿病ではなくなることがありえるのです。心と体のテーマについてよく報じている心理学者のダニエル・

ゴールマンは、12人もの異なる人格を持つティミーという子どもについて述べています。そのうちのひとつの人格では、オレンジジュースを飲むと蕁麻疹《じんましん》が出ます。ゴールマンはこう書いています。「ティミーがオレンジジュースを飲み、そのジュースが消化されている最中にその人格が現れたとしても、蕁麻疹は出るでしょう。そのうえ、もしアレルギー反応が出ている間にティミーが戻ってきたら、蕁麻疹のかゆみはたちまちなくなり、水ぶくれも治まり始めるでしょう」

初めてこの論文を読んだとき、私の胸は高鳴りました。アレルギー反応とはオンオフのスイッチを自由に切り替えられるものだとは医学書に書いてありません。ではなぜそんなことが可能になったのでしょう？　免疫系の白血球はIgEのような抗体に包まれていますが、抗原との接触を待っており、接触が起きた場合に自動的に反応が引き起こされるのです。しかしティミーの体の中ではオレンジジュースの分子が白血球に近づいていくと、それに反応するかどうかの決断が下されるとしか想像できません。このことから、これまで論じてきたように細胞自体に叡智があるということがわかります。そのうえ、その叡智はDNAのような特別なものに分配されているのではなく、あらゆる分子の中に包まれているのです。なぜなら抗体とオレンジジュースは、ごく普通の炭素原子、水素原子、酸素原子というかたちの末端同士で出会っているからです。

分子が決断しているなどと言えば、それは現在の物理化学を否定することになります。

塩が塩辛くなりたがるときもあれば、そうでないときもある、と言っているようなものだからです。しかし心身がある現象から別の現象へと向かうということは、つねに叡智が投影されたものなのです。ティミーのケースにおけるスピードと激しさは驚くべきものです。彼がアレルギーになることを選んでいるという事実（それ以外に蕁麻疹になったり消えたりする理由は考えられません）を一度受け入れてしまえば、私たちもまた、自分たちの病気を選んでいるかもしれない可能性に直面するのです。そうした選択は、意識的思考よりも下の次元で行われるために私たちは気づかないのです。しかし、もしもそうした選択が本当に存在するとしたら、私たちにはそれを変えることができるはずです。

誰もが皆、自分の体の仕組みを極端から極端へと移行させることができます。大喜びしているときのあなたと、深く落ち込んでいるときのあなたは、生理学的に言えば別人です。多重人格は、この内側から変化する力が精密に制御されているということを示しています。ここで私は、チョプラ家の言い伝えを少し話してみたいと思います。IgE抗体にも関連するとても興味深い話です。

私の父は、インドで心臓外科医をしていました。長年、軍医として働いていたため私たちは基地から基地へと国中を転々としなくてはなりませんでした。私がまだ幼い頃、父はカシミール地方北部のジャンムーに派遣されました。私はそこに住んでいた記憶がまったくありませんが、その地でひどいアレルギーに悩まされた母の話をその後何年間も聞かされました。母を苦しめたのは、毎年春になると地面を覆うように咲く、その地方の花の花粉でした。そのため、母はひどい喘息《ぜんそく》の発作を起こし、体は腫れ、皮膚には赤い大きなみみず腫れと水ぶくれが出ました（母の症状は、血管神経性浮腫《ふしゅ》でした）。

父は母に対して非常に愛情深く、毎年春になると車でカシミールの首都スリナガルまで母を連れて行きました。スリナガルの空気にはこの花粉が飛んでおらず、地球上で最も美しい場所のひとつである山間《やまあい》の谷で母は大喜びでした。

ある春、大雨のために道路が通行止めになり、父は飛行機で早めに戻ることに決めました。2人は飛行機に搭乗し、1時間後には着陸しました。父は元気づけるように母の腕の上に手を置いていましたが、すでに彼女の肌には赤い斑点《はんてん》が出ており、息をするのも大変なほどでした。母のアレルギーはあまりにひどく、客室乗務員が飛んできて、どうしたのかと尋ねました。

「仕方ないのですよ」。父は言いました。「ジャンムーの花粉のせいです」

「ジャンムーですか？」。客室乗務員は当惑しているようでした。「まだジャンムーには着いていませんよ。ここは最初の着陸地で、ウダムプルです。お聞きになってませんでしたか？」

父は非常に驚きました。母を見ると、喘鳴《ぜいめい》も収まり斑点の痛みも消えつつありました。その後何年間も、父は首をかしげてつぶやいていました。「結局、ジャンムーという言葉でお母さんは発症するんだよ」。私がIgEの実験の話をすると、父は心からホッとしました。やっと、家族の謎に対する科学的な答えのようなものが得られたのです。母は多重人格ではありませんが、この変化は極端であり、迅速なものでした。

多重人格の症例については、精神科研究医でこの分野の専門家でもあるベネット・ブラウン博士によって数多くのケースが研究、検証されてきました。患者の人格が変わると、過度な緊張やてんかんとともに、イボや傷、発疹《はっしん》などが出たり消えたりすることがわかっています。ある特定の人格は色覚障害でも、人格が変わると色覚も正常に戻るということもあります。そのような患者はたいていの場合、少なくとも子どもの人格をひとつ持っており、それが現れると、彼らの体はいつもより少ない量の薬でも反応するようになります。あるケースでは、子どもの人格が現れているときは、5ミリグラムの精神安定剤でもリラックスして眠れるようになりましたが、大人に戻るとその20倍強い薬でも効果はありませんでした。

当惑した研究者たちは、こうした一見不可能に思われる出来事を説明できるようなメカニズムを探しています。私は、量子力学的転換が起こったのだと考えれば、そのメカニズムは見つかるだろうと思います。人格という分子はなく、ただ記憶と心理傾向から形成されているに過ぎません。しかし、記憶と心理傾向は影響を受けている細胞よりも永続性があるものです。これはさほど不思議なことではありません。体内のすべての分子は、これまで見てきたように目に見えない叡智で包まれているからです。
「記憶」という言葉は物理学者たちによって用いられる専門用語ではありませんが、量子の世界では、容易に見つけられるものです。時空の膨大な距離で隔てられた粒子は、互いがなにをしているのかを知っています。ひとつの電子が原子の外の軌道に飛び込むとき、対になっている反電子(陽電子)は、宇宙のどこにいようが反応するに違いありません。事実、全宇宙は、この種の記憶ネットワークによって結びついているのです。

物理学者にとって、バンヴェニストの実験で唯一不可解なのは、分子レベルで量子力学的現象が起こると誰も信じていなかったことです。光子は量子の出発点で、つねにわずかにかつランダムに振動しています。こうした振動は、そのうち無にとなって消えていくものもあれば、覚醒して物質かエネルギーとしてかたちのある現実へと入っていくものもあります。光子とは、そもそも無に等しいものなので、瞬時にして存在したり、なくなったりします。しかし、IgEのような分子は、こうした流動的な振動よりもはるかに実体あるものです。そうでなければ、分子はなんのまえぶれもなく、存在したり消えたりすることになるかもしれません。それはシロナガスクジラや超高層ビルのような、分子からできているものはすべてがそうなることになります。しかし実際はそのようなことは起こらないため、分子を記憶と一緒に考える必要はないとされていたのです。

このような記憶がどう働くか理解するために、自然の量子的次元についてさらに知っておかなければなりません。量子の特性とは、物質とエネルギーの他のすべての状態と切り離して考えると空っぽであることです。すでに見てきたように、原子は中心部が割合としては銀河間の空間と同じぐらいほとんど完全な空隙なのです。同じことが私たちにもあてはまるに違いありません。私たちも原子からできているからです。それはつまり、私たちは空隙でできているということを意味します。なにをおいても、それは私たちを作っている材料であることは明らかなのです。

恒星間の空間を荒涼とした冷たく生命のないものとして見るのではなく、物理学者が考えるように、そこには融合して原子になるのを待っている見えないエネルギーが詰まっていると見なすべきなのです。その空間のどこをとっても、ほとんど無限にあるエネルギーで満ちあふれています。しかしこのエネルギーの多くは「仮想」のかたちをとっており、つまり身動きもとれず、物質世界ではなんの働きもしないことを意味します（古代インドのウパニシャッド哲学にはこのようなすばらしい一文があります。「宇宙に浸みわたる力は、宇宙で輝くものをはるかに超えた存在である」。量子的物体――そのほとんどが仮想のかたちの中に閉じ込められていますが――という観点からすれば、これは真実にほかありません）。

私たちの感覚は、花や石、木、そして私たちの家族が生きている自然というもっと大きな次元へと波長を合わせ、現実世界は無から生じたと見なす段階にはまだ至っていません。人間の目は200万色の色調を区別できると言われており、それぞれの色調は光のエネルギーの狭い周波数帯を占めていますが、それにもかかわらず私たちの視覚構造はこうしたエネルギーの振動を振動としてとどめることはありません。ましてや根本的には色と同様の振動であるにもかかわらず、硬い大理石の塊を振動としてとらえることもありません。

　光がある色から別の色へと変わっていくとき、その微妙なグラデーションは大きな影響を与えます。例えば世界は、可視光によって私たちの目で感知されるように形成され、定義されると言えます。赤外線域のほうへほんの少しでもずれると、人間の目は光から温かさを感じるようになりますが、色は見えなくなります。もしもエックス線の方にずれると、目は破壊されてしまいます。量子のグラデーションそれぞれはほんのわずかでも、分子と生命あるものという大きな次元においては、まったく新しい現実になることを示唆しています。光のスペクトラムは、途切れることのない1本の長いひものようなもので、あるところではゆっくり、あるところでは速く振動しています。私たちはこのスペクトラムのほんの小さな一部分の上に生きていますが、私たちが存在するためには全部の長さが必要なのです。そのひもの振動は、ゼロから始まり、宇宙を満たす光、熱、磁力、その他数えきれないほどのさまざまなエネルギーを生み出しています。無の空間から銀河間の塵、太陽、そしてついには生きている地球に至るまでは、創造という梯子《はしご》のほんの数段でしかありません。これは、振動ゼロの地点である空隙は空っぽなのではなく、存在するあらゆるものの起点であるということです。そしてこの起点は、つねに他のすべての地点とつながっているのです。その連続性が途切れることはありません。

原子より小さい世界の空隙性について論じる理由は、私たちは思考するたびに空隙を経験しているからです。宇宙における現象と同じように、神経ペプチドのような物質的なものがなにもないところから生じてくるのです。この場合、創造されるのは神経ペプチドの原子ではありません。なぜなら必要な水素、炭素、酸素などは、脳が燃料として使うグルコースの中にすでに存在しているからです。なにもないところから創られるのは、神経ペプチドの形状ですが、それだけでも十分に不思議なことです。

「私は幸せだ」と思ったまさにその瞬間に、物質世界ではかたちある存在ではないこの感情を化学物質であるメッセンジャーがちょっとした物質に変換します。その物質は完璧にあなたの思いと同調するため、文字どおり体内のすべての細胞がその幸せな気分を知り、それに加わるのです。細胞の言語を用いて瞬時に50兆個の細胞と話すことができるという事実は、自然がなにもない空間から光子を最初に創造した瞬間と同じぐらい不可解なことです。

こうした脳の化学物質は非常に小さいため、科学がその正体を突き止めるのに数世紀もかかりました。しかし、もしメッセンジャー分子を脳が生成する知性の最も微小な表れとして見なすなら、心と体をつなぐ安全な橋を築くのに十分なほどに微小だとは言えないと認めざるをえません。実際、どれほど小さくても関係ないのです。橋を架けたい片方の岸である心は、物理的な意味で小さいわけではないからです。思考に大きさがあると考えるのは馬鹿げています。ひとつの電子さえごく小さな空間を必要としますが、心はそのような空間を占めて「ぶらぶらしている」わけではありません。すべての物質は箱の中に収められるからといって、心まで箱の中に閉じ込めてしまうというのは明らかに馬鹿げたことであり、これこそ科学がそもそも心と物質を分けた主な理由のひとつでした。幸運にも、量子物理学が架け橋となる救援隊の役割を果たすようになっています。量子物理学は、時空のはずれにある、この一見ナンセンスな領域を探求するために生まれたのです。

量子物理学は、限りなく小さいものを測定するという役目を担っています。原子は非常に小さなものですが、1900年頃には核があることが発見されました。核をどんどん分割していくと、その最小単位は陽子であると考えられるようになりましたが、さらに原子崩壊が進むと、物質的存在のぎりぎりのところで、さらに微小な素粒子と呼ばれる粒子があることがわかりました。しかし、素粒子を超えると原子破壊は止まるようなのです。

素粒子の元になる物質があるに違いないと思われるかもしれません。奇妙なことですが、これは真実ではないようなのです。古代ギリシャでは、哲学者デモクリトスは「物質世界は目に見えない微小な粒子でできている」と初めて唱えました。彼はその粒子を、ギリシャ語で「分割できない」という意味の言葉から「原子（atom）」と名付けました。プラトンがこの理論（もちろん、実験によって確かめることはできていません）を聞いたとき、異議を唱え、不気味にも量子物理学を予言するものでした。プラトンはこう主張しました。もしも原子を物体だと考えるなら、いくらかの空間を占めるはずだ。だから、その占有空間を小さくするために、半分に切ることだってできるはずだ。半分に切ることができるものなら、物質世界の最小構成要素ではない、というものでした。

この完璧な推論によってプラトンは、原子だけでなく、陽子も電子も素粒子も、かたちある粒子のすべてが自然の最小単位ではないと粉砕しました。こうした粒子はすべて、たとえ私たちには実際に切ることができないにしても、際限なく半分に切っていくことが可能です。世界を構成しているものがなんであれ、空間を占めることのない非常に小さなものであるはずです。プラトンは、世界は目に見えない、幾何学的形状のような完璧なかたちから生まれたと強く主張しました。今度は現代物理学が、もっと明白な、それにとって代わるようなもの、つまりエネルギー場や「仮想」粒子と呼ばれる目に見えない物質のようなものについて考えるようになりました。アインシュタインの有名な公式$E=mc^2$は、エネルギーが物質に変化しうることを証明しました。そのため物理は「小さなものよりさらに小さい」という障壁を超えることができるようになりました。

素粒子がなにでできているか自信を持って言える人はいませんが、それがかたちを持った物体ではないことは確かです。素粒子はすでに五感を拡張するための科学機器を用いたとしても、「見たり」「触ったり」することができるなにかという限界を超えています。その原料は物質に変化する潜在能力を持つ振動に過ぎないのかもしれません。従って小さいものよりさらに小さいというわけです。物理学者にとって、大きさというものは10のマイナス33乗立方センチという特定の数値でなくなります。10分の1の前に32個のゼロがつくという想像を超えた数値で、これは「プランクの限界」として知られています。これは絶対ゼロの空間のようなもので、温度に絶対零度があるのと同じです。

しかしそこにたどり着いてしまうと、それを超えたところにはなにがあるのでしょうか？　ここで物理科学は沈黙してしまうのです。それでも量子物理学の生みの親たちは皆基本的にプラトン学派だったという事実はとても興味深いことです。物質世界は、もっと広大な目に見えない現実が投影された幻影であると彼らは信じていたわけです。アインシュタインのように自然の秩序の正しさは叡智のためであると考えなくとも、畏怖の念を抱いた人々もいます。エディントンのように、全宇宙をつくっているものは、「心という素材」であると断言した人々もいました。エディントンは、プラトンのような優雅な論理的主張で自分の立場を擁護しました。彼は、自分たちの見ている世界とは、基本的に脳の衝動が形成したものであると指摘しています。世界は、神経を次々に伝わっていく衝動から形成され、衝動は神経の末端のエネルギーの振動から次々に生じるのです。エネルギーの根底にあるものは無、量子的な空虚です。ではどの部分が実在なのでしょう？　実在するものはありません。なぜならエネルギー振動から神経の衝動、脳の形成に至るまでのすべてのステップが記号に過ぎないからです。

どこを見ても、目に見える宇宙は根源的には一連の信号なのです。しかしそうした信号は一致団結し、意味を持たない振動を人間的な意味を持つ完璧な経験へと完全に変換します。

夫婦間の愛を物理的な生データにすることはできますが、そうすることで現実味を失うことになります。よってエディントンは、こうしたすべての記号はなにかもっと現実的なもの、私たちの感覚を超えたなにかを表しているに違いない、と言っています。同時に、これは私たちにとって本質に関わることなのです。というのも、私たちは皆記号を読むことができ、不規則な量子の振動から秩序だった現実へと変換することができるからです。

その理解を助けるために、ショパンのエチュードを弾いているピアニストをイメージするとよいでしょう。音楽はどこにあるのでしょうか？　振動しているピアノ線、ハンマーの運動、鍵盤を叩く指、五線譜に書かれた黒い印、演奏者の脳で生成される神経の衝動――多くの次元で見出すことができます。しかしこれらすべてはただの記号です。音楽の実在とは、物理世界に実在しないのに私たちの記憶に焼き付く、ちらちらと美しく目に見えないものなのです。

体は量子的であるからといって、分子を他の次元に追い払う必要はありません。体は分子を新しい化学パターンへと作り変えることを覚えればよいだけです。バンヴェニストの試験管の中で起こったことと同じく、存在したり消えたりするのはこのパターンなのです。崖から飛び降りることを鮮明にイメージし、心臓がドキドキし始めたとしたとしたら、それは実験で抗IgEが目に見えなかったのとまさに同じように、目に見えない刺激を用いてアドレナリンを生成したということです。同様に、ティミーの人格のひとつはたとえ数日間見えないところに隠れてしまうことがある可能性があっても、どのようにしてオレンジジュースにアレルギー反応を起こすか覚えています。その人格が戻ればすぐに、体はその命令に従うのです。

IgEの実験がもし真実だとしたら生物学における200年間の理性的な考え方を否定するものだとした『ネイチャー』誌の編集者のひとりに反して、私は本著でこうしたすべてのことが理にかなうものだと証明しようとしてきました。しかし生物学は今、変わらなければならないのです。医学も同じくです。現在、医師たちが考えていることに反して、糖尿病ですい臓が異常をきたすというよりも、すい臓細胞の中に歪んだ記憶が潜んでいるというのが本当のところなのです。

こうした認識が、量子的治癒の扉を開くことになります。アーユルヴェーダで用いられる精神療法は、体に命令をしている目に見えないパターンを制御することができるということに基づいています。最近、年配の女性患者が私の元へ診察を受けに来ました。胸に鈍い痛みがあるということで来院したのですが、以前、狭心症と診断されたことがあるとのことでした。狭心症は、進行した心臓病に最もよく見られる症状のひとつです。彼女はその年の1月から5月の間に、60回も狭心症の発作を起こしており、ニトログリセリン錠で緩和していました。私は心臓病治療のために「原初音《げんしょおん》テクニック」を教え、彼女は帰宅後に自分で実践しました。

それから約2か月後の7月、彼女は手紙をくれました。その手紙には、原初音テクニックを教えてもらったその日から発作が止まり、その後一度も起きていないと書かれていました。狭心症の人はだいたいにおいて、ほんの少しでも活動的になることに非常に不安を感じるものなのですが、彼女は今では元気よく暮らしています。自分の意志で薬を使うことをやめ、最近はフルタイムの学生として大学に入学しました。彼女はこの最後の知らせについてとても誇らしげに書いていました。というのも、彼女は88歳なのです。

心と体の関わりをコントロールできるようになったことでこの結果が得られたのだと私自身は考えます。また、アーユルヴェーダの手法はなんら魔法的なものではないということも言っておきたいと思います。アーユルヴェーダはただ自然を模倣しているだけなのです。狭心症を消し去った私の患者と、同様のことをする多重人格者との間に違いはあるでしょうか？

懐疑的な医師なら、狭心症には通常2つの原因があると言って反論するかもしれません。ひとつは冠状動脈という心臓に酸素を送る血管の痙攣《けいれん》です。これらの血管が痙攣して狭くなると、酸素の欠乏した心筋は痛みで悲鳴を上げるのです。私の患者はこの種の狭心症だったのだろうと懐疑主義者は言うでしょう。もうひとつの原因は脂肪で冠状動脈が塞がれることで引き起こされるものですが、精神療法ではとうてい治すことはできないだろうと言うでしょう。この両方のケースには記憶が関わっていると私は答えなくてはなりません。脂肪によって塞がれている場合、見かけほどに実体のあるものではなく、もし心臓バイパス手術を行い、古い詰まった血管を詰まりのない新しいものに交換したとしても、せいぜい数か月でまた詰まってしまうことがよくあります。これは、血管は変わったものの記憶の亡霊はそのままだからです。そのため、まだ脂肪の塊を動脈の中に作りたがっているのです。

またそれとは逆に、バイパス手術を受けた患者は動脈がたとえまた詰まったとしても、苦しくおそろしい胸の痛みを感じない人もたくさんいます。なぜなら彼らは手術をして治ったと確信しているからです。外科医たちによって、気休めの偽手術をするという実験さえ行われたことがあります。胸を開くだけでなにもせずにまた閉じるというもので、これでかなりの割合の患者が狭心症が収まったと感じたのです。事実、私の患者は冠状動脈が詰まってはいませんでしたが、それにもかかわらず狭心症の背後にあるメカニズムが物理的に存在していたのです。彼女の脳は、血管のレントゲン写真を見てから、痛みに反応したわけではないのです。

もしも患者が怖がっていたら、私は元気づけるようにその手を握ります。そうすると患者は安心するのです。これは麻酔を行っているときでさえ起こることです。手術が大変な段階を迎えているときに患者の手を握ると、血圧と心拍が落ち着くのがモニターで見てとれます。心臓と脳は、分子よりもずっと深いところで結びついているようです。それは、赤ん坊が母親の腕の中であやされているのを見ればよくわかります。たとえ赤ん坊が眠っていたとしても、数分も経たないうちに母親も赤ん坊も呼吸のリズムが同じになり、心拍も同調し始めるのです（子どもの心拍数は母親よりも速いので、鼓動すべてが一致するわけではありません）。この心身のつながりは目には見えないものですが、だからといってそれが実在しないと言えるのでしょうか？　それは、世代から世代へと静かに引き継がれてきたもので、おそらく、今でも思いやりという絆《きずな》の中で私たちを包んでいるのです。心身のつながりの助けがあってこそ、自身のことにとらわれているバラバラの存在から、人類というひとつの種がかたち作られているのです。

科学が、IgEの実験のショックから立ち直れば、空隙の領域とでも言うべきあらたな領域を探求する必要が出てくるでしょう。量子物理学は、空っぽの空間について非常に不可思議な豊かさを発見しました。今、私たちはこの豊かさを人間の次元へと拡大しようとしているところなのです。

原初状態の宇宙とは、物質の粒子の元であるエネルギーのスープにたとえられてきました。そうであれば、私たちは叡智のスープにたとえられます。それは単なるスープではなく、私たちが思考と呼んでいる、美しくて明確で力強い、根源的な粒子に結晶できるようになった叡智なのです。このため私たちの内側にある空隙は、宇宙を生み出した空隙よりもはるかにすばらしいと言えるのです。

expanding the topic

さらなる考察

実在の真の本質に近づく際に「どこにもなく、どこにでもある」という不思議を解明することが重要でした。しかし読者の皆さんに、そのように奇妙な領域をどう進んでいけばよいのかという迷いを感じさせたままにしてしまったかもしれません。五感の世界をそのまま受け入れるという、身についてしまっている基本姿勢に頼ってしまいたくなるかもしれません。計り知れない量子的領域においては物理的な物質も目に見えないエネルギーの雲に還元されると理解している物理学者たちでさえ、今でも通勤時には、エネルギーの雲ではなく、ホンダの車や自転車に乗っています。本章が書かれた以降、記憶を持つ水についての実験は大きく信用を失っているようですが、ホメオパシーに関する議論はまだ決着がついていません。

インフルエンザへのホメオパシー治療が実際に効果を持つことを示す研究がある一方、効果がないことを示す研究も同じぐらいあるというのは予測がつくことです。権威あるイギリスの医学誌『ランセット』は、ホメオパシーをプラシーボと同じ程度に効果があるに過ぎないという立場で何度もこのテーマに加勢していますが、概して全体像をとらえたアプローチに欠けています。それでも『ランセット』誌は、高齢者へのインフルエンザワク

Expanding the topic

チン接種に関する研究についても論じ、ワクチンには予防効果もなく、また合併症による入院を減らすこともないという結論に達しました。さらに「あらゆる言語で出版された研究」を分析しても、『ランセット』誌は「インフルエンザワクチンが、インフルエンザによる死亡や深刻な合併症を減らすことができたという研究をひとつも見つけることができなかった」のです。病気は、心と体の謎を私たちの人生に投げかけ続けているかのように見えます。

しかし、私の心はつねに実用的な側面へと向かいます。つまり、私たちはどうしたら、かたちがあって触れることができ、安定していて信頼できるあらゆるものが、みるみる消滅するような、目にも見えず、完全に経験にそぐわない量子的現実の中を進んでいけるようになるのでしょう？　その答えは、再び学校へ戻って物理学の上の学位を取り直すということではありません。量子的領域とは、今すぐに日常生活をさらによいものにしてくれるか、もしくはまったく意味がないものなのかどうか、ということです。

難局を乗り越えて導いてくれることになった2人の物理学者がいます。当時オレゴン大学にいたアミット・ゴスワミと、カリフォルニア州オレンジカウンティのチャップマン大学のメナス・カファトスの2人です。私は彼らと親しい仲間になり、壮大なアイデアの源となり、また時に共同執筆者にもなりました（懐疑論者からの攻撃は絶え間なく続き、信頼の高い科学者を支持者や擁護者として提示することが必要だったのです）。量子的領域へと踏み込んでいくことになったとき、私が求めていたブレイクスルーを最初に示してくれたのはカファトスでした。

思考が私たちをどこへ導くのかを知るために、まさに今この瞬間、時計の針を止めてみてください。あなたはなにをしているのでしょうか？　あなたは現実に参加しています。どのようにしてでしょうか？　あなたのまわりにあるものを知覚することによってです。あなたの目はこのページを見ていますが、あなたの視界の端では今座っている部屋を認識しています。匂いや音はあなたのまわりを漂っています。あなたの皮膚を撫でる空気は暖かかったり、涼しかったりします。こうしたものが、人生の本質です。ニュートンの光学の法則のおかげで、太陽光は、それを構成する色彩へと分解されますが、この分析は空の虹を見ることとは同じではありませんし、あなたが虹を見つめるときにどう感じるかということとはかけ離れています。

私たちは経験をとおして世界に参加しています。虹を見るという経験から光の波長、空模様、時刻、雨粒の屈折力を識別することは、どれも直接参加にはなりません。データを集め、さらなるデータを得ようと測定するため、心が分離しなくてはならないのです。分離することで科学は多くの事実を明らかにすることができますが、詩人ウィリアム・ワーズワースが鋭く観察したように、「私たちは殺し、そして解剖する」ことになります。経験を細切れにして測定やデータや事実にしてしまった途端、人生は経験ではなくなってしまうのです。心が解剖をするとき、それは手術用のメスともはや変わりはありません。客観性の名の下に、科学は主観的な経験を締め出します。主観性は変わりやすく、気まぐれで、偏りがちであるなどといった理由からです。しかしこうした姿勢は、その動機は純粋なものかもしれませんが、人生とは私たちが生きているものであるということを忘れてしまっています。宇宙は、私たちが参加しているから宇宙なのです。経験は私たちが行っているから経験なのです。科学さえ、ひとつの経験なのです。

よって、宇宙を説明するためには、宇宙を経験することから始めるというのが適切だと言えましょう。実際、世界について完全に客観的になろうとするなどありえない話なので、これ以外に適切なことはないのです。経験というビルを構成するブロックは「クオリア」として知られ、ラテン語の「質」を表す言葉と関連しています。リンゴには「甘い」「赤い」「歯ごたえがよい」「酸っぱい」という「質」があります。そうしたクオリアは、リンゴを存在させるために脳が処理することなのです。リンゴを食べるという行為に対する私の内側の反応もまたクオリアです。「外側」ではリンゴのクオリアは物理的なものであり、私が影響を与える範囲を超えたものに見えます。「内側」では、私がリンゴを好きか嫌いか、リンゴを甘すぎると思うか熟しすぎていると思うか、といったリンゴを食べる行為への私の反応が、やはりクオリアの世界なのです。内側の経験も外側の経験もともに意識の中で生み出されます。その理由から、主観性はもはや「触れたくない重要な問題」

ではありません。クオリアに基づく科学は、客観性と主観性を乗り越えることができるのです。

この観点について個人的な表現で表してみましょう。あなたは自分の体をどのように経験しますか？　あなたは外側の経験をします。例えば鏡に自分の姿を映したり、公園をジョギングしたり、レストランでデザートを注文するといったことです。あなたはまた、内側の経験もします。ジョギングするうちに筋肉の疲れを感じたり、鏡に映った自分が老けて見えると考えたり、レストランでデザートを注文するかどうか心の中で闘ったりすることです。明らかに、こうしたすべての経験は関連し合っており、「内側」で始まっています。

「内側」というのは、感覚（Sensations）、イメージ（Images）、感情（Feelings）、思考（Thoughts）の源であり、ＳＩＦＴという頭文字で表せます。ＳＩＦＴとは、ＵＳＬＡ医科大学精神科教授ダニエル・Ｊ・シーゲルによって考案されたものです。シーゲル博士は臨床において、主観的状態は癒しに関わる脳の領域と合致するという重要な大発見をしました。例えば、自分には感情がないと主張する患者は、純粋には主観的にならないであろう無感覚状態を、主観的に説明しているということなのです。感情を司る脳の部位である扁桃体には、客観的領域と主観的領域が混合する並列回路があるのかもしれません。

唯物論者は客観的証拠を前面に押し出して、扁桃体が感情を生み出すと主張します。脳

Expanding the topic

をスキャンすると患者が感じることと相互関連する扁桃体の領域での活動が活発化したり低下したりするのがわかるのは確かです。しかし笑ったり泣いたりするのはニューロンではなく、人間なのです。医学は扁桃体を元気にさせようとしているわけではなく、患者を元気にすることが目的です。シーゲル博士が気づいたこととは、主観的領域と客観的領域の両方から働きかけることができるということです。そしてそこからすばらしい結果へと導かれるのです。

私たちは「脳が心を創り出す」、もしくは「心が脳を創り出す」と言う必要はありません。連続するフィードバック・ループの中では、感情はつねに脳内で分子を創り出しており、こうした化学物質が次に起こる感情に影響を及ぼすのです。自然は心身の障壁をつねに越えており、そのような障壁は特定の世界観に合わせて勝手に作られたものであるということを明らかにしています。世界観の変化とともに、あらゆるものが変わります。リンゴの甘さが「内側」に存在しているのに、リンゴの赤い色は「外側」に存在する必要はありません。実際に「外側」と「内側」の区別はないのです。経験の異なる側面を生み出している量子的な場があるだけです。

バガヴァッド・ギーター（古代インドの神の歌）の中で、クリシュナ神は宣言します。「私は場であり、その場を知る者である」。これは私たちを現実のより深いところへといざなってくれる言葉です。量子的な場について話す代わりに、私たちは「そこにある」場、つまり現実そのものについてただ言及すればよいのです。ここでは、知っている者と知られているものは分離していません。それらは融合してホリスティックな経験になるのです。

　これをあなたの体にあてはめてみると、あなたは手を「もの」として、自分の顔の前で振ることができるピンクの肉でできた付属器官として経験します。また、釘を打つときには道具として、恋人の肌を撫でるときにはエロスの源として、絵筆を執るときには想像力の翼として、指で数を数えるときは計算機として手というものを経験するのです。それ以外にもまだまだたくさんあるでしょう。人生は、心が望むものに従って、このピンクの肉でできた付属器官をとおして流れていくのです。

　従って、あなたが自分の体の中に存在しているということは、まったく正しくありません。真実は、あなたの体があなたの中に、つまりあなたの「意識」の中に存在しているということなのです。動いたり、触れたり、痛みを感じたり、器用だったりする、あなたの手に関するすべてのことは、意識の中以外のどこにも存在しないのです。そしてあなたが経験するあらゆる本質は、その場から生じるものです。クリシュナ神の言葉「あなたは場であり、場を知る者である」に同意してよいのです。

　今、あなたは「私」という皮膚と骨の組み合わせの中にとらわれた、限界のあるエゴという偽りのアイデンティティを持って旅をする必要はもはやありません。あなたの本当のアイデンティティは、あなたを量子的な体の次元へと連れて行ってくれます。そこからは、どんなパワー、創造力、コントロール力を持つことができるのか、誰にも予測がつきません。とりわけ欧米では、エゴの境界を超えることは新しい領域なのです。私たちは物質主義、事実、データ、客観性への科学的執着によって条件づけられているからです。

幸いなことに、宇宙に参加することは東洋的でも西洋的でもありません。人生を手探りで進んでいくことは、頭ですべてを理解しようとするよりも信頼に足るものであると私は信じるようになりました。医学をユニークな経験、思い出、好み、信念、期待がいっぱい詰まった、患者の個人的な現実に合わせることこそ、本書が示唆しているスケールの量子的治癒にはなりますが、そこに至る鍵となるのではないでしょうか？

8 沈黙の目撃者

量子医学が差し迫って必要とされていることは、次の症例研究によく表されていると思います。

アーロンという名の24歳のイスラエル人男性が私の診察室に電話をかけてきて、こう言いました。「自分では健康そのものだと思うのですが、主治医が私の余命はあと90日だと言うのです。いろいろ検査をした結果、不治の血液疾患だとわかり、それがまさに23日前に判明したというわけです」

感情的になるのをなんとか抑えつつ、彼はその奇妙な展開について私に話してくれました。診断されるに至ったのはまったく偶然のことでした。昔サッカーでケガをしたため、彼は鼻中隔湾曲症があり、そのために呼吸しにくい状態にありました。鼻の治療のためにシカゴの外科医を訪れたところ（アーロンは数年前からアメリカに住み、ビジネスクールに通っていました）通常の血液検査を受けるよう言われたのです。

研究所から戻って来た検査結果を見て、医師は非常に困惑しました。ひどい貧血であるとわかったのです。ヘモグロビン値は正常値の14から6にまで落ち込んでいました（12という数値が貧血のボーダーラインだと考えられています）。ヘモグロビンは、全身に酸素を運ぶ、血液の化学成分です。ヘマトクリット値のほうは16まで落ち込んでいました。これは彼の血液を遠心分離機にかけて赤血球と血漿《けっしょう》を分離した場合、赤血球が全容量の16％しかないということを意味します。正常な血液では、赤血球は40％近くあるはずなのです。

アーロンはすぐに血液専門医を紹介され、一連の標準的な問診をされました。

「ここのところ、息切れを感じていましたか？」

「いいえ」。アーロンは答えました。

「息苦しさを感じて、夜中に目が覚めますか？」

「いいえ」

「くるぶしが腫れたりしていますか？」

「いいえ」

血液専門医はアーロンを見つめました。「では、いつもかなり疲れていませんか？」。医師は言いました。アーロンは首を横に振りました。「すごいですねえ！」。医師は大きな声で言いました。「このぐらいのヘモグロビン値なら、今頃は鬱血性心不全を起こしていますよ」

アーロンはショックを受けました。しかし血液検査の結果を見て、医師が驚いたのも無理はありません。ひどい貧血の場合、十分な酸素を全身に送るために通常よりもずっと心臓に負担がかかります。それが酸素欠乏と合わさって心筋の腫れを引き起こし、ひいては鬱血性心不全へとつながるのです。患者は、息が詰まって死にそうになって夜中に目を覚ますようになります。そしてついには死に至るのです。

　不思議に思った血液専門医は、アーロンの骨髄を採取しました。通常、体に骨髄は２５０グラムほどしかありませんが、赤血球の総供給量を生成するには十分であり、１日に２０００億個の新しい赤血球を作っています。詳しく調べてみるとアーロンの骨髄には、あるべきはずの赤血球前駆体がまったくなかったのです。専門医はアーロンの状態が再生不良性貧血と呼ばれる骨髄の機能停止からくるものであるとわかりましたが、原因まではわかりませんでした。症状がまったくなくても、アーロンは重病だったのです。

「赤血球の寿命についてはまだよくわかっていないのです」。医師は言いました。「１２０日間というのが通説ではありますが、１か月ぐらいの可能性もあります。あなたの場合、今の赤血球にとって代わるものが作られないので、90日より長くは生きられないと思うのです」

　アーロンは医師の言葉をぼんやりと聞いていました。医学的に為《な》す術はほとんどないということ、そして骨髄移植という治療法はあるけれども彼はその大手術に持ちこたえることはできないかもしれないし、おそらく手術をしても治ることはないだろうと医師は告げました。輸血して赤血球の数を増やすこともできますが、他人の血液が突然入ってくることでさらに骨髄機能を衰えさせることになり、そのうえ血球数が増えたことに骨髄が気づくと、それがさらに機能を弱めてもよいサインだと解釈するかもしれません。

なんの症状もなかったアーロンは、移植手術を受ける気にはなれませんでした。専門医からは2週間で決断を下すよう言われました。また、できるだけ早く問題を解決するようアドバイスするのは自分の法的な義務でもあると言いました（すべての過程においてアーロンは思いやりを持った扱いを受けませんでした。診察の途中、彼は姉が大学の法学部時代に悲劇的な突然死を遂げていることを打ち明けました。死因はよくわかりませんが、おそらく遺伝性の珍しい血液疾患だと思われました。これを聞いた専門医は、その姉の死因をハッキリさせたほうがよいと強く勧めました。2人のケースを合わせれば、医学誌にすばらしい論文が書けるだろうという理由からです。アーロンが後にこの話を詳しくしてくれたとき、私は強い憤りを感じました）。

診断されて1日も経たないうちに、アーロンは息切れを感じ始めて不眠になりました。彼は治療法を求めて必死の思いでした。そんなとき、たまたま瞑想を始め、私たちのアーユルヴェーダ・クリニックのことを耳にしたというわけです。1か月も経たないうちに、彼はランカスターにやって来て、私の患者になりました。

「いちばん希望が持てる点は」、私は言いました。「病気が見つかるまでは健康だったということです。あなたはこの病気をコントロールしているという想定の下で治療を進め、自己治癒力を発揮させるためにあらゆることをやってみましょう」

病気の原因がわからないまま問診していくうちに、私はアーロンが心配事をたくさん抱えていることに気づきました。心配事の第一は、そのおそろしい診断そのものです。彼はパニックに陥っており、そのような状態では心身が治癒に向かう道を見つけるのも難しいでしょう。おまけにアーロンは緊張で張り詰めた、いつもなにかに突き動かされているようなタイプに見受けられました。彼は学校に通いつつ、同時に4つの仕事をかけもちし、車を購入し、奨学金を少しでも早く返そうと自分を限界まで追いつめていました。学校自体も相当なプレッシャーになっていました。日常的にビタミン剤を大量に飲み、慢性の胃痛を和らげるために抗潰瘍作用のある薬も飲んでいました。数か月前にはテニスのやりすぎで腱鞘炎《けんしょうえん》になり、腫れを抑えるために消炎剤を飲んでいましたが、このような薬剤は骨髄の機能を抑制することが知られています。私は薬をすべてやめるように言いました。

彼は2週間クリニックに入院し、ストレスがあることが「正常」だった生活から、初めてストレスのない環境に身を置きました。瞑想も続け、体質に合ったシンプルな菜食をし、生理機能を浄化するためにアーユルヴェーダのマッサージ治療のコースも受けました。私はまた、彼に合った原初音テクニックも指導しました。ある夜、アーロンは髪が濡《ぬ》れた状態で廊下を歩いているところを看護師に見つかりました。彼はこっそりクリニックを抜け出して、泳ぎに行ったことをきまり悪そうに告白しました。しかし私はこの話を聞いたとき、とても嬉しく思いました。他の人ならアーロンと同じ血球数だった場合、酸素吸入と輸血ということになっていたでしょう。今後の治療に望みが持てる兆候でした。

退院の日、少なくとも今後2週間はもう血液検査を一切受けないようアーロンに言いました。ランカスターで行った検査の結果、網状赤血球という未成熟な赤血球の量が、入院した日よりも4倍に増えていたことがわかりました。網状赤血球は、後に赤血球になる細胞なので、彼の状態は好転したと感じたのです。本書を書いている間に、彼の余命宣告の期日は過ぎました。アーロンは今もひどい貧血ではありますが、血球数がゼロに近づいている人なら陥っていたであろう深刻な衰弱には至っていません。実際、彼の貧血はわずかながら改善されているのです。

私の心の中では、アーロンは2つの医学の境界線に立っています。ひとつは標準的な科学的医学で、その手法は深く私の中にしみ込んでいますが、もはや私は絶対的な信頼を寄せてはいません。それは、標準的な医学がもう役に立たないということではありません。アーロンの医師は、組織から細胞、分子に至るまで、体のすべてのレベルにおいて病気を専門的に追跡しました。アーロンの場合、組織は骨髄、細胞は赤血球、分子はヘモグロビンに当たります。通常の医学の訓練を受けた医師にとって、これは2世紀にわたる丹念な研究の結果見つけられた道の終焉《しゅうえん》です。分子そのものの問題がわかるようになってしまえば、他になにを知る必要があるでしょう？

この論理は、完璧に科学的なものです。しかし普段の日常的インプットからは危険なほどにかけ離れてしまっています。「日常的インプット」とは、ひとりの人間がなにを食べ、どのように眠り、どんな思考が頭をよぎり、五感を通じてどのような光景、匂い、音、肌触りが入って来るかということを意味します。体は分子からできていると言うことはできますが、同様に、体は経験からできているとも言えるのです。その定義は、科学的ではないけれども流動的で、変化しやすく、生きている私たち自身のセルフイメージと合致するものです。第二の医学である量子医学は、日常の経験に端を発するのです。

日常生活はあまりに単調でシンプルなので、科学を煩わせるようなものではないとなんとなく考えてしまうかもしれませんが、実のところ日常生活はきわめて複雑なものなのです。ヘモグロビン分子は1万個の原子からできており、取り出して解読することは可能です。それはいくつかのノーベル賞につながることになった功績です。しかしあなたが1回息を吸い込むとき、ヘモグロビンがなにをしているのか追跡することは不可能です。なぜなら各赤血球には2億8000万個のヘモグロビン分子が含まれており、それぞれが8個の酸素原子を受け止めるからです。肺が呼吸するたびに1リットルほどの血液を空気にさらしており、その血液中には5兆個の赤血球が含まれているので、化学交換の総数は天文学的な数字になります。その全プロセスはすぐに、さまざまな働きで渦巻く混沌とした状態になるのです。

手術で人間の体を切開すると、そこに現れるものは青色の神経、赤色の血管、黄色の胆《たん》嚢《のう》から区別された緑色の肝臓といった、解剖の教科書に明確に定義された図のようなものではありません。知識のない人にとっては、ほとんど判別のつかない組織の寄せ集めに見えるのです。ほとんどがピンク色で湿っており、ひとつの器官と別の器官の区別はほとんどつきません。この脈動する混沌から、科学的医学が今日に至るまでの知識を得てきたことはまるで奇跡のようです。しかし、その知識と引き換えに科学は日常の経験を捨てなければならないという大きな代償を支払ってきました。ひとつ息をつくことは混沌ではありません。それが混沌であるととらえるのは分子生物学者ぐらいです。呼吸は、他のすべてのリズムの元となっている生命の基本リズムなのです。

コーネル大学の生理学教授エリック・キャッセルが鋭い指摘をしていますが、医師が患者に問診をするとき、患者の悪いところを見つけようと思ってはいません。医師が見つけようとしているのは、すでに分類された既知の病気に合致するような症状なのです。これは微妙な違いですが、重要なものです。器官、組織といった全システムは、体を分類しやすいように叡智の働きで組み立てられたものであるように思いがちですが、もっと自然に忠実な別の見方があるに違いありません。自然の混沌とした外観をものともせず、日常の経験に基づき、その本当の意味を理解しようという見方です。

混沌は、ただの見かけであり仮面に過ぎません。見方を変えれば、混沌は純粋な秩序へと変貌するのです。暗号が解読されるまでは、ミツバチのダンスはピクピクしたり回転したりとランダムで混沌とした動きに見えました。今では、巣の中の他のハチを花蜜のありかへと導く正確な道案内だということがわかっています。これは、ダンスが混沌から秩序へと変わったのではなく、私たちの見方が変わったことを意味します。同じように心臓病患者の血圧を数回測ったとしてもなんのパターンも得られませんが、もし常時患者を監視すれば1日か2日のうちに山や谷のある明白な波動パターンが現れます。まだ最近発見されたばかりのこの事実によって、心臓専門医は、血圧の山が夜にしか現れないためにこれまで診察室では正常だと思われてきた患者の高血圧を見つけることができるようになりました。明らかに潮の満ち引きの波のようなものが作用していますが、まだその意味は誰にもわかっていません。混沌という仮面はまだ最近破られたばかりなのです。

2つの医学が敵対する必要はありませんが、今のところ両者は明らかに反対の方向を向いています。血液学者にとっては、アーロンがいつも緊張してなにかに追われ、不信感に満ち、自分は死ぬかもしれないという考えでパニックに陥っていたとしても、それはあまり重要なことではありません。アーユルヴェーダ医にとって、こうしたことこそ量子の次元に入り込み、そこでアーロンという人間に変換されるわけで、病気の根本的な原因ともいうべきものです。血液学者が無情なわけではありません。アーロンのことを非常に深く気遣っているのですが、骨髄機能不全と、同時に4つの仕事をかけもちすることとの間につながりを証明することができないのです。ここで、標準的な科学的医学の礎であるニュートン学説の因果関係という概念が崩れてしまうのです。

病気の原因を発見するためには、どれだけ問診をしても十分ではありません。アーロンの場合、私が知りたいのは「彼が姉の死に対してどう感じているか」「朝食になにを食べるか」「どんな友人がいるか」「テニスで負けたときにどう感じるか」など、つまり関連する経験のすべてですが、それは実質的には不可能です。私たちは毎日、非常に多くのことから影響を受けているため、原因という発想自体が消えてしまうのです。ソネットが書かれた原因を見つけるために、詩人の脳を解剖するのは馬鹿げています。詩人の大脳皮質は、ソネットを作り出すために特定の脳波パターンを示したことは確かでしょうが、それは蒸発し、時間とともに見えなくなる領域へと行ってしまうのです。単独の身体的原因がアーロンの骨髄機能障害の背後にあると主張することも同様に馬鹿げているように見えてきます。彼の人生も時間とともに過ぎ去ってしまい、私が見つけたいものも蒸発してしまったのです。

これはショッキングなことに思えるかもしれません。原因がないのにどうやって治療法を見つければよいというのでしょうか？　しかし、いかなる身体的な理由であっても部分的なものでしかありません。例えばもし誰かに風邪をひかせようとするなら、ウイルスだけでは足りません。実験者が風邪のウイルスを培養し、鼻の粘膜に直接付けた際、実際に風邪をひいたのは被験者のうちたった12％でした。被験者を寒風にさらしたり、足を氷水につけたり、また純粋に身体的なことをしても、この確率は高くなりませんでした。内側の力と外側の力が複雑に絡み合った日常の経験は、ビリヤードの玉に働く因果の法則を拒むわけです。

通常の医学は、日常の経験が病気において複雑な役割を果たしうるということをすでに認識しています。例えば統計によると、ひとり暮らしの独身者や寡婦は既婚者よりもがんにかかりやすいことがわかっています。彼らの孤独は危険因子と呼ばれています。もしくは発がん物質と呼んでもよいでしょう。では、孤独を癒すことががんを治すことにならないのでしょうか？　その両者につながりはあることでしょう。しかし現行の医学とは違った種類の医学によってしかそれは実現できません。アーユルヴェーダ医は、患者の病気よりも目の前にいるひとりの人間のほうに関心を抱きます。その人をかたち作っているのは、悲しみ、喜び、心の傷を受けた瞬間、特に何をするでもなく過ごす長い時間といった経験であると、アーユルヴェーダ医にはわかっているのです。日々の一瞬一瞬が静かに蓄積され、川に運ばれた砂粒が堆積《たいせき》するように、そのわずかな時間はやがて目に見えない層となり、病気として表面に露見するのです。

蓄積のプロセスを見たり、また止めたりすることは不可能です。例えば交通渋滞のときなど「今、自分にはなにも起こってはいない」と思うかもしれません。しかし実際は、まわりの世界を取り込んでいる、もしくは飲み込んでいるのです。体とは、見るもの、聞くもの、匂うもの、触れるものすべてを代謝し、そして自分というものへと変えるのです。それは、オレンジジュースを体内に取り込んだときに起こるのとまさに同じ作用です。

自分へと変換される入力はつねに起こっており、そこに自分自身が参加することにより、最終的なかたちへと具現化されます。科学はこのプロセスを測定することはできないでしょう。感覚や感情を秤《はかり》にかけることはできないからです。どれほど孤独だとがんになるのでしょうか？　これは意味のない問いです。発がん性物質は目に見えるものではありません。あふれんばかりの大勢の患者を診察した後、郊外の病院の緊急治療室でたたずんでいたある夜のことが思い出されます。帰宅ラッシュ時の列車が事故を起こし、もうひとりの医師とともに私はほとんど取り乱しそうになりながら、ショック状態にある何十人もの患者を診察し、傷に包帯を巻いたり、神経を鎮めたり、骨を接《つ》いだり、簡単な手術をしたりしなくてはなりませんでした。仕事は無限にあるように思えました。それでも5時間後には無事にすべてが終了し、私たちは英雄になったように感じていました。

そのとき救急車の無線がまた入り、運転手が言いました。「意識不明の生後2か月の女児を連れて行きます。呼吸、脈拍の兆候なし。顔面が蒼白《そうはく》になっています」。たちまち私は凍り付き、もうひとりの医師の顔にも絶望の表情が見てとれました。私たちを待ち受けているものがなんであるかわかっていたのです。救急車から担架が下ろされ、そこには大きな白いシーツの上で死んだように見える幼子が乗せられていました。喉に気管内チューブを挿入して心臓マッサージをすることは、ひどい茶番でした。それでも私たちは最後までやり抜きました。最初から、これは「乳幼児突然死」に違いないと思っていました。それは原因不明の、一見正常な乳幼児を襲う症候群で、どんなに早急に応急処置を施してもたいていなんの役にも立たないのです。

私たちは体裁を保てる程度になるべく早く装置をとりはずし、赤ん坊の目を閉じると、両親と話すために部屋を出ました。両親は、若く、裕福そうで、そして打ちのめされていました。私にできることといえば、同じようにして子どもを亡くした親たちのサポートグループを紹介するぐらいでした。彼らはショックを受けたまま去って行き、その後二度と現れることはありませんでした。そのとき私の身に起こったことを、いったい誰が測定できるというのでしょう？　私は、何時間も治療に携わった電車事故の犠牲者の顔を誰ひとりとして思い出すことはできません。しかしその赤ん坊の金髪と青い目は、初めて見たときと同じぐらい鮮明に、今も私の心の中に焼き付いているのです。彼女は、私の中に入りこみました。彼女が私の中のどこに住んでいるのかはわかりません。大脳皮質のどこかでしょうか？　その場所を探すのは馬鹿げているように思われます。大切なのは、私の存在全体がそのような経験からできているということです。私は毎日何十万ものそのような経験を代謝しており、もしその詳細を見たかったら、ただ私自身を見てくれればよいのです。日常的になにかしらの入力に囲まれている以上、私という人間を作っている多くの出来事はとどまることなく押し寄せてきます。一方で私の本質は、私が見たり聞いたりするものよりももっと深いところにあるのかもしれません。私の中には、光のすべてのスペクトラムを生じさせる振動ゼロの地点のような、ゼロポイントがあるのかもしれません。

もし自分の思考、感覚、感情の外側に踏み出すなら、無の領域のようなものの中に身を置くことになるのかもしれません。しかし私の「内なる領域」も、量子物理学の虚無の領域のように、少しも空っぽではないのかもしれません。私たちの内なる領域は、無言の叡智が存在する豊かな場であり、それが私たちに強い影響を与えているのです。

叡智は確かに存在しますが、それを見つけるのは不可能です。体のノウハウは、消化、呼吸、代謝といった機能によって分類された各部分が複雑に関わり合った結果のように思われています。こうした分業は確かに存在しますが、叡智は至るところに同じように存在しているのです。それは、海水1滴でも大洋でも、その塩辛さは同じであることと似ています。実際、海水はよい例です。体液は、海水と同じぐらい塩辛く、マグネシウム、金、その他の微量元素も海水と同じぐらい豊かに含んでいます。生命は海で始まり、私たちが陸で生きていられるのも、ひとえに内なる海を体内に持っているからです。喉が渇いて水を飲むとき、内なる海の至るところの体液の化学成分のバランスを取り戻しているのです。

喉が渇いたという感覚は、視床下部によって刺激されます。視床下部は脳の一部であり、指の関節ほどの大きさです。そして神経と化学的メッセンジャーによって腎臓と結びついています。腎臓はつねに血液からの信号に「耳を傾ける」ことによって、体が水を必要としているかどうか監視しています。その信号は神経ペプチドのような化学的なものですが、この場合、特定のメッセンジャーと同様に、塩分、タンパク質、血糖の分子が関わっています。そして血液が、こうした信号を体内のあらゆる細胞から順に拾い上げ、各細胞は自身の水分の必要性をつねに監視しているのです。言い換えれば、私たちが水を飲みたいと思うとき、脳からの衝動に従っているだけではなく、体内の全細胞からの要請を聞いているのです。

小さなコップ1杯の水を飲んだ場合、体の全水分量のたった400分の1しか置き換えられませんが、それでも50兆個の細胞の要望が確実に満たされることになるでしょう。そのような精密な監視は腎臓だけによるものだと考えられることが多いのですが、今見てきたように、腎臓という器官は単独で決定を下すことは決してありません。腎臓は、叡智の場である量子的な体とつねに相談しながら働いています。叡智の均一性は、細胞の物理的組成からは明らかではありません。叡智は、極端に専門分業化された体と共存しているのです。ニューロンは細胞壁に100万ものナトリウム、カリウムポンプを持っており、心臓や胃の細胞とはまったく異なります。しかし「水を必要とする時間」を知らせるメッセージは、つねに至るところに完全なかたちで存在します。

物理学における場とは、広大な、もしくは無限でさえある空間の広がりに影響を伝えるもののことです。磁石は、自身のまわりに磁場を創り出します。小さな磁石の磁場は数センチ範囲の弱いものですが、一方地球の磁極は強力で地球全体を覆うほど強力です。場の範囲内にあるものはなんでもその影響を受けるため、コンパスの磁針は自動的に地球の磁極を指すのです。体の叡智の場の中にあると、各細胞は北磁極に当たる脳を指します。

場において、細胞は小さく、脳は巨大です。しかし細胞が体の他の部分と「話す」とき、その会話の内容が、脳に劣るわけではありません。脳のように、細胞も自分のメッセージを、他の何兆ものメッセージと相互に関連づけなければならず、毎秒何千という化学物質の交換に参加しなくてはなりません。そして最も大切なことは、細胞のDNAはニューロンのDNAと同じなのです。よって、叡智の発する最も小さな衝動は、最も大きな衝動と同じぐらい賢いのです。実際、重要な叡智、もしくは重要ではない叡智などと言うことは無意味です。ドーパミンを生成する連鎖について思い出してみましょう。下等なタンパク質セリンを同様に下等な代謝物質グリシンに変えることができないと、ドーパミンレベルは絶えず上昇し、精神全体を打ちのめす統合失調症という破滅的な結果に至るのです。

細胞とは、感覚を持つ小さな存在です。肝臓や心臓や腎臓の細胞も、あなたが知っていることのすべてを「知って」います。ただし独自の方法によってです。私たちは、自分の腎臓より自分自身のほうが賢いと思い込んでいます。「建築資材ブロック」という概念そのものは、煉瓦が建物より単純であるということを示唆しています。これは無生物にはあてはまりますが、私たちにはあてはまりません。例えば不安という神経衝動は、潰瘍として胃に表れたり、痙攣というかたちで腸に表れたり、強迫観念というかたちで心に表れたりしますが、元をただせばどれも同じ衝動がかたちを変えたものなのです。不安は器官によってかたちを変えますが、体内のどの部分も今不安があるということを知っており、すべての細胞がそれを記憶しています。自分が不安を感じているということを意識的に忘れることはできるかもしれませんが、突然その感覚は戻ってきて、また思い出すことになるのです。そしてその感覚は至るところにあるように見えます。

本書の前半で、もし体をありのままの姿で見ることができたら、完全に変化しない部分とつねに変化する部分が混ざったものとして見えるだろうと述べました。それはつねに煉瓦が取り換えられている家のようなもの、もしくは彫像でありながら同時に川であるようなものです。今のところ医学の障害となっているのは、私たちの本質の「流動的で、変化している」という一面が、「安定し、固定している」というもうひとつの側面のために犠牲になってしまっていることです。今、量子の次元で見てきたように、おそらく私たちはその両者をひとつの単位の中にまとめて「叡智の衝動」という、私たちの2層の本質をとらえることができるでしょう。叡智の衝動とは最も小さい単位で、変容しつつ(変化)、元のまま(不変)を保っています。もし叡智の衝動がこうした性質を持たなかったら、体の基本的ブロックにはなれません。純粋に精神的なインパルス、もしくは純粋に物理的な粒子がその役割を果たしていたでしょう。

しかし、この純粋に精神的な衝動も、純粋に物理的な衝動も、どちらも変化に耐えられないのです。初めて「薔薇」という言葉を思考した日にあなたの脳を形成していた分子はもうそこには存在しませんが、その概念はとどまっています。同時に「薔薇」という言葉を維持するために、つねにその言葉について考えている必要もありません。薔薇という言葉に注意を向けることもなく、何百万という他のことを考えてもよいのです。次に薔薇という言葉を思い出したくなったときには、混乱することもなく、そこに現れてくれます。叡智のインパルスが心、物質、そしてそれらを統合する静寂をも含んでいるので、薔薇という言葉は一貫して完全に保たれているのです。

体の物理的構造は叡智を映し出しており、叡智がかたちとして投影されたものです。しかし叡智はこの肉体という枠組みの中に閉じ込められているわけではありません。この事実について、脳が驚くほどうまく立証してくれます。神経生理学の先駆者カール・ラシュリーは、記憶は脳のどこに位置しているのかを、ネズミを使った簡単な実験によって見つけようとしました。彼は、私たちが技術を習得する際と同じようにネズミが覚えて脳に蓄える技術として、迷路を走ることを教えました。次に、大脳の組織を系統的に少量取り除きました。ネズミが迷路の走り方をまだ覚えていたら（走るスピードと正確さから測ります）、脳の記憶中枢はまだ元のまま損なわれていないとラシュリーは考えたわけです。

少しずつ脳を切り取っていきましたが、興味深いことに、ネズミは迷路の走り方をまだ覚えていました。ついに全大脳皮質の90％以上がなくなり、脳組織のごくわずかだけ残された状態になりましたが、スピードと正確さはわずかに落ちたものの、ネズミはまだ迷路を覚えていました。数ある実験の中でもこれは、とりわけ画期的な着想を示唆していました。それは、脳のあらゆる細胞は、それぞれの特定の仕事を記憶すると同時に、脳全体の記憶も蓄えているに違いないということです。これはまさに私たちが発見してきたことと同じです。叡智の衝動はすべてが同様に知的であり、心を絶え間なく体に投影しているのです。

イギリスの神経学者ジョン・ローバーは、水頭症患者の検査を専門としていました。水頭症患者の頭蓋内には、脳組織の代わりに脳脊髄液が詰まっています。この状態は「脳の上の水」とよく呼ばれますが、一般的にかなり危険であり、また深刻な精神的障害を招きます。

ところが、ローバーの患者のひとりは数学を専攻する才能ある大学生で、ＩＱは130

近くありました。彼の頭が大きすぎると考えた主治医によって紹介されてきたのですが、脳をスキャンしてみると、通常4・5ミリの厚さがある大脳皮質が、彼の場合たったの1ミリしかないことがわかりました。言い換えれば、思考したり記憶したり、また大脳皮質に集中している他のすべての高次機能のために必要なニューロンの約98％が液体に取って代わられていたのです。残り2％しか正常な大脳皮質がないわけで、この男性は生理学的にはラシュリーの実験マウスと同じ状態にありました。しかし非常に有能であり、実際あらゆる点において彼は正常か平均以上の能力がありました。

私たちは、根源的な現実としての叡智という静寂の場にだんだん近づいてきています。しかしここでまた、静寂の心にはまったくなにも含まれていないように見えるという問題が起こるのです。百年ほど前にも、似たようなジレンマがありました。心理学と呼ばれる新しい科学が生まれようとしていましたが、壁にぶつかっていたのです。というのも、科学として認められるためには、心理学は研究対象を必要としたからです。誰もが精神を持っていることは明らかでしたが、それを見たり触ったりしたことのある人がいなかったのです。精神についての最も基本的な疑問は、何世紀にもわたって未解決のままでした。精神とは、魂なのか、心なのか、性格なのか、もしくはそのすべてなのか？　こうした問題が解決するまで、心理学の最初の実験を行うことができる人は誰もいませんでした。

転機はハーバードの優秀な哲学者で、医学の学位も持つウィリアム・ジェイムズが、心理学には適切な研究対象がある、もっと厳密に言えば、何千という対象があると断言したときに訪れました。その対象とは、心の中で渦巻く、思考、感情、欲求、印象といったすべてのことでした。ジェイムズはこれを「意識の流れ」と呼びました。プラトンに遡る心理学以前の学者たちが認めてきたような精神的な本質もしくは魂があったとしても、科学はそれを見つけることはできませんでした。ジェイムズは、そのような目に見えない本質が存在しないとは言いませんでしたが、それを科学的に実験する方法がないことはわかっていました。

ジェイムズは、心の中を通過するもの（思考）を除いて、心の中には確かなものはなにもないとして、純粋に実際的な理由から、意識の流れを主張しました。人がいつも考えたり、夢を見たりしているとしたら（夢を見ない深い眠りのときに精神的にどんなことが行われているかは解明されていませんが）、心の現実とは、思考と夢の連続した流れに過ぎないはずです。ジェイムズは非常に鋭敏な観察者でした。自分の頭の中で見るデータを基に（フロイトが行ったように、そのデータを夢や無意識の動機という領域へと広げるのです）、心理学という分野を創設したことを考えれば、鋭敏な観察者だったに違いありません。しかしジェイムズは、心の小さな側面を見落としました。まったく取るに足らないもののように見えたのかもしれません。それでも意識の流れは下流へと流れていくものだけから成っているわけではありません。どんな思考の間にも、つかの間の静寂のギャップ（隙間、隔たり）があるのです。

その隙間は非常に小さく、ほとんど気づかれないぐらいのものですが、つねにそこにあり、絶対的に必要なものなのです。それなくしては、私たちは次のような感じに思考することになるでしょう。「私はこのランチとデザートが好きだけど私が食べすぎたらああそこにシドがいる私は必要どこに私の財布が……」などなど。思考と思考の間の静寂の隙間には実体がなく、心の内容もしくは脳の構造を完全に志向する現代の心理学においてもなんの役割も果たしていません。しかし、もし思考の背後になにがあるのか興味があるなら、その隙間が中心的な役割を果たしていることがわかります。ほんの一瞬一瞬に、私たちは別世界を垣間見ることが許されています。その世界とは、私たちの内側にありますが、不明瞭で手が届かない世界です。古代インドのウパニシャッドの中にこれを美しく表現した詩があります。「人間とは、桜の木にとまっている2羽の鳩のようなもの。1羽は実を食べており、もう1羽は静かに見ている」。静かに見ている鳩は、誰の中にもあるこうした深い静寂を表しています。なんでもないもののように見えますが、実は、この静寂こそが叡智の起源なのです。

叡智で興味深い点とは、それが一方通行の矢のようなものだということです。分子をかたち作るのに叡智を用いることはできますが、分子を見ても、その叡智を取り出すことはできません。詩人キーツの美しいソネット『眠りに寄す』は、「静けき真夜中を香気で満たす眠りよ！」という心に残る書き出しで始まっていますが、もしキーツがこれを書いている間に脳波を測定していたなら、その値は独特のパターンを示したことでしょう。しかしこうした脳波をどれほど検査しても、詩の1行も生み出されることはありません。

同様に私たちの分子のすべては叡智とつながっており、分子の行動のすべてに影響していますが、分子を見ることによって叡智を見ることはできません。DNAがそのよい例です。各細胞の核の中にあるDNAはつねに、自由に浮遊する有機分子の渦に浸かっています。有機分子は物質的な体を作る基本ブロックのようなもので、DNAは活性化したければいつでもこうした化学物質をひきつけ、それらを用いて新しいDNAを形成するのです。これは細胞分裂の根本的な部分です。DNAの2本の鎖はファスナーのように真ん中で半分に割れ、それぞれが適切な分子をひきつけて、新しい完全なDNAとなるのです。DNAの周囲で目的もなく渦巻いている分子の溶液は、DNAが結合するための「文字」を提供します。アデニン、チミン、シトシン、グアニンを表すA、T、C、Gの4文字です。DNAは、この4文字から無限に組み合わせを作ります。その中には短いもの（基本的なアミノ酸をコード化するには3文字が必要です）もあれば、DNAから遠く離れて巻きひげのようにたなびくポリペプチドの鎖のように、非常に長いものもあります。

DNAは、化学的に「言いたい」ことひとつひとつのためにどのような情報を選び、またどうやってそれを調和させるかを正確に知っています。DNAは、自分自身を作ることに加えてＲＮＡ（リボ核酸）の作り方も知っています。ＲＮＡとは、ＤＮＡの一卵性双生児のようなもので、対の片割れのより活動的なほうです。ＲＮＡの使命は、ＤＮＡから離れてタンパク質を作ることです。ＲＮＡの作るタンパク質は２００万個以上にもなり、それが実際に体を作ったり修復したりするのです。ＲＮＡは、ＤＮＡが静かな叡智であるのに比べ、活動的な叡智なのです。

ＤＮＡは、機械的な記憶によって働いているわけではありません。自由自在に新しい化学物質を作り出すことができるのです（これまでにかかったことのないような型のインフルエンザにかかった後で得られる新しい抗体など）。それがどのように行われるのかは厳密にはわかってはいません。しかし分子生物学者は、さまざまな遺伝の言葉、つまりゲノムと隔てるスペーサーを見つけてはいます。また、複雑なコード化、自己修復、そしてＲＮＡの生成を行うために使われるのは、ＤＮＡの中の遺伝物質のたった1％であり、残りの99％は科学では説明できないことに使われているということは、すでによく知られた事実です。

この不可解な静寂は、人間はその叡智のすべてを使っているわけではないと信じる人々の好奇心を大いに刺激しました。ウィリアム・ジェイムズは、私たちは叡智の5％しか使っておらず（彼の意味するところは精神的容量についてです）、アインシュタインでさえせいぜい15～20％だろうと大胆にも考えました。この割合から、どのようにして利用可能なＤＮＡにつながるのかはわかっていませんが、ＤＮＡは静寂の保存スペースに大量の語彙を蓄えていると言うことができるでしょう。ある遺伝学者の計算によると、ひとつの細胞内で作られる分子の「言葉」を英語に訳したら、何千冊もの本になるといいます。それが、私たちがなんとか理解することができるようになった、活動する1％分に当たるわけです。組み換えDNA（DNA鎖の連続を出たり入ったりすることのできる遺伝物質）の発見のおかげで、潜在的な語彙は、私たちが思うよりもはるかに膨大なものなのかもしれません。DNA上でコード化された「文字」の組み合わせは、バクテリアやカビからあらゆる植物、昆虫、哺乳類そして人間に至るまで、地球上のあらゆる生命形態を創造するのに十分な数にのぼっています。

有機体が複雑になればなるほど、DNAの割合も大きくなると考えられるかもしれませんが、実際ユリは人間の100倍のDNAを持っています。遺伝子の数を数えることはあまり意味がないのです。人間のDNAとチンパンジーもしくはゴリラのDNAとの違いは約1・1％です。これは驚くほど小さな相違であり、非常に疑わしいものでもあります。ジャングルの霊長類とホモサピエンスとの構造的な違いや、私たちの非常に優れた脳がこんな小さな差異の中に詰め込まれているということがありうるでしょうか？　ダーウィンの唯物論への信念を受け継いだ進化論者たちは、それは可能であると主張します。しかし遺伝子の数はあまり重要ではないことに気づけば、その論点も曖昧なものになります。2種類のショウジョウバエ同士は、人間とチンパンジーの関係よりもずっと近い関係にありますが、そのＤＮＡの差異は、人間とチンパンジーの差異よりもずっと大きなものなのです。

私たちの内なる静寂が活動的で知的であるということを示すもうひとつの方法は、機械と比較することです。コンピュータで問題解決をはかるとき、互いに隔てられた電気衝動を使い、1と0でコード化された一連の複雑なデータを形成します。このおかげでコンピュータは、情報に分解できる問題ならどんなものも扱えるようになります。どんな英語のメッセージもモールス信号の短点（ドット）と長点（ダッシュ）に分解されるように、あらゆる情報は1と0にコード化できるからです。人間の脳もまた、機械的にコード化された情報を利用しますが、情報と情報の間の隙間はただ空っぽなだけではありません。そこは、いつでも望むときに心が回転するための中心軸になっているのです。言い換えれば、コンピュータは無から成る有限の隙間があり、私たちには叡智で満ちた無限の隙間があるということです。

私たちはその隙間からなんでも引き出すことができます。モーツァルトは自身の経験を語っていますが、1音1音引き出すのではなく、オーケストラのすべての楽譜が、すでに作曲され、編曲もされた完全なかたちで交響曲をまるごと一度に引き出しました。数学も、音楽のように、多くの謎を秘めています。シャクンタラー・デヴィというインド人女性は、13桁の2つの数字を暗算で掛け合わせ、23桁の答えを26秒で出しました（その数字

7,686,369,774,870×2,465,099,745,779＝18,947,668,177,995,426,773,730を声に出して読むだけでも、26秒以上かかります)。

コンピュータに2＋2という計算をさせると、正しい答えか、間違っている答えか、どちらかを出します。もし5歳児に同じ計算をさせるなら、算数的な答えを出すかもしれませんが、「バニラアイスがほしい」と言う可能性もあります。その場合、その子が退屈していることがわかります。疲れて計算できないのかもしれません。よって、その子どもの反応は計算間違いだと言うのは正しくありません。彼の心をコントロールすることができないというだけのことです。人間が世界と関わるときに示しうる、あらゆる反応を含むようなプログラムを考えることはできないのです。

私にとってこうしたすべてが意味することは、日常の経験とはいかに複雑なものか、そしてそれを説明しようとする科学的なひな型がいかに生命からかけ離れているかということを証明しているということです。脳はコンピュータであり、時空内で安定して存在し、いくつかの機能に限定され、柔軟性にも制約がある、というかつての見解は筋がとおっていません。ノーベル賞受賞者である神経科学者ジェラルド・エデルマン博士は、脳とは物体ではなくプロセスのようなものであり、このプロセスは絶えず変化し続けていると指摘しています。例えば、記憶は脳の左右両側にある海馬《かいば》と呼ばれる小さな「ハードウェア」に依拠しているのは事実であり、もし両方の海馬が（血液が流れなくなったり、病気などによって）損傷を受けた場合、思い出す能力が破壊されます。

しかしこの身体的限界の中で、人間の脳は、構造的にも内容的にもひとりひとり独自のものとなっています。ニューロンのつながり方が同じ人は2人といませんし、誰もが生まれた瞬間からずっとつねに新しいつながりを増やし続け、自分と他人をまったく異なるものにする記憶を生じさせているのです（つながりは、身体的である必要はありません。脳内で点滅するように現れる信号は、常時パターンを形成しており、それを新しいパターンに作り変えているのです）。

エデルマンは、記憶をそっくりそのままに繰り返す人はいないと考えます。見慣れた顔を思い出すときでも、どこかが異なるものです。顔そのものでなかったとしても、その顔を思い出すことになった背景が、楽しいものだったり悲しいものだったりするといった具合にです。記憶はそんなとき、創造的な行為になります。記憶は新しいイメージと新しい脳を同時に創り出すのです。エデルマンは、人生におけるどんな経験も、脳の組織を変化させるという理論を立てています。従って、海馬は記憶の宿る場所であると言うことは全面的に正しいわけではありません。例えばスイセン畑を初めて見た日など、ひとつの記憶が大脳皮質で揺らめきながら移動して行き、あちこち他の記憶に触れつつ、新しい解釈に移行し、思い出す必要があるときはいつも再構築されなくてはならないのです。コンピュータとは異なり、私たちは思い出したり、考え直したり、心変わりしたりします。宇宙が創られたのは一度ですが、私たちは思考するたびに自分を創り直しているのです。

つまりあらゆるものは、あなたがどれほどうまく静寂を構築するかにかかっているのです。愛や憎しみ、病気や健康など、人生の表面で経験できることがなんであれ、より深いレベルから湧き起こり、泡のように上に浮き上がってくるものです。その泡をひとつずつつぶそうとすることもできますが、泡は底から尽きることなく浮いてきます。もし私たちが叡智の領域を進んで行きたいなら、その非常に奥深いところまで知っていなくてはなりません。そこには私たちの内側の沈黙の目撃者が待っています。内なる静けさを読み解き、その秘められた場所を使いこなすことが、私たちの次なるステップなのです。

Expanding the topic

さらなる考察

医療を実践する免許は医師だけに与えられています。しかしアーユルヴェーダの実践は、体系的なものであることを求めさえしなければ誰にでもできるのです。アーユルヴェーダという「生命の科学」は、苦楽、好き嫌い、快不快といった日々の経験に関わるものです。前章で紹介されている「クオリア」という言葉にもう一度戻ってみましょう。クオリアは、経験の質を意味します。痛みという、誰もが経験したくないと思っているクオリアについて考えてください。高齢者の脊椎のエックス線写真を撮ると、椎骨間のクッションとなる椎間板《ついかんばん》に狭窄が見られるでしょう。しかし腰痛を経験する高齢者は、ごく一部の人々だけなのです。

言うまでもなく、痛みのない人々は医学的な治療を受けるべきではありません。激しい痛みや急性の痛みを訴える患者はすぐに治療を受けるべきですが、自然に消えていく断続的な痛みを抱えるほとんどの人は、その中間に位置します。痛みは非常に個人的なものとしてとらえるべきなのです。

アーユルヴェーダは、あらゆる状況に対して個人に合わせたアプローチをします。患者の個人的な不快度合を尋ねることによって、次のいずれかの診断を下すことができます。

1 不均衡な状態は存在しない。その人は健康である

2 不均衡の初期の兆候がある。その人はシステムにバランスを取り戻すために生活習慣を変える必要がある

3 不均衡な状態が身体的症状を示す段階にまで到達している。医学的検査が必要である

4 症状がひどいため、慢性病が始まっており、極端な場合には差し迫った死亡の可能性もある。精密検査が必要である

1980年代半ばには、病気をこのようにとらえる手法はなんと賢明かつ自然なことであるだろうかと私は感銘を受けました。このことが、本書を書く大きな動機となったのです。医大で学ぶような体に関する知識を持つよう人々に求めるのは理不尽なことです。しかし自分の経験を理解するよう求めることは、理不尽なことではありません。そうしなくては生きていくことはできないのです。

最近ある70代の男性の肩こりが、年齢とともにかなりひどくなってきたケースについて聞きました。関節炎になりかけていると思われたので、主治医がエックス線撮影を行ったところ、関節をスムーズに動かす滑らかな膜が摩耗していることから腱板が乾燥して穴が空いていたのです。医師は、こうした劣化が回復することはなく、悪化する一方であると

Expanding the topic

説明し、すぐに置換手術を受けることを勧めました。高齢者が肩、腰、膝を一度痛めてしまうと、たいていこうした措置が取られるものなのです。

「それより理学療法を受けたらどうなのでしょう？」と患者は尋ねました。

その医師は経験豊かな整形外科医でしたが、肩をすくめました。理学療法は、短期的な緩和にはなるけれど、いずれ置換手術となるのは確実で、おそらくすぐにそういうことになるかもしれないということでした。

その男性はセカンド・オピニオンを求めましたが、やはり同様の診断でした。しかし心の中のなにかが大手術で受けるであろう精神的な傷を拒み、理学療法を受けることに決めたのでした。それから7年経った今日、痛みは断続的に続いています。悪化はしておらず、また彼自身、車の運転など普通のことをするには十分な程度には肩を動かせると感じています。定期的なエックス線撮影のために整形外科に行くこともしていないので、潜在的な関節炎の状態が悪化しているかどうもわかりません。しかし今のところは問題ではありません。患者の生活の質が低下していないかどうか、それがいちばん大切なのです。

アーユルヴェーダは個人の経験に基づいたものであるため、独特な存在となっています。つまりクオリアの医学なのです。アーユルヴェーダに出会ったばかりの人にとって、その診断能力は不思議なものに思えるかもしれません。最も基本的な診断は体質診断、もしくはさらに正確に言えば個人のプラクリティ（全身体的要素）で、これは生まれながらに優勢な根源的クオリアを決定するものです。そのうちのひとつがヴァータで、風と関連づけられています。ヴァータが強い人と会えば、一目でこう言えるでしょう。「あなたは生活が不規則ではないでしょうか？　食事の時間になっても空腹ではないことが多く、規則的に睡眠をとることを困難に感じ、しばしば夜中に目を覚まします。ストレスがあると不安になったりイライラしたりします。でも明るい気質で、断続的な原因不明の痛みや苦しみがあったとしても憂鬱になったりはしません」

このすべての気質があてはまるような純粋なヴァータ体質の人はそれほど多くはありませんが、時に驚くほどぴったりあてはまるときもあります（アーユルヴェーダの診断は、ただ患者と会うだけではなく、いくつもの手順をふんで行われるものであることを強調しておかなければなりません）。欧米風の表現での説明を求めるのは、時にかなり難しいことです。なぜならアーユルヴェーダが基づいているクオリアは完全に非医学的だからです。ヴァータ（風）に加え、ピッタ（火）とカパ（水と地）があり、中でも最も不思議なものとしてアカシャ（空）というものもあります。こうした特質が何百とおりものかたちで相互に影響を及ぼし合ったり、バランスを崩したりし、その組み合わせによって診断も非常に洗練された体系となっています。

欧米で学んだ医師もクオリアに頼ります。なぜなら治療とはつねに、患者がどう感じているかというところから始まるからです。しかし、そこから道は2つに分かれます。西洋のアロパシー医学（逆症療法医学）は、本質的にクオリアを置き去りにし、客観的で科学的正確さを持つ根本原因を探します。アーユルヴェーダは、クオリアの途《みち》をたどり続け、そのバランスを元に戻すことを求めます。そして混乱と困難の不要な源がここに生じるわけです。

「生命の科学」であるアーユルヴェーダは、生活の方法も規定します。例えば食生活に関するアドバイスがあり、その内容は人によってさまざまです。例をあげると、ヴァータ体質には、必ずしも体によいものではない、他のタイプの人々にとっては害になるかもしれないような、重く、甘く脂っこい食べ物が合うといったようにです。バランスは動的なもので、日々変わっています。よって、アーユルヴェーダの生活様式で育った人（近代以前のインドで育ったことを意味します）は、つねに自分のクオリアを観察していることになるでしょう。これは、症状が表れるよりずっと以前にバランスを崩すとどう感じるかを正確に知るよう各人に求めるセルフケアの一形態なのです。

　現代人は、現代インド人も含めて体調が悪くなると病院へ行くため、どの時点までに症状がすでに表れているのか混乱が生じています。現代人は、先に述べたようなバランスを崩した状態である第二もしくは第三段階にあります。容易に治療ができる不均衡の兆候を何年間も放置した後の時点では、アーユルヴェーダは西洋医学と比べると無力かもしれません。それはまるで、24万キロを走った後で車を初めて調整するようなものです。

本書が書かれた当初、私はつねに、「自動車事故に遭ったら薬草では助からないよ」といった敵意ある言葉とともに、他の医師たちからの懐疑的な態度に直面することになりました。今日では、もうさほど懐疑的な態度に会うこともありませんが、それでも個人の生活の質に基づいたクオリア医学はアーユルヴェーダの再現にはなりえません。知識は進化します。そして私たちも、科学からの知識と、数世紀にわたる人類の経験からの知識が身についていくものなのです。

クオリア医学とアーユルヴェーダは互いに対立する必要はありません。統合医学という分野が拡大していく中、医師はその両方を用いるのです。例えば患者の大多数は医者にかかることを求めます。なぜなら風邪や頭痛、不眠、もしくは不安やうつに悩まされるからです。こうした特有の症状は、たいていは現代的生活による軽度の副作用として蔓延しています。またヴァータがたまたま乱れているせいだったりもします。もし医師がヴァータの乱れについての知識があれば、最も一般的な不調を治すのにもっと多くのツールを自在に扱えるでしょう。しかし、だからといって、医師も患者も望んでいるなら、通常の薬が締め出されることにはならないでしょう。

こうした選択は、科学への盲信や画一的な信念に基づくべきではありません。統合医学の本質は、標準的な医療行為に取って代わるものを見つけることではないのです。その核は、患者の生活の質に基づいた医療ケアを個人向けにすることです。医大生が皆、授業初

Expanding the topic

日にこの原則について教えられないということは非常に残念なことです。

本書では、欧米人の考え方にとって有効なアーユルヴェーダ理論を提示しました。読者の皆さんが「でも私はなにをすればよいのでしょう？」という疑問を持たれるだろうと思い、私は『パーフェクト・ヘルス』（きこ書房）というアーユルヴェーダの生活様式に関する実用書も書きました。そのタイトルは決して誇張ではありません。あらゆる健康な細胞は「パーフェクト・ヘルス」、つまり完璧な健康の中に存在するのです。私たちの細胞にダメージを与え始める不均衡を生むのは、長年にわたる私たちの個人的な選択なのです。従って、完璧な健康を起点として置くことは医学的に理にかなっているのです。

目下のところ、私はアーユルヴェーダとアーユルヴェーダの生活様式にしっかりと基づいた統合医療を行っています。やや残念ではありますが、私がインド人であることで、その医療が患者にとってより容易に受け入れられているということを私は認識しています。こうした先入観のために、私はアーユルヴェーダについてよりも、クオリアについてより多くを語るようになったわけです。平均的な人にとってアーユルヴェーダは限られた範囲のものであり、エキゾチックで専門的な興味の対象です。しかし誰もが人生のクオリアには興味を持っています。クオリアに基づくセルフケアは最高の結果をもたらします。なぜなら流れ全体を非常に個人的なものにするからです。何千年にもわたる叡智が背景に存在するという事実は、最善のウェルビーイングを達成しようとするもうひとつの理由なのです。

9 ギャップという神秘

1983年、右の乳房に悪性腫瘍があると診断された患者が私の診察を受けにやって来ました。個人的な理由から、放射線治療、抗がん剤、ホルモン療法を含む従来どおりの治療法は一切拒んでいました。彼女が言うには、腫瘍はかなり大きいけれども腕の下のリンパ節には広がっていないとのことでした。

「診察してみましょう」。私が言うと、彼女は拒みました。

「先に申し上げておきますが、ほとんどのお医者さんが、腫瘍のあまりの大きさにおそれおののくのですよ。私はいつも、お医者さんには触れていただかないようにしています。なぜなら、先生方の目に浮かぶ恐怖で私は怖くなってしまうのです。それ以外のときには私におそれはありません。信じてもらえないかもしれませんが、私は自分が危険な状態にあると感じたことがないのです。でも、お医者さんの目に浮かぶ恐怖を見ると動揺します。『手術をしないだなんて、よくもまあそんなひどいことがご主人に対してできますね』とさえ言われるのですよ」。彼女は言いました。

「女医さんならもっと理解があるかもしれないと思いました。でも、ある女性医師の元を訪れたとき、その先生はこれまで診察をしてもらったどの先生よりも怖がりました。そしてこう言ったのです。『もし手術を受けないのなら、なぜ私のところに来たのですか？』。だから私は言ったのです。『経過観察をしてほしいのです。この5年間で少しずつ大きくなってきたので、今後の様子を診てほしいのです』。すると、震えださんばかりになって立ち上がり、こう言ったのです。『もし手術を受けたいのでなければ、もう二度と来ないでください。こんなのを見るのは耐えられません』と」

私はどう答えればよいか、わかりませんでした。乳がんと診断された女性のほぼ半数は、腫瘍が乳房に限られています。一般的な治療は、乳房もしくは腫瘍を取り除き、その箇所に放射線を照射して残っているがん細胞を殺すというものです。どちらの場合もそれ以上の追跡治療をしなくても、70％の患者はその後3年間は再発することもありません。化学療法には弱いものからかなり強いものまでありますが、長期生存者の割合を90％にまでひきあげることができます。この女性は、患者にとってこれほど有利な可能性を拒絶することに決めたわけです。もっとも、医師の治療を無視して生き延びる例は彼女が最初ではありませんが。

彼女は診察台に横たわり、私は腫瘍を見てみました。そして、なぜそれまでの医師たちがショックを受けたか理由がわかりました。腫瘍は、彼女の胸の大部分に広がっていたのです。私は、ともすれば反応してしまいそうな自分をなんとか抑えました。私の目に恐怖が浮かばなかったことを願います。私は座り、考えながら彼女の手を取り、優しく言いました。「そうですね。危険な状態ではないと思います。あなたは危険を感じたことはないとおっしゃいましたが、私にはそれだけで十分です。でもこの腫瘍は邪魔ですね。この腫瘍があることで、もっとすばらしい人生が生きられるのにそれを否定していることになるのですよ。手術をして、そのやっかいものを取り除いてはいかがでしょう?」

どうやら、私の言葉は彼女にまったく新しい視点を与えることになったようです。彼女は、腫瘍をそのままにしておいてもなんの利益もないことにすぐに同意し、私は共感してくれそうな外科医を紹介しました。

帰り際に彼女が穏やかに言った言葉は、今でも私の耳にこだましています。「私は自分と腫瘍を同じものだとは思っていません。私のほうがずっと意味のある存在です。他の部分と同じように、この腫瘍もやって来て、また去って行くのです。でも私の内面が、本当に影響を受けることはありません」。診察室を出るとき、彼女はとても幸せそうに見えました。

私は、この女性の言うことは道理にかなっていると感じました。医師の目に浮かぶ恐怖は、おそろしい衝撃的な宣告となります。もし私が彼女の立場にあったら、回復の見込みを信じることはできなかったでしょう。私の脳から発せられる衝動は、「私は絶対に回復する」ではなく、「私はたぶん回復するだろうと言われた」と言うでしょう。そしてこの

2つはまったく別物なのです。

医師が患者を見て「あなたは乳がんです。でもきっとよくなりますよ」と言うとき、その医師が本当に意味することはなんでしょう？　その答えは、決して明確なものではありません。極端な場合、医師の励ましの言葉が信頼に足るものならば、患者の容体に影響を与えることができます。逆に極端な場合には、医師がこの患者は決して治らないと思っているなら、声に表れるなにかがそのメッセージを伝えてしまい、そこから破滅的な混乱が始まります。

最近では、医師の意見のネガティブな影響を表すのに、「プラシーボ」(placebo) という言葉を反転させた「ノシーボ」(nocebo) という新しい言葉が使われるようになりました。プラシーボでは、偽薬を与え、この薬は効くと医師に言われたという理由で患者が好ましい反応をします。ノシーボでは、効果のある薬を与えても、医師がその薬は効かないだろうという態度を示すので、患者が反応を示さないのです。

もし完全に唯物論的な見方をするなら、この女性が以前拒否した手術と、今回同意している手術の間にはなんの違いもないように見えます。しかし以前は手術を暴力的なものであるととらえていたのに対し、今では治療と見なしているのです。患者がどんな治療を受けるにせよ、それを暴力と見なしていたら、体はネガティブな感情とそれに関連した化学物質で満ちあふれます。ネガティブな状態だと、治癒能力は大きく損なわれることは十分に立証されているのです。例えば、うつ病の人々は免疫反応が低下するだけでなく、DNAの自己修復能力さえ弱まってしまいます。よって先ほどの患者が、自身の感情が先に進むことを容認するまで待っていたのは理にかなっていたと私は思うのです。

このケースによって、人間には、頭と心という2つの行動中枢がつねに存在するということを私は思い出します。医学的統計は頭に訴えますが、心は沈黙したままです。近年では、代替医療において心に回帰するアプローチが広く受け入れられるようになりました。それは愛情と気にかけることにより治癒させる方法です。こうした要素がなかったら、ノシーボ効果は暴走しかねません。というのも現代の病院の環境は、ノシーボ効果が非常に強いからです。集中治療室で突如として精神病の症状が表れることが時々ありますが、これは人を無味乾燥な狭い場所にとどめておくのがいかに不健全なことであるかを示しています（私の息子がまだ幼い頃、病院と刑務所に対して同じような強い関心を示しました。その元をたどれば、表すことのできない恐怖があるのです。車の中から、そのどちらかを目にすれば、息子は必ずこう尋ねました。「パパ、人はあそこで死ぬの？」）。

医療に心を取り戻す必要があると主張することにおける大きな欠点は、人の感情的な弱さを罰することになることです。感情は非常に脆《もろ》いところがあり、苦しみや、単に人生そのものによって硬化してしまったりします。ホリスティック・ヒーリングに関する本には、病気の人は、その病気を「必要」としていると書かれていることがよくあります。主流派の精神医学においては、慢性病は自己懲罰、復讐《ふくしゅう》、もしくは深刻な無価値感を象徴的に表すことがありえるとされています。私はこうした洞察に異議を唱えはしませんが、治癒のプロセスに役立つというよりは害になるかもしれないということは言っておきます。どんな人にとっても、自分の感情が誤りやすいという点に直面することは、最良のときであってもつらいものです。それを病気のときに改めるなどということが本当に期待できるのでしょうか？

もっと深い問題とは、「どんなもの」でも、プラシーボとして機能したり、ノシーボとして機能したりするということです。害になったりためになったりするのは、偽薬でも、ベッドの横に立つ医師の態度でも、また病院の消毒の匂いでもありません。すべては患者の解釈次第なのです。従って、本当の闘いは頭と心の間に起きるものではありません。もっと深く、静寂の領域にある何かが、現実についての私たちの見方を創造するのです。

私たちのほとんどが自分というものについて抱く基本的な理解は、思考や感情から生まれています。そしてそれはごく自然なことのように思われます。しかし私たちは静寂の場についても、またそれが私たちをどのようにコントロールしているのかについても、ほとんど知りません。頭と心だけで人はできているわけではないのです。つねに思考で満ちている意識の流れは、静寂を隠しておくための衝立《ついたて》のような役割を果たしています。物理的な体という確固たる外観は、もうひとつの衝立です。私たちの中をつねにあちこち移動している分子を見ることも、ましてや分子の設計図も見ることができないからです。そしてここで私たちが変えたいと思っているのは、その設計図なのです。

現実を生み出す青写真（計画）というのは重要な概念です。それぞれの叡智の衝動が、ひとつの思考もしくはひとつの分子を生み出し、それは次の衝動が生じるまでの間、相対的な世界、つまり感覚の世界にとどまります。その意味において、あらゆる思考が生み出された時点においては未来のかけらのようなもので、経験されているときは現在のかけら、消えてしまった後には過去のかけらなのです。それぞれの衝動が健全である限り、未来は未知のものではなく、現在から少しずつ時間を追って自然に流れるものです（日々を精一杯生きている人々は、年をとってもなぜ精神的能力が衰えずに保持できるのかという理由はここにあります。叡智の流れが涸《か》れることは決してないのです）。

境界線の上は思考の流れで、少なくとも目覚めている間は止まることがありません。思考と思考は果てしなくつながっていきます。私たちの正常な経験は、この継続する出来事の範囲内にあって水平軸は無限に続くかもしれませんが、垂直軸はかなり狭いものとなっています。心にあるものだけに耳を傾け、その源に触れることなく人生を過ごすことは可能です。しかし心は源に触れることによって、叡智の模様を生み出しているのです。こうした模様は、最初はただの青写真に過ぎません。しかしそこに書かれていることはなんで

思考A ⇨　B ⇨　C ⇨　D ⇨　etc.

―――――― 量子的な体 ――――――

叡智

あれ保存され、そしてそれが現実についての私たちの考えや信念をかたち作るのです。

しかしながら、叡智の場はよくも悪くも変化にきわめて敏感です。2年前、私は乳がん治療のためにランカスターにやって来た30代の女性を診察しました。病状はきわめて深刻で、悪性腫瘍は体中の骨髄に転移しており、そのため四六時中骨に痛みがありました。デンバーの自宅で主治医から通常の、しかもかなり強い放射線治療と化学療法を受けた後、アーユルヴェーダ治療を受けるためにボストンにやって来たのでした。彼女の反応は非常によく、1週間の入院を経て、骨の痛みは消えました。がんがよくなる保証が得られたわけではありませんが、彼女は希望もあらたに、楽観的な気分になって帰宅しました。残念なことに、体調が改善されたと主治医に報告すると、医師は、症状を緩和するような従来どおりの治療法をなんら受けていないのだから、ただの気のせいに過ぎないと告げました。1日も経たないうちに、また骨の痛みが戻ってきました。ややパニック気味になりながら、私に電話をかけてきて、すぐにボストンに向かってもよいかどうか尋ねました。彼女はすぐにやって来て、幸いにも1週間後には骨の痛みが再び治まりました。

この主治医は、患者を意図的に悪化させようとしたわけではなく、自分の診断に現実的でありたかったのだとは思いますが、彼女に対して残酷な過ちを犯しました。医師は、「頭の中」にあるものは現実ではないと、もしくは少なくともがんという現実に劣るものであると思い込んでいたのです。科学的手法の訓練を受け、さまざまな悪性腫瘍が最終的にどのようになるかということを知っており、予期せぬ結果を見たとき、予測できる範囲内にそれを押し戻そうとしたわけです。医師というものは患者を予測可能な結果に押し込むものです。というのも、医科大学での訓練はもっぱら水平軸に焦点を当てているからです。

原因と結果のつながりをどんどん強くしていくことこそ、医学の研究の背後にある動機のすべてなのです。私たちの曽祖父《そうそふ》の世代の人々は、細菌が存在することは漠然と知っていました。今や私たちは、何千というウイルスやバクテリアや、最も小さなアミノ酸グループ以下のものまで詳細に調べることができます。残念ながら、だからといって、現実のより深いところへと導いてくれるかもしれない垂直軸方向の旅への扉が開くわけではありません。

最近「一度脳腫瘍にかかったことがある」と問診票に書いた患者がいました。私がその患者にどういうことかを尋ねると、こんな話をしてくれました。5年ほど前にミシガンに住んでいた頃、突然目まいに襲われるようになりました。急激に悪化していき、数週間で吐いたり、物が二重に見えたりするようになり、バランスや運動協調性がどんどん失われていきました。病院へ行って脳のCTスキャンを受けたところ、前脳にレモンより大きいぐらいの影があると告げられ、医師たちの意見によると、脳腫瘍ではないかということでした。腫瘍からとった組織を検査して、それが本当に致命的で急速に大きくなっているがんだということがわかったのです。

腫瘍は非常に大きくて位置も微妙なところだったので、手術不能だと考えられました。医師たちは高線量の放射線治療と高用量の化学療法を勧め、それを受けなければ余命は半年だろうと告げました。治療は現在の症状とほとんど変わらないようなひどい副作用を伴い、吐き気、頭痛、皮膚炎といった不快な症状は確実に表れ、その他免疫系の衰弱などは将来的に他のがんにかかりやすい傾向があるという意味で命がけになるだろうということでした。また、不安とうつ状態に苦しめられることはほぼ間違いなく、それは長く続く場合もあり、腫瘍を小さくするための最大限の治療をしても全快する可能性は小さく、それでもなにもしないよりはましだということでした。

統計的には根拠があるものの、その患者はこの論法を受け入れることはできませんでした。彼はカリフォルニアに引っ越し、ある瞑想グループに参加し、一連の食事療法や精神療法、運動、イメージ法を行いました。また、自分の病状に対して全面的にポジティブな態度を取るよう自ら奮い立たせました。何千人というがん患者が（概して最高レベルの教育を受けた人々ですが）こうした手段に頼っているのです。従来の医学は、こうしたもののことを偽の希望を買おうとする行為として見ています。しかしこの患者の場合、回復し始め、半年も経たないうちに症状はほとんどすべて消えたのです。希望を抱きつつも不安な気持ちでミシガンに戻り、再びCTスキャンを撮りました。今回はがんの痕跡が見つからず、これまでがんが存在していたという兆候もありませんでした。

これに対して主治医は、これまでにこのような回復は聞いたこともないため、彼のがんは治ったわけではないと告げました。実際、医師たちは最初のCTスキャンが彼のものではなく他の患者のものだったと言い、誤りを謝罪したものの、それ以後は彼の件に関わることを否認したのです。その患者は症状が消えたことに大いに安心し、また自分の名前と社会保険番号が記載された元々のCTスキャンが彼のものであったと信じています。私がその病院に連絡を取り、彼の記録を請求したところ、彼はそこで一度もがん治療を受けたことはなく、他の脳腫瘍患者と間違えられていたと知らされました。

私が思うに、その病院の医師たちは、たとえエックス線検査や生検という結果があっても、経験から言って不可能であるというただそれだけの理由から、自然寛解が起こったことを受け入れることはできなかったのでしょう。洗脳の力を過小評価すべきではありません。医学教育は高度に技術的で専門的そして精密なものですが、人間の他の行動と同じように、経験を収集し、その経験を使って説明とパターンをかたち作りました。そうしたパターンが今度はパターンを作る人間を教えるのに用いられ、ごく短期間のうちに法則になったのです。

興味深いことに、メニンガー・クリニックの創設者エルマー・グリーンとアリス・グリーンによって行われた400件のがんの自然寛解の研究によって、すべての患者にある共通点がひとつだけ見つかりました。それは自然寛解が起こる前に、前向きになったり、勇気を持てるようになったり、ポジティブになったりするための方法を見つけ、生きる姿勢が変わっているということです。言い換えれば、彼らは洗脳が解かれたのです（たとえ、医師たちが自分たちの洗脳を解いていないとしてもです）。この発見は、本来なら明白であるはずなのですが、それを曖昧なものにしている不可解な点があります。それは因果関係です。自然寛解は、心のありようが変わったために起こったのでしょうか？　もしくはそれとは併行して起こったのでしょうか？　この件については、おそらく因果関係が繊細すぎるために指摘することはできず、全体的な回復プロセスが心と体で同時に起きたのだと思われます。まさにがんをなくそうというとき、心身のシステムは、そうしたプロセスが進行中であることを知り、さらにポジティブな思考を生み出し始めているかもしれないのです。

どのように作用するにせよ、鍵は自発性にあると思われます。計画的な治療として、ポジティブな姿勢を自分に向けても、病気と闘う手段としての成功率は安定したものではありません。ポジティブな入力は、奥深くまで届かない傾向にあるのです。意識は、医学が思っているよりも体に広く行きわたっています。しかし意識が無視されたとしても、叡智の静寂の場はなにが起こっているのかわかっています。つまり賢いのです。その知識は障壁も衝立も越え、私たちが思うよりもずっと遠くまで到達しています。

例えば、外科医は何十年にもわたり、麻酔をした患者は意識がないため手術室で起こることから影響を受けることはないと考えてきました。ところが実際は、「意識のない」心は、手術中に発せられるすべての言葉を聞いているということが、手術後の患者に催眠をかけることによって発見されたのです。外科医が「病状が思ったよりも深刻だった」もしくは「治癒の見込みはない」といったことを声に出して言うと、患者はその悲観的な予言を行動に移し、回復しない傾向を示したのです。ノシーボという考え方を立証するようなこうした発見の結果、今では手術中にネガティブな発言をしないのが標準的な習慣となっています。実際、外科医の発言がポジティブであればあるほど、患者にもよりポジティブな結果が表れるのです。

この非常に感度が高くきわめて強力な叡智を、患者の治療に用いることができればさらによいでしょう。量子的な体の領域へと入っていくポイントは、結局は現代医学に頼って対処することになる症状が表面に現れるのを待つよりも、青写真そのものを書き換えることです。骨が痛んだ女性のケースは、より深い自己から離れた境界線の上で私たちを押しとどめている障壁は、つねに自分自身で作ったものであるということを思い出させてくれるきっかけとなりました。従って、いつでも修正することができるわけです。私たちはつねに叡智の模様を作り、それを通じてなにが現実であるのか見ています。痛みが見えるなら、痛みは存在し、痛みが見えないなら、痛みは消えるのです。

私たちは、より深い自己に気づけるようにできているのです。1850年代に近代的な手術が行われるようになって以来おそらくずっと、麻酔をかけられた患者たちはまわりでなにが起きているかわかっていたのです。叡智という静寂の場は、私たちの選択が及ばぬところにあり、それは何世代にもわたる文化的先入観を通じて強められてきました。新しい現実の認識が余儀なくされることが往々にしてあり、それによって物事が変化しうるのです。新しい叡智の模様が生まれ、そして深い変容が起こりますが、私たちがこれまでに論じてきたような心身の変容と本質的に異なるものではありません。

通常の現実とは、魔力のようなものです。私たちは当然のことと思っているような習慣や決まり事、規則に従って生きていかなくてはならないので、それは必要な魔力です。問題は、魔法をかけることができても解くことができないときに生じます。今まさにこの瞬間、日々の現実の下に潜って源までたどり着くことができるなら、すばらしい経験をすることになるでしょう。心理学者で、性格のポジティブな側面の研究における先駆者アブラハム・マズローは、より深い自己の経験について、次のような古典的記述をしています。「あらゆる疑念、あらゆる恐怖、あらゆる阻害、あらゆる緊張、あらゆる弱さが置き去りにされるとき、こうした瞬間は純粋に肯定的な幸福である。今や、自意識は失われた。世界からの分離も距離も消え去った……」

このような経験はめったにないことなので、マズローはこの瞬間を「至高体験」と名付けましたが、この至高体験には病気を治す力があるのです。この体験自体はほんの一瞬のことですが、病気を治す力はそれよりもずっと長く、数日もしくは数時間持続することもあります。マズローは、長期にわたりうつ病を患って何度も自殺をはかろうとした患者と、ひどい不安の発作に悩まされていた患者2人がともに、自然にそのような至高体験をした後で、たちまち完治したというケースの記録を残しています（どちらのケースも、至高体験をしたのはたった一度でした）。

マズローはまた、こうした至高体験を通して人が認識する生命との調和についても語っています。「彼らは世界とつながり、世界と融合し、世界を外から見るのでなく、世界と一体であると感じたのです（例えば、ひとりの被験者は『私は孤児ではなく、家族の一員のような感じがしました』と言いました）」

より深い現実が突然現れると、莫大なパワーもともに現れます。そのパワーは、ほんの少し味わっただけでも、人生を明白に価値あるものとするのです。マズローの患者は、この内なるパワーを通常の世界のまったく外側のなにかとしてとらえました。それはエネルギーや強さでもなく、才能や洞察でもなく、しかしそのすべての根底にあるもの、つまり生命のパワーの最も純粋なかたちなのです。ところがマズローの理解は肝心なところで行き詰まってしまいます。被験者に、実際に至高体験をさせることができなかったからです。それでもマズローは、通常の生活を超越するこうした出来事にすっかり魅了されました。このテーマについて書いたり思考したりするようになって数十年経った１９６１年、自分が観察してきたのは決して不可思議なことではなく、ごく普通の人生であったという結論に達したのです。

「私がこれまでに研究してきた少しばかりの不可思議な経験は、宗教や超自然的なビジョンと結びつけられていました。そして多くの科学者と同じように、私もそんなものは信じられないと鼻であしらい、幻覚かもしれずヒステリーかもしれないが、間違いなく病的なものであり、まったく馬鹿げたものであると考えていました。しかしそうした経験について私に話してくれた人々は、そのようなタイプの人間ではありませんでした。彼らは健康そのものだったのです！」

マズローは、こうした至高体験をする人は人口の１％に満たないということに気づいたため、これを偶然もしくは恩寵《おんちょう》の瞬間であると見なしました。私は、そうした至高体験はすべての人々の人生の根底にありながらも、なかなか見つけることのできない領域をちらりと垣間見ることだと思っています。それは、もし通常の現実を超越したいなら非常に深いところまで飛び込んでいくべきであることを示しています。私たちは、世界を創り変えてしまうような経験を探し求めているのです。

思考と思考の間を瞬時に過ぎていく静寂のギャップ（隙間、隔たり）を見つけることは比較的容易に思われますが、小さな隙間はあっという間の瞬きのようなものであるため、量子的な体への入り口にはなりません。量子的な体は、私たちと切り離されているわけではなく、私たちそのものなのです。しかし今この瞬間にそれを体験しているわけではありません。私たちはここに座り、考えたり、本を読んだり、話したり、呼吸したり、消化したりといったことをしていますが、すべては境界線の上の見える領域で起きていることです。

量子的な体とはどんなものかを理解するための、こんなたとえがあります。棒磁石を用意し、その上に紙を1枚のせてください。次に、紙の上に鉄の削《けず》り屑《くず》を軽く散らします。そこに表れるのは、磁石のN極とS極を結ぶ曲線パターンです。できあがったデザイン全体は、通常は目に見えない磁力線の地図を表します。鉄の粒子が自動的に結びついて、イメージを創ったわけです。

このたとえでは、あらゆる心身活動は紙の上で起きることであり、叡智の隠れた場は紙の下にあるということです。動き回る鉄の削り屑は心身の活動であり、叡智である磁場と自動的に同調します。叡智の場は目に見えず、なんらかの物質を動かすことによって存在を見せるまでは知られることもありません。それでは紙はなにを表すのでしょう？　それが量子的な体であり、その瞬間の叡智の模様がどのようなものかを正確に示す薄いスクリーンなのです。

この単純な比較には、あなたが最初に思っていた以上の意味があります。磁石と鉄を隔てる紙がなければ、両者は秩序ある方法で相互に作用することはできないのです。磁石を鉄の削り屑に直接近づけてみましょう。鉄くずは規則的な間隔をとった線を描くのではなく、磁石の表面にただまとまりなく付くだけです。紙が適切な位置に置かれていれば、磁場の様子を見られるだけでなく、磁石を回転させれば、創られた新しい磁場を映し出す鉄屑の動きを見ることもできるでしょう。もしもあなたが磁石の存在を知らなかったら、自力で動いているように見えるために鉄は生きていると断言するでしょう。しかし、生きているような様子を生み出しているのは、実は隠れた磁場なのです。

こうして心身が叡智の場と実際どのように関わっているのか、本当の姿を知ることができました。両者の間には隔たりがあるままですが、その境界は目に見えず、厚みもまったくありません。それはただの隙間であり隔たりに過ぎないのです。量子の次元が存在することが認識できる唯一の方法は、イメージと模様が体の至るところに出現し続けているということです。脳の表面を走る不思議な溝、DNA分子に表れるヒマワリの中心のような美しい渦、そしてカンチレバー橋の複雑な支えのように、骨組織がすばらしい蜘蛛の巣状になっている大腿骨《だいたいこつ》の内部などがそうです。

どこを見ても、混沌は存在しません。そしてそれこそが、隠された生理機能が存在することの最大の証拠になっているのです。叡智は混沌を模様に変換します。毎分何十億もの化学的メッセージを処理しなくてはならないことから、途方もない混沌があるだろうと思われますが、実際には心身システムの複雑さのために誤解が生じやすいだけで、脳から現れるものは整然としたイメージなのです。それは、新聞の写真が何千もの網点から生まれるのと同じです。私たちの体の物質が分解され、かたちも心もないものになってしまうことは、死の瞬間に至るまで決してありません。「この量子的な体は、結局どこにあるのでしょう？」という明白な問いに対して、今なら自信を持ってこう答えられるでしょう。「ギャップ（隙間、隔たり）の中にある」と。ただ残念ながら、その隔たりは沈黙しており、厚みがなく、至るところに存在するために、イメージすることが難しいのです。

さて今や叡智の場へともぐりこむことは簡単なことのように思われますね。ただそのギャップを超えていけばよいのですから。しかしギャップは厚みを持たないにしても、鉄の扉をしてもかなわないほどの障壁を形成しています。ギャップを超える旅がなぜ困難な

活動する叡智

——————ギャップ（隙間、隔たり）——————

沈黙の叡智

のか、それを示す図を簡潔に表してみましょう。

活動する叡智と沈黙の叡智の違いにすべてが表されています。この違いは非常に現実的であるということを私たちは確認してきました。DNAは活動的にもなりえますし、沈黙していることもあります。私たちの思考は表現されることもあれば、沈黙の引き出しの中にしまっておかれることもあります。私たちは目覚めていることもあれば、眠っていることもあります。こうしたすべての変化は、ギャップという隔たりを超えて旅をしなくてはならないのですが、それは意識的な旅ではありません。眠っているとはどんなものなのかを見るためには、目覚めていなければなりませんが、それは不可能なことです。活動しているDNAと眠っているDNAとの違いは、化学的な結合の中には見つかりません。というのも、2つのDNAは物理的には同じだからです。心と体のあらゆる変容についても同じことが言えるのです。

同じ難しさが物理学にもあてはまります。光子も光波も光の一形態ですが、どちらも見えない領域から生じます。現実の表層では、光子もしくは光波が見えますが、なぜひとつの現実に両方とも存在するかという理由は、量子の領域では、「可能性」というかたちでずっと存在していたからです。いまだかつて、「可能性」を写真に撮った人がいたでしょうか？　しかしこの「可能性」こそが量子的世界を構成しているすべてなのです。言葉を発したり、分子を作ったりすれば、それは行動することを選択したということです。海面から小さな波が生まれると、時空の世界では現象となります。これから生まれてくる波の背後には、「可能性」という大きく静かな大海がずっと存在しているのです。

鉄の削り屑が紙の上を動き回っているとき、互いに見つめ合って「これが命なんだ。その謎を探求しよう」と話しているのかもしれません。そうと決まれば、私たちが科学と呼ぶところの「思考の冒険」を始めることができます。しかし、思考がどれほど大胆なものになろうと、ギャップを超えることは決してありません。ギャップとは、思考の範囲内では一方通行の扉のようなもので、それこそがギャップの真の謎なのです。

私たちは目に見えない無限の場から生まれ出たものであるという考えは、ある観点からすれば不合理に思えます。人間の体は、数立方メートルの空間を占める肉と骨でできた塊です。心は驚くほどに複雑ですが、一定数の概念で満たされた有限のメカニズムであり、人の社会は、無知と闘争の歴史と強く結びついた、きわめて不完全な組織なのです。

妙なことに、こうした明らかな事実によって問題が解決されることは決してありませんでした。私たちは毎日、有限の経験を信頼しています。それは車を運転したり、生活費を稼いだり、海辺へ行ったりするには十分なものですが、圧倒されるような無限の経験と比較すると信じるに足らないものとなってしまいます。何世紀にもわたって繰り返されてきた無限の経験によって、現実とは、心や体、そして社会が一般的に受け入れているものとは非常に異なる、もっとずっと大きなものなのではないかと思うようになった人々もいるのです。

アインシュタイン自身もその現実を経験しました。彼は「人が、人間の限界という自己認識から解放される」瞬間を次のように証言しています。

「そのような瞬間に人が想像するのは、自分が小さな惑星のある地点に立ち、永遠のもの、計り知れぬ深いものが放つ、冷徹ではあるがそれでいて深い感動をもたらす美を、驚きを持って見つめている光景である。生と死が流れ込んでひとつになり、そこには進化も運命もない。あるのは『存在』だけである」

これはスピリチュアルな洞察のように聞こえるかもしれませんが（実際、アインシュタインは自らを非常にスピリチュアルであると考えていました）、本当は、探求することができる私たち自身の意識の次元を垣間見ていることなのです。意識をコントロールすることもなく、起こっていることの適切な説明もなく、完全な静寂の状態はただの空虚ではないと人は感じるのです。偉大なる叡智の伝統は、宇宙を完全に理解したひとりもしくは数人の個人によって主に築かれました。ギャップの謎を解明するには、そこに行ったことのある人々に助言を求める必要があります。彼らが本当の世界を発見したのなら、従うべき新しいアインシュタイン、つまり意識のアインシュタインが生まれることになるでしょう。

Expanding the topic

さらなる考察

体の叡智の源は2つの場所から発しています。ひとつは活動する叡智、もうひとつは静寂の叡智です。セルフケアは活動する叡智の働きのひとつの例です。体の声に耳を傾け、痛みや不快さという体が発する信号に注意を向けてウェルビーイングの状態を維持しようとしています。活動する叡智は、想像力を広げなくても感じ取ることができるものです。静寂の叡智は異なります。目に見えないため、ギャップ（隙間、隔たり）の中にしか見つけることはできません。しかし、この2つの叡智のうち静寂の中で働く叡智のほうが比べものにならないほど賢いのです。

本書が初めて出版されたときには、「体の叡智」などという概念を主流派の医師たちに受け入れてもらうことさえ、ほぼ不可能でした。私は神秘主義詩人たちの世界に安らぎを見出し、彼らは私の忠実な友のような存在になりました。そうした詩人たちは存在の隠された次元について知っていました。ペルシアの神秘主義詩人ルーミーの詩の1節を紹介しましょう。

私はなにを求めているのか？

夜の闇の中で感じることができ
昼の明るさの中では見えないもの

合理的な時代においては、詩による暗示だけでは十分でありません。しかしベンガルの偉大な詩人ラビンドラナート・タゴールが、薔薇はいかにしてつぼみから満開の状態になるのか熟考したように、詩人もまた思考するのです。タゴールは、私が人間の体の中にあるものとして描写したのと同じ静寂の叡智が作用するのを見つめています。

つぼみを開かせる者は、いともたやすく行う
一目で活力がみなぎり
一呼吸で花が風に揺れ、
心の憧れのように色彩がきらめき
芳香が甘美な秘密をささやく
つぼみを開かせる者は、いともたやすく行う

叡智をこれ以上美しく表現できるでしょうか？「つぼみを開かせる者」という代わりに、「この世に子どもをもたらす人」と言ってもよいのです。静寂の叡智はシンプルで、自発

的で、そして私たちの一部なのです。

結局、私が本書を書いた時期はタイミング的に幸運でした。脳からのメッセージにとっての「ソケット」である、細胞膜の受容体部位についてちょうど解明されたところで、まったく同じ受容体部位が至るところで見出されたのです。従って免疫系は「流動する脳」として知られるようになり、脳から離れたところにある組織が化学的言語で思考している状態である本能的直感について、科学的に説明されることになったのです。

しかし心身のつながりを癒すのに非常に有望に思える生活習慣上のアドバイスは、量子的領域へと入り込むことはなく、活動する叡智の領域にとどまったままです。私たちはこの点について少し注意深くなる必要があります。食生活を変えれば新しいメッセージが消化管細胞へ送られるでしょう。そしてそこから体中のメッセージのやりとりに変化が起こるのです（感謝祭のディナーで食べすぎた後に眠りに落ちるのもその一例です）。すべてのメッセージはギャップの中で生み出されるので、体内のあらゆるプロセスにとっての量子的次元が存在するわけです。

欠けているのは、自分の静寂の叡智に話しかけ、その返答を聞くことができるような直通電話です。直通ラインは、「第二の注意」をとおして開かれます。あなたがこの世界で自分の生活を送る際に用いているのが「第一の注意」で、仕事をしたり、食べたり、眠ったり、人と関わったりすることを意味します。「第二の注意」によって、人生の流れを生み出し、統治し、統制する目に見えない領域を垣間見ることができます。静寂の叡智にラベル付けをしたり、名前を付けたりすることはできないため、仮にXと呼ぶことにしましょう。ラベルというものは、プロセスではなく物質につけられるものなのです。目に見えないところから、Xは密かになにをしているのでしょうか？　その作用範囲は驚くべきものです。

○小さな出来事のひとつひとつを生命の織物の中に織り込む
○あなたが経験するすべてのことに、意味と目的を与える
○あらゆる行動を最高の地点へ導き、最大限に活用させる
○存在に愛を吹き込む
○進化と進歩を支持する
○このように最も人生を支援する成果を推進する

もしこれが長々とした神秘主義的なリストのように見えてしまう場合、ひとつの心臓細胞の鼓動について考えてみてください。その細胞は、完璧に合ったリズムで他のすべての心臓細胞と調和をとっています。そして愛、苦しみ、希望、恐怖、その他あらゆる感情を刻印します。あなたが恋しているなら、間違いなくそれを教えてくれます。あなたが成熟

Expanding the topic

するにつれ、思慮深い充足感の中に落ち着くようになります。体全体の健康に気を配ります。私は少し隠喩的な表現を使ってきましたが、細胞生物学者なら受容体部位とメッセージのやりとりが行われる道筋を特定することができるでしょう。それは脳と心臓を完全につなげるものであり、私が述べた機能のすべては生理学的土台に基づいているのです。

しかし、さらに深い意味においては50兆もの細胞すべてが静寂の叡智に依拠しているのです。そして静寂の叡智は、叡智自体とあなたという人間をひとつにしているのです。叡智は、体の中の生体構造がバラバラになり、無数の原子になってしまうのを防いでいます。そのような叡智が偶発的なものであるはずがありません。またピアノの隠喩に戻りますが、奏でられる音楽はピアノが作っているわけではありません。心が作っているのです。ひとつの細胞が他の細胞とコミュニケーションをとる場合、心が内側にメッセージを取り入れて初めて、それを運ぶ化学物質の中にメッセージが含まれるようになるのです。「第二の注意」は、愛、慈悲、共感、感謝、洞察、直観、想像といったどんな衝動も進化と生命を維持する方向に向かうようにコミュニケーション通路を開通させます。今私たちは科学の先にあるものを見なくてはなりません。なぜなら、細胞生物学者にとって化学物質は化学物質に過ぎないからです。化学物質自体の価値は中立的なものです。憎しみの衝動も、愛の衝動と同様に容易に暗号化されるのです。しかし一歩引いて自分の人生を「第二の注意」の視点から観察してみると、体の至るところに価値を見出すことができます。

細胞は互いに協力し合っています。全身のためになることが最重要であると細胞はわかっているのです。細胞は今この瞬間に生き、栄養がつねにやって来るという信頼を基盤に置いています。どのように自己回復するかを知っているのです。

「第二の注意」は、細胞の活動を分析することによってではなく、生命を維持している源へと向かうことによって、こうした価値を促進します。本書を書いて以来、人生を科学的に定義しようが、神秘主義的に定義しようが、もしくは他のラベルで定義をしようが、人生の流れを左右する鍵となるのは「意識」であると、私はますます確信を強めました。私たちはラベルについて議論する一方で、あらゆるものにとって不可欠な静寂の叡智を促進する機会を逃しているのです。

現実的な読者の方ならこう言うでしょう。「いいですね。でも私はどうすれば？」。今ではよく知られるようになった生活習慣にポジティブな変化を起こすことを超えて、とるべきもっと微細な行動があるのです。それは精神的行動ですが、ポジティブ・シンキングやセラピー、自己認識のようなものとは異なります。そうではなく、注意と意図に焦点を当てることなのです。手を動かすという意図を持てば、なんの手順をふむ必要もありません。手を動かしたいと思った瞬間に手は動いているのです。しかし自分を癒そうという意図や、まわりに平和を築こうという意図についてはどうでしょうか？

このような疑問はまっとうなものと思われることもほとんどないのですが、こうした問

Expanding the topic

いかけがなされると、科学はえてして懐疑的になり、途方に暮れてしまいます。しかし、かろうじて受け入れられるぎりぎりの線で、病人を助けるために祈ることが持つ力に関する研究は増えています。本書が世に出て以来、意図が持つ効果についてさらに深い研究が行われるようになりました。特に興味深いものに、心身のつながりの専門家で生理学者の故ジーン・アクターバーグ博士によって行われたハワイ先住民族の治療家に関する先駆的研究があります。アクターバーグ博士は、ハワイ先住民族の治療家たちは遠隔でヒーリングを行うことが多かったという話に強い関心を持っていました。私がルドルフ・Ｅ・タンジ博士と共同執筆した『スーパー・ブレイン』の中でも述べていますが、アクターバーグ博士の研究がどのように行われたかというエピソードを紹介しましょう。

２年間にわたる調査後の２００５年、彼女とその同僚たちは11人のハワイの治療家たちを集めました。各治療家は、平均して23年間にわたり、ハワイ独自のヒーリングの伝統を追求してきた人々でした。治療家たちは、かつて自分が治療を施して成功し、また共感できる関係性を感じることができた患者をひとり選ぶよう指示されました。その人物が、管理された環境の下でヒーリングを受けることになります。治療家たちは、祈り、エネルギーを送ること、よい意図を持つこと、もしくは被験者にとって最もよいことをただ思考し望むといった、さまざまなやり方で各自の手法を表現しました。アクターバーグはこうした取り組みを「遠隔意図」（ＤＩ）と呼びました。

ヒーリングの受け手はそれぞれの治療家とは隔離された状態で、脳の活動をｆＭＲＩ（機能的磁気共鳴画像法）にて調べました。治療家たちはランダムに2分おきの間隔でＤＩを送るよう求められ、受け手はいつＤＩが送られているか予測することはできない状態に置かれました。しかし彼らの脳にはわかっていたのです。11人中10人に、実験期間（ＤＩを送っている間）と統制期間（ＤＩを送っていない間）の間に顕著な違いが見られました。ＤＩを送っている間には、被験者の脳のある特定部位がｆＭＲＩでスキャンすると「明るく」なり、それは代謝活動が活性化したことを示します。この現象は、ＤＩを送っていない間には起こりませんでした。

懐疑論者たちはこのような研究には取り合わず、実験を繰り返そうともせず、また意図の持つ隠れた力を理解しようともしません。しかしヴェーダの伝統においては、何世紀も昔に遡って、意図の働きについて洗練された描写がなされていました。それは3つに分類されています。ひとつ目は「効果的な意図は、絶え間なく続く活動の流れの下の、心の深い次元で生じなくてはいけない」ということです。静寂で、静止して動きがなく、叡智が完全に行きわたった意識の最も深い状態は、サンスクリット語のサマディー（悟り、三昧《ざんまい》）として知られています。

Expanding the topic

サマディーを促進するもの

○瞑想
○静かで平和な環境
○精神的に動揺していないこと
○ストレスがないこと
○気をそらすものが最小限であること
○自分を受け入れること
○自己を認識すること

サマディーを損なうもの

○前述したものと反対の状態：そわそわさせたり、過剰にしたり、ストレスを与えたり、表層的なものに向かわせたりといった、心を乱すものすべて

2つ目の意図の働きは「できるだけ明白で焦点を絞った意図を持つ」ということです。そうすることで、意図は特定された方向を向くことになります。これを表すサンスクリット語の言葉はダーラナ（集中）と言います。

ダーラナを促進するもの

- ○明白な思考
- ○目的を持って行動すること
- ○ゴールを見失わないこと
- ○自信
- ○精神的活動を続ける能力
- ○計画を遂行すること
- ○勤勉さ

ダーラナを損なうもの

- ○一度に複数の作業をこなすこと。マルチタスク
- ○精神的混乱
- ○矛盾した願望
- ○自己認識の欠如
- ○幻想と白昼夢を見ること
- ○集中力が続かないこと

Expanding the topic

○自己逃避を渇望すること

意図の働きの3つ目は「心が落ち着いていると同時に活発である」という柔軟性のある状態です。子どもがおもちゃで完全に無心になって遊んでいる姿にこの状態を見ることができます。その子どもの注意は、他のなによりも遊びそのものの中にあり、（おもちゃのトラックを押したり、壁に指で絵を描いたりするといった）ありとあらゆることをします。意図を持てば焦点が絞られますが、その後それを手放し、静寂の叡智に結果をまかせてしまえばよいのです。これは受け身的な無関心とは異なります。いかなる反応も起こりうるため、あなたは開かれ、そして油断のない状態になっているのです。これを表すサンスクリット語の言葉はディヤーナ（無心）と言います。

ディヤーナを促進するもの

○リラックスして気楽でいること
○マインドフルネス
○物事をありのままに受け入れること
○存在することに価値を置くこと
○信頼すること

○不確実性の中にある叡智を信じること
○現実を組織立てる叡智の高次な次元に忠実であること

ディヤーナを損なうもの

○緊張すること
○予測すること
○自分自身や他人をコントロールすること
○頑固さ
○規則やルーティンを固持すること
○執着すること
○衝動的なふるまい
○宇宙が自分を支援してくれていると信じられないこと

本書が初めて出版された時点では、静寂の叡智に関連する行動は瞑想以外にほとんど提示しなかったので、今回は詳細にわたって述べたつもりです。今でも、瞑想は心の最も深いレベルとつながるための最もパワフルで直接的な手段であり続けています。道具箱が開かれ、道具はただそこに置かれているだけです。だから意図の働きをマスターすることが

Expanding topic

重要なのです。矛盾しているのは、本当にすべきことはなにもなく、それでいてあらゆることをすべきだということです。「第一の注意」に関する限り、すべきことはなにもありません。あなたはできるだけうまく人生のチャレンジ事項を扱いつつ、自分の人生を送るだけです。

しかし「第二の注意」の次元では、あらゆることをすべきなのです。なぜなら、流行《はや》りの表現を使えば、あなたは宇宙を求めており、表層的なものを見ている心では知ることのできない隠された力を活性化させているからです。今ではあまり知られていないスコットランドの作家であり登山家であったW・H・マレーは、ヴェーダの時代の聖者が描写したのと同じことを直感し、並外れた正確さで意図の働きというものを思いついたのでした。

「ひとつの基本的な真実がある。無数のアイデアやすばらしい計画をつぶすのは無知であり、そして人が全力を尽くす瞬間に、神意も動くのである」

「ここ」（意図）で起こることと、「そこ」（意図が動かすことのできない力）で起こることとのつながりを発見し、この目覚めた力は人間の強い願望を支援するために存在するのだとマレーは理解したのです。

「そうでなければ決して起こらなかっただろうあらゆることが起きて、助けてくれるのだ。一連の出来事のすべてが決意から生じ、それがうまく作用し、誰もが夢にも思わなかったような、ありとあらゆる予期せぬことや人との出会い、そして物質的援助が手に入る」

量子的治癒が完全に実現可能となるためには、受け入れられにくい「神意」ではなく、ますます多くの科学的証拠によって支えられた内なる叡智を求めて、意図の働きを役立てなくてはなりません。心で分子を動かすことができるということは、山をも動かすほどの信仰と同様にすばらしいことなのです。

PART 2

至福の体

あらゆる原子の中に、世界の中に世界がある

『ヨーガ・ヴァシシュタ』

10 リシ(賢者)の世界

インドの子どもは、タイムマシンがほしいと願う必要はありません。私が7歳の頃《ころ》、父の職場である陸軍病院からプーナの大バザールまで歩いて2分の距離でした。あたりはサフラン、埃《ほこり》、白檀《びゃくだん》、調理用の火など、昔ながらの匂《にお》いが漂っていました(当時は蛇使いに夢中になっていたので気づきませんでしたが)。病院ではデトールの匂いしかしませんでした。デトールとは多目的用洗浄剤で、薄めていないホルムアルデヒドのような鼻をつく臭《にお》いがするのです。物理学者は時間を矢にたとえますが、インドではその矢は折れ曲がり、後戻りすることもできるのです。私たちもそれに順応していました。もしも兵士が足に刺創《さしきず》を受けてやって来たなら、父は破傷風の予防接種をしました。しかしもしその兵士が足を引きずって出て行きシヴァ神に祈りを捧《ささ》げたいと言ったら、父はそれを理解することもできました。

今でも帰郷の折に飛行機の窓から外を見ると、滑走路からそう離れていないところで畑を耕す牛の姿が目に入ってきます。都市部では英国製かと見間違えるほどの申し分のないウールのスーツをまとったビジネスパーソンたちが、腰巻を着けてオレンジ色のローブを身にまとい、歩道の真ん中で静かに座っているサドゥー（聖者）たちをよけながら歩いている様子を目にするのも珍しくはありません。こうした日常的な光景は、どうしようもないほどに混ざり合ってしまった地層の発掘現場のようなものです。もしくは地層が地面から飛び出し、命が吹き込まれたもの、と言ったほうがよいかもしれません。

どんな発掘にも最下層があるはずで、この場合はそれがサドゥーたちなのです。インドの聖者の伝統は、キリスト誕生より少なくとも3000年前に遡ります。彼らの言葉は、人間の最初の言語であるとされる初期サンスクリット語で記録され伝えられてきました。彼らの伝統的な故郷は今もヒマラヤであり、1回につき数日から数週間滞在し、サマディーという深い瞑想状態に入ります。サドゥーにとって人生とは、内なる静寂に完全に捧げられたものなのです。たまに巡礼に出るべきだという考えが浮かぶと、托鉢《たくはつ》用のボウルを持ち、必要な食べ物や寝る場所は自然が与えてくれると信じて南へと出発します。現代では、彼らは電車やバスにも乗りますが、たいていチケットを持たずに利用します。

子どもの私にサドゥーについて教えてくれたのは、伯父のひとりでした。その伯父は父の兄にあたり、スポーツ用品の販売のためにインド中を旅していました。私たちは彼を「大きい伯父さん」と、他の親戚より親しみを込めて呼んでいました。うちに来るときはいつも、フィールド・ホッケー（インドは、このマイナーなスポーツにおいて伝統的に世界の強豪国なのです）のスティックやサッカーボール、バドミントンのシャトルなどをおみやげに持ってきてくれました。当然ながら、私たちは彼に会うのを待ちきれないほど楽しみにしていました。

「大きい伯父さん」は、とても優しく社交的で、道中で出会った不思議な出来事をとても上手に話してくれました。いちばん印象に残っている話は、カルカッタでの出来事です。「大きい伯父さん」が人混《ひとご》みをかきわけながら歩いていると、歩道の縁石に座っていた老サドゥーにつまずいて転びそうになりました。上の空でポケットに手を突っ込むと、2アナ(約2セント)が入っており、サドゥーの鉢に入れました。サドゥーは伯父をちらっと見て言いました。「なにかほしいものを願ってごらん」

伯父はびっくりして、「バルフィーがほしい」と口走りました。バルフィーは、ファッジのようなインドの甘い菓子で、たいていはアーモンドかココナッツで作ります。サドゥーはとても静かに右手を空中に伸ばすと、作り立てのバルフィーを2つ物質化し、「大きい伯父さん」にくれたのです。伯父は仰天して、数秒間、その場に立ち尽くしていました。その間にサドゥーは立ち上がり、影のように群衆の中に溶け込んでしまいました。それ以来、伯父はそのサドゥーに会っていません。路上の菓子売りからバルフィーを2個買っても値段は2アナなので、ある意味それは公平な取引でした。しかしその話をするときはいつも、「あのときなにを願えばよかったのだろうと、いまだに考えるよ」と伯父は頭を振って嘆くのです。

子どもの頃、私は「大きい伯父さん」の話を心から信じていました。しかし現代のインドではサドゥーを見かけることも増え、人々はこのサドゥーは本物だろうかと疑問に思うことも増えています。1920年代からアメリカやヨーロッパの科学者たちが、あらゆる種類のスワミやヨギ、サドゥーを観察するためにインドを訪れるようになりました。彼らの中には、自分の体を制御する並外れた力を獲得している者もいます。何分間も呼吸を止めたり、心拍数をほとんどゼロにまで抑えたりするのです。そうしたことを実際に目撃するための典型的手順として「聖者」を頑丈な箱の中に入れ、地下2メートルの深さに埋めるというものがあります。これはおそらく科学的な実験のつもりだったのでしょうが、非常に荒っぽい類のものでした。数日後、箱が掘り出されると結果がわかります。聖者がまだ生きているというのが望ましい結果です。初期の生理学研究のほとんどすべてが、アプローチの点で非常に浅薄であり、多くはこのような科学と見世物が組み合わさった妙なものでした。

しかしサドゥーが自分の体をコントロールすることは、やはり身体的次元においてのことであり、彼の存在という視点が欠けています。サドゥーたちは、身体的外観という仮面を打ち破ろうと必死になっているのです。ここでの言葉で表現すると、彼らは「境界線の上」の目に見える世界を離れ、その下にあるものを見つけ出そうとしています。実際、伝統的にインドの生活はこうした探求の旅が可能なようにできています。男は教育を受け、家族を養い、物質的報酬を満喫した後は、「遊行期《ゆぎょう》」に入ることになっているのです。「遊行期」とは、家長としての生活を放棄し、托鉢用の鉢を手に取り、なにか別のものを探し求めて旅に出ます。それは、神、真実、現実、もしくは自分自身を探し求めての旅であるという表現は適切ではありません。なぜなら目的地がわからないことこそが、その探求の旅の本質だからです。こちらの世界からたどることのできない別の世界へと旅立つのです。再びここでの言葉で表すと、ギャップを超えようとしているのです。

私は大人になって欧米風のスーツを身にまとい、路上の聖者たちをよけて歩くようになりましたが、心身医学の問題を深く研究していくにつれ、古代インドの伝統に立ち返るようになっていきました。本書の後半は、そんな私が発見したことに焦点を当ててみました。私たちの感覚の世界や原子や分子の世界という既知の世界は、突然断ち切られるのではなく、いつのまにか、別の現実へと次第に変わっていくのです。しかしある時点になると、ひとつの現実は別の現実へと素早く移動します。時間と空間の持つ意味は変わり、内的な現実と外的な現実の明確な仕切りはなくなります。私たちはインドにいると同時に、これまで探求されたことのない世界にいる自分を見出すのです。サドゥーは、その最も純粋なかたちにおいて、ギャップの彼方《かなた》にある超越的な現実の探求者であり、その超越的な現実こそが彼らの守る伝統、つまり地球上で最も古く最も優れた伝統のひとつなのです。サドゥーの到達した世界を理解することができれば、新しい道が見出されるでしょう。その道は物理学からは離れますが、自分自身を探求するという意味で、同じ軌道にあるのです。

相対性理論が生まれる前の欧米では、時間、空間、物質、そしてエネルギーが、現実の別々の部分を占めているということになんの疑問もありませんでした。私たちの感覚は、1本の木を光線や電気の火花とはまったく異なるものとしてとらえます。私たちは、時間は遅くなったり速くなったり、もしくは止まることさえできる不思議な存在以上のものとして感じるかもしれませんが、「私は月曜日よりニューヨークのほうが好き」などとは決して言わないでしょう。時間と空間、物質とエネルギーは正反対の組み合わせであるということは明白なことのように思われます。というのも、どちらもその組み合わせの相手には変換されないという単純な理由からです。感覚から成る通常の世界は、次のような図で示すことができます。

アインシュタインが$E=mc^2$（m×cの2乗）という式を発表した後、このシンプルで常識的な見方は変わらざるをえませんでした。なぜなら、今や物質が莫大なエネルギーに変換されることが可能になったからです（原子爆弾がそれを証明しています）。一般相対性理論によって、時間と空間の分離という常識的な見方も変わらざるをえなくなりました。今では物理学は両者を融合し、ある状況（例えば物体が光速に近いスピードで動くときなど）に合わせ

時間／空間／物質／エネルギー

――――ギャップ(隙間、隔たり)――――

?

て歪みうる時空としてとらえています。自然とは科学が以前考えていたほど区分化されたものではないことが証明された後、相対性理論はもうひとつの、さらに驚くべき可能性の扉を開きました。アインシュタインは時間―空間、質量―エネルギーのあらゆる変換の背景として、ひとつの「内在する場」が存在するということを証明したのです。これは、完全に融合した自然という次元があるということ、つまり時間―空間―物質―エネルギーの領域があることを示唆しています。

アインシュタインは、誰ひとりとして真剣に考えようともしていなかった時代に、この可能性、つまり感覚の世界が決定的に破壊される可能性を直感的に確信していました。アインシュタインは同時代の物理学者たちとは距離を置き、またほとんど無視されつつ、1920年代から亡くなるまでの30年を費やして「統一場理論」のための計算を試みました。彼の理論は創造の基礎となるすべての力を統合するもので、よって宇宙をひとつの全体として説明することになります。宇宙は、時間・空間・物質・エネルギーと4つに区分されるのではなく、ひとつになるのです。

物理学者の言う「統合する」ということが意味するのは、まったく異なるように見える2つのものが、自然のより深い次元において、互いに変換することができることを証明するということです。光子と光波は、その古典的な例です。まったく異なるもののように思われますが、最も小さい原子よりもさらに想像を絶するほど小さいプランク・スケールという自然のごく微小な次元において、光子と光波は統合されるのです。統一場の計算を解いた人はまだいません。それは私たちが「?」としてとらえた隠れた領域全体を解明することになるのでしょう（しかし、超弦理論という新しい理論が、アインシュタインの死後30年経ってついにその問題を解決することになるかもしれません）。

合理的な思考では解決することのできない問題を前にすると、科学は必然的に立ち止まることになりますが、他にも道は開かれているかもしれません。何千年も前、インドの予言者であるリシたちもまた、自然は最終的に統合されるかどうかということの問題について考えていました。人生を静寂と内的生活に捧げるという点において、リシはサドゥーと似ていますが、リシのほうがずっと古くから存在していました。彼らは「明らかにされた真実」ともいうべき『ヴェーダ』の最も古い文献を書いているのです。その中の『リグ・ヴェーダ』は、エジプトのピラミッドより数千年も遡る可能性もあると考えられています。もし現代のインド人にヴェーダとはなにかと尋ねたら、「リシの言葉が書かれた本」であると言うでしょう。しかし真実は、ヴェーダとはリシの意識の中身であり、それは生きているのです。リシは物事の本質を非常に深く見てきており、神さえもその足元に座って学ぶほどです。その教えは、『ヨーガ・ヴァシシュタ』の中に見つけることができます。若き神の化身ラーマが聖者ヴァシシュタに教えを乞《こ》うという話です。

私はリシのスピリチュアルな価値やその知識をここで強調しているわけではありません。人類の歴史においてごく最近まで、あらゆる文化は宗教、心理学、哲学、芸術をひとつの同質の全体へと一体化させていました。しかし、その全体から個々の要素を引き出すことは可能です。私が興味を持っているのは、現実の根源的な本質についてのリシたちの言葉です(『ヨーガ・ヴァシシュタ』では、神もまたこのテーマについて大いに興味を示しています)。リシは私たちと同じように、自然を空間、時間、物質、エネルギーに分けることもできたのですが、世界に対する私たちの見方、考え方を完全に支配しているそのとらえ方に背を向けました。

代わりにリシたちが選んだのは、想像しうる限りにおいて最も現実的な方法で問題を解決することでした。ギャップを超え、思考が到達できない「?」領域へと実際に入ること

覚醒／睡眠／夢

ギャップ（隙間、隔たり）

？

にしたのです。彼らは意識を少しひねるという方法を使いましたが、それは外界をひっくりかえすようなことだったので、深遠な影響をもたらすことになります。そのために、リシたちは予想せぬ方法で自然を分析しなくてはなりませんでした。その方法を示したのが次の図です。

この図は326ページの図と同じようなものですが、純粋に主観的な視点から見た世界にいるように見えます。リシは、時間、空間、物質、エネルギーを「外側」に見るというよりは、現実が、私たちの自覚的な意識とともに「内側」から始まるということに気づいたのです。人はどんなときでも、覚醒《かくせい》、睡眠、夢という3つの主観的状態のいずれかにあるとリシたちは推論しました。こうした状態にいるときに知覚するものが、その人の現実を構築します。現実はこのように、意識の状態の違いによって異なるものだと先人たちは考えたのです。夢を見ている状態の虎《とら》は、覚醒しているときの虎とは別物で、まったく異なる法則に従っているのです。そして同様に、睡眠状態の法則は、覚醒状態にある心には知られていませんが、覚醒や夢の状態の法則とは異なるに違いありません。

リシたちは詳細に観察し、これらの状態の間にひとつの現実から別の現実へと変換する際の軸のような働きをする隙間《すきま》のような隔たりの存在に気づきました。例えば眠りに落ちる直前に、心は感覚を退かせ、目覚めている世界を閉ざし、徐々に覚醒状態から抜けていきますが、心が実際に眠りに落ちる直前の接合点では、思考と思考の間に瞬くギャップとそっくりの、短いギャップが開くのです。それは覚醒あるいは睡眠を超えたところにある領域への小さな窓のようなものです。この認識によって、ギャップを通過することで通常の五感の境界を超えられるという可能性の扉が開かれることになったのです。

西洋は現実的で東洋は神秘的だと思われているということを考慮すれば、どんな量子物理学者たちよりも、リシたちのほうが直接的な経験に熱心であったということは非常に興味深いことです。彼らの主観的な取り組みはヨーガと呼ばれ、それはサンスクリット語で「統一」を意味する言葉です（ヨーガ教室で教えられるさまざまなポーズは、ハタ・ヨーガと呼ばれる、ヨーガの数ある流派のひとつに属します。ここで見ていくのは、ヨーガの最もパワフルな取り組みである精神的なものです）。ヨーガと統一場理論を求めるアインシュタインの探求は、ともに自然の中の統合という内在する層を見つけようというものであるため、両者の類似性は誰もがすぐに気づくものです。両者の主な違いとは、リシたちが理論としてではなく、統一場はこの現実世界に存在する、つまりそれは実際の経験であり、単なる精神的構築物ではないと宣言した点です。

リシたちの主観的な観点から見ると、統一場が唯一存在できるのは、もうひとつの意識状態しかありません。彼らはそれを、「第四の」という意味の「トゥリヤ」と呼び、覚醒、睡眠、夢という3つの状態には属さないことを示しました。また、「彼方の」という意味の「パーラ」とも呼びました。それは通常の経験を超越していることを意味します。しかし、第四の意識状態はどのように存在しうるのでしょうか？　その答えは二重になっています。ひとつは、予言者によると第四の意識状態は至るところに存在するものの、衝立のようになった他の3つの状態によって隠されているというものです（古代の文献の中には、第四の意識状態は牛乳が水と混ざるように他の3つと混ざり合っており、それを見つけることは牛乳を水から分離するほど難しいとしているものもあります）。もうひとつは予言者いわく、第四の意識状態は心が通常の活動を超越して初めて直接体験することができるというものです。それには瞑想の特別な技法が必要です。

「リシ」という言葉自体、「第四の意識状態に自在に入り、そこにあるものを観察することができるようになった人」ということを表しています。この能力は、私たちが使っている意味での「考えること」ではありません。その現象全体が、ライラックの香りに気がついたり、友人の声を判別したりするような、直接体験なのです。それは直接的で、非言語的で、花の香りとは違って完全に変化させるようなものです。リシたちは瞑想しながら主観的な意識の中に深く入り込み、私たちがグランドキャニオンを眺めるような感じでトゥリヤを探求しました。こうした予言者たちは個人としての名前を持ってはいますが、超越した世界に入ってしまうと、私たちがアイデンティティと考えるものの境界を曖昧にしてしまいます。例えばヴァシシュタとは古代のリシの中でも最も偉大なひとりの名前であるだけでなく、このヴァシシュタが最初に認識したヴェーダ(超越的知)の非常に重要な部分をも表しているのです。ヴェーダのその部分を真に知るためには、「ヴァシシュタの意識」に入らなければならないでしょう。つまり、こうした聖者たちは、存在をその最も純粋なかたちで観察していたのです。

実際、西洋には第四の意識状態の存在を系統的に調べる方法はありませんでした。適切な技法に欠けていたため、科学界はトゥリヤを無視してきたのです。実際に多くの科学者たちは、それを意味のないもの、もしくは危険なものと考えています。「統一」というまさにその概念が、無の状態に溶け込んでしまうこと、もしくは一滴の水が海へと消えていくように自己のアイデンティティが失われること、といった望ましくないイメージをもたらすわけです。東洋思想への熱狂が時々巻き起こるにもかかわらず、西洋における知の進歩は内的観察ではなく、外的観察に圧倒的に依拠するものだったのです。

しかし、もし通常の3つの状態を超越する状態が存在するなら、たとえ偶然にしても時々その状態は姿を現すことがあるのかもしれません。例えば、チャールズ・リンドバーグは、1927年に起こった人生最大の危機に瀕《ひん》した出来事の経験を報告しています。大西洋横断単独飛行の2日目に入ったとき、リンドバーグは身体的疲労の限界を越えてしまったことに気づきました。飛行機のコントロールを失ってはいけないので、コースをはずれないことを願いつつ、断続的に居眠りをすることで惨事を回避しました。リンドバーグは自伝で述べていますが、そのとき驚くべき意識の変化が起こったのです。

「飛行2日目、何度も何度も覚醒状態に戻っては、自分が眠ってもいないし目覚めてもいない状態で飛んでいることに気づかされた。目は開いていた。計器の指示に応じ、羅針航路もだいたい守れていた。しかし空間と時間の感覚を失っていたのだ。無限にも思える間、私は飛行機も自分の体をも超えて拡張しているようだった。俗世間の価値観からも影響を受けず、美とかたちと色彩を目に頼ることなく鑑賞しているようだった」

リンドバーグは子どもの頃、父親の農場のトウモロコシ畑に寝そべって空を見つめているときに、同じような「人間を超越した」感覚を経験しています。しかし北大西洋でのエピソードには、さらに先がありました。リンドバーグはこの経験について、こう結論づけています。「それは知性と感覚が、ともに非物質的な意識とでもいうべきものに取って代わられるという経験でした……幻想と現実は、エネルギーと物質のように互いに入れ替わるものなのだと私にはわかったのです」

私が瞑想の話をすると、医師たちは一般的に、それを「信じて」いるにせよいないにせよ、瞑想はリラックスするためのものだと断言します。ヴェーダに照らし合わせてみて初めて、なぜこの見方が近視眼的なのかを理解することができるようになります。

ヴェーダは、人間の心の無限の拡大を表しています。ヴェーダとは宇宙コンピュータの全内容であるという表現が最も適切でしょう。自然のあらゆる入力内容がその中に注がれ、自然のあらゆる現象がそこから流れ出るのです。このコンピュータをコントロールしているのは人間の脳であり、その何十億もの神経結合が脳を複雑なものにし、それによって宇宙の複雑さが映し出せるのです。

脳が重要なのは物質としてではない、とリシは強く主張しています。脳が重要なのは、私たち自身の主観性がそれを通じて輝き出るからなのです。私たちの脳が世界を見せるとき、実は私たち自身を見せていることになります。あるイメージが鏡に映るとき、融合が起きるわけです。鏡は反射であり、反射が鏡なのです。同様に私たちが知ることのできる唯一の現実は、脳に映ったものだけです。よって存在するものはすべて、私たちの主観性の中にあるのです。

物理学者なら、普通はこの考え方に同意しないでしょう。彼らは客観的な手法を大切にしますし、主観性を実質的には敵のように見なしているからです。物理学者は「これは陽子である」とは言いますが、「これが私の感じるところの陽子である」などとは言いません。実際、ヴェーダには客観的知識が欠けているわけではありません。ヴェーダによって、植物学、生理学、天文学、医学など、独自の科学が生まれているのです。しかしリシたちは、客観性こそが物事を知るための最も信頼に足る方法であるとは感じていませんでした。いったん自然の表面的な部分よりも深いところを探求してしまうとなおさらです。主観性とは狭くもなるし広くもなるというのが真実であると、リシは言いました。自然は無線帯域のようなものです。石、星、または銀河全体といった個々の物体に注意を向けるとき、その周波数帯のひとつのチャンネルを選ぶことになるわけです。残りのチャンネルは締め出されなくてはなりませんが、それは意識のその次元においてだけのことなのです。

意識の他の次元はもっと多くの周波数帯を受信しているか、もしくは一度に2つ以上の周波数帯を受信しているかもしれません。現在では、物理学者の推定によると、まわりを取り囲むエネルギー波と粒子の10億分の1以下しか私たちの感覚は選んでいないということです。私たちは、目に見える世界よりもはるかに大きい「エネルギーのスープ」の中で生きているのです。目に見える宇宙自体は、時間が始まる前にどこかで崩壊したもっと大きな現実の残余のようなものであり、本来十次元であったものが四次元に縮小した、根源的な宇宙のまさに極小バージョンであると今では考えられるようになりました（「時間が始まる前に」という表現を使うことをお詫《わ》びします。これは明白な矛盾ですが、ビッグバン以前の出来事がどのように起こったかを言葉にする方法はほかにないのです）。また私たちの宇宙は、創造の瞬間において、今日電波望遠鏡で観察できるエネルギーの10億倍ものエネルギーで満ちていたようなのですが、その残余も6つの次元が消えていったのと同じ隠れた領域へと吸い込まれていったのです。

リシたちは拡張された意識をとおして、この想像を絶する失われた現実さえ手に入れることができると断言しました。理論物理学においては失われた次元や目に見えないエネルギー場は実はどこにも行っておらず、原初的な場の中で「眠って」いるに過ぎないと考えられています。同様に、超越した意識のレベルは至るところに存在し、それを見つけるためにどこか特別な場所に行く必要はありません。ただ目覚めればよいだけなのです。ウィリアム・ジェイムズは、この考え方を次の有名な一節で表現しました。

「目覚めている通常の意識は、理性的な意識と呼んでもよいものですが、意識の中の特別なひとつのタイプに過ぎません。一方、薄っぺらな衝立で隔てられたそのまわりには、まったく異なる意識が潜在しています。私たちは、その存在に気づかずに人生を終えることもあります。しかし、必要な刺激を与えてみてください。そうすればその全存在を感じることができるでしょう」

それほど多くの現実が近くにあるなら、なぜそれに触れることができないのでしょうか？　研究者はその答えの手がかりを、興味深いことに生まれたばかりの子猫を使った実験によって見つけました。猫は、目を閉じたまま生まれてきます。視神経が未発達なままなのです。目を開けると同時に、見るメカニズムも成長します。この2つはつねに連携して行われます。しかし子猫が初めて目を開けたときに2～3日間目隠しをすると、その猫は生涯盲目になるということが1970年代半ばに発見されました。短いけれども決定的な期間に、なにかが視界に入ってくるという経験が、脳内で神経間の結合を形成し、それによって「見る」ことが可能になるのです。

これは重要な発見でした。なぜなら生物学者たちは、遺伝と経験のどちらが行動においてより重要かという問題について意見を異にし続けているからです。これは性格的な特徴は先天的なものか後天的なものか、という昔からある問題と同じです。コマドリは、母鳥から鳴き方を教わるのか、それとも隔離して育っても鳴けるようになるのでしょうか？盲目の子猫の実験は、「先天的なもの」も「後天的なもの」もどちらもきわめて重要であることを示しました。子猫の脳は、「見る」ことがプログラムされていますが、プログラムが適切に起動するためには、なにかが視界に入ってくることが必要なのです。しかし、このことにはもっと深い意味があります。それは、私たちの脳もまさに同じように制限されうるということです。「外側」にある多くのことは、私たちにとっては存在しないものです。それが実在しないからではなく、「内側」において脳がそれらを感知しないようにできているからです。私たちはあらゆるチャンネルを持ちながら、実際は覚醒、睡眠、夢という3つのチャンネルに固定されているラジオのようなものなのです。

私たちが持っている唯一のラジオが脳であるため、神経系の準備が整わない限り、第四の意識状態が存在するかどうかを知ることはできません。私たちは超越的な世界に文字どおり浸かり、囲まれているのですが、それに波長を合わせていないということも十分ありえるのです。

ヴェーダには「思考は海の波のようなものである」というわかりやすいたとえがあります。寄せては引いて行く波は、自身の動きしか見えておらず、「私は波である」と言いますが、波が気づいていないもっと大きな真実とは、「私は海である」ということなのです。

波がどう考えていようと、波と海を隔てるものはありません。波がおさまればただちに、自分の源が海であることに気づきます。無限に広がる、静寂かつ不変の源は、いつもそこにあったのです。

同じことが心についてもあてはまります。思考しているとき心は活発に動いており、思考をやめると静寂の源へと戻っていくのです。そのとき初めて心は純粋な意識に触れ、ヴェーダの本物の宝庫を見つけることができるでしょう。よって、ヴェーダを経験するということは、古代に限ったものでも特にインドに限ったものでもなく、どんな人でもどんなときにも触れられる普遍的なものなのです。ヴェーダを経験するための秘訣とは、通常の意識の流れである水平方向の移動ではなく、垂直方向に沈んでいくことです。この垂直下降こそが超越することであり、瞑想することであり、ディヤーナであり、「超えて行く」ことであり、波と同一視するのをやめて大海と一体化し始めるという心の表れなのです。

この議論が正しいなら、心の本質と心身のつながりについて再考しなくてはなりません。アルキメデスが探していた場所、つまりそこに立って世界を動かせる場所は本当に存在するのです。それは私たちの内側にあり、魅力的であるけれど誤解を与えるような覚醒状態の映像によって隠されているのです。

このことは、なぜ心身医学の効果に一貫性がないのかという理由になっています。がんや命に関わる病気から回復した人が他の人々と同じ精神的構造を持っていると、私たちはなにげなく思い込んでいますが、それは間違っています。精神的プロセスは深いものにも浅いものにもなりえます。深いところまでいくということは、叡智の隠れた設計図に接して、それを変えることを意味します。そのとき初めて、例えばがんと闘うというイメージ法でいえば、そのイメージのパワーが病気に打ち勝つことができるほど強力になるのです。しかしほとんどの人はそうすることができません。思考のパワーが弱すぎて、適切なメカニズムを作動させることができないのです。

瞑想とは思考のパワーを根本的に高めることができるほど強力なものなのか否か、というのは現実的な疑問です。科学者によっていくつかの研究が行われ、瞑想には深遠な変化を引き起こす可能性が実際にあることが示されました。それは、欧米において瞑想に求められているシンプルなリラクゼーションをはるかに超えていて、またストレス緩和、血圧低下といった医学的効果をも超えた深遠な変化です。

第四の意識状態に関する大きな突破口を開いた最初の西洋人科学者は、その存在を証明したアメリカ人生理学者ロバート・キース・ウォレスでした。１９６７年、ウォレスはＵＣＬＡの博士課程に在籍しており、ＴＭ（超越瞑想）というマントラを用いた瞑想法を行っている間に起こる生理的変化について博士論文の研究をしていました。ウォレスは現代の生物医学的手法を用いて、数年間にわたって瞑想者たちのデータを集めました。脳波、血圧、心拍、そして他の身体的変化の数値を測定するために、瞑想者たちに不快な思いをさせることなく電極をつけました。

ウォレスはまもなく、かなりの量のこれまでに類を見ない結果を得るようになりました。まず彼は、瞑想中に体に変化が起きていることを発見しました。瞑想を始めて数分も経たないうちに、被験者たちは深いリラックス状態に入り、それは呼吸と心拍が遅くなり、EEG（脳波図）にアルファ波が現れ、呼吸時の酸素消費量が減少するという兆候を伴います。酸素消費量の減少という現象はとりわけ重要です。細胞のエネルギー消費総量と関連している、体の代謝率が落ちたことを示すからです。生理学者たちは、この代謝率が落ちる現象を「代謝低下状態」と呼んでいます。

瞑想者たちは、すぐに最も深いリラックス状態に達しました。酸素消費量が最低レベルに落ちるには、眠りに就いてから4～6時間かかりますが、瞑想者はたった数分で同じレベルに到達したのです。そのうえ、睡眠中は通常16％未満の低下ですが、瞑想者は、瞬間的にその2倍もの低下を見せました。ウォレスはこうした数値に感銘を受けました。これは、瞑想中に起こることが報告されている内的静寂、平安、リラックスといった主観的感覚は、これほど深くリラックスした状態はこれまで記録されたことがなかったからです。これは、瞑想中に起こることが報告されている内的静寂、平安、リラックスといった主観的感覚は、身体的根拠があることを示すものでした。被験者は眠ったり、トランス状態に入ったりしたわけではないということもまた重要でした。彼らは内的に完全に覚醒しており、意識が高められている感覚さえ持っていました。よってウォレスは、瞑想とは「代謝低下時の覚醒状態」であると結論づけました。彼が測定した値は、覚醒時、睡眠時、そして夢を見ているときに見られる値のいずれとも異なっていたため、まったく新しい意識状態、つまり第四の意識状態を実証したという結論に達しました。

瞑想者の中には、平均をはるかに超える身体的変化があった人もいました。インドやヒマラヤで測定したヨギたちのように、彼らの呼吸は長時間にわたって止まっているように見えました。このような深い状態は、主観のレベルにおいて絶対的な内的静寂、大きく広がる感覚、深遠な意識として経験されました。心からあらゆる思考が消えましたが、「私はすべてを知っている」という明白な意識が残ったのです。こうした経験について説明できる人はいないでしょう。それを分析したり検出したりするほど進んだ科学計器は存在しないからです。

しかしヴェーダの文献を熟知する人々にとっては、被験者が深い超越的な意識を経験していたということは明白なのです。直接的な超越経験についての最も偉大な文献のひとつである『ヨーガ・ヴァシシュタ』は、第四の意識状態についてこう述べています。「努力せずして呼吸を止めることができるとき、それが究極の状態である。それこそが自己であり、純粋で無限な意識なのである。そこに到達する者に、もはや悲しみはない」。生理学者たちが目にしたことを説明するのに、これ以上の表現は見つけられないでしょう。ウォレスは、日本の禅の瞑想者たちの身体的測定も行いました。しかし驚くべきことに、ほとんどがヒッピー以後の世代の若者で、瞑想初心者であったアメリカの被験者たちは、10年も瞑想修行をしてきた禅の熟練者たちとほぼ変わらない数値を得ていたのです。

観点を変えてみると、ウォレスが行ったことは心と体のつながりの正当性を証明するものでした。リシの言うように、体は意識の状態に自然に反応するということは今では事実として認められています。逆説的なのは、私たちは内面に深く入っていくことを学ばなくてはならないことです。瞑想とは、私たちが認識しているかどうかにかかわらず、日々絶えず私たちに影響を与えているプロセスをコントロールすることを教えてくれるのです。

私は最近、60代のボストンの女性を診察しました。彼女は何年間にもわたり、心筋症という心筋がゆっくりと変性していく病気を患っていました。心筋症にもさまざまな種類がありますが、この患者の場合は特発性だと考えられました。特発性とは原因が見つけられないということです。診断時の主な症状は、体を動かすといつも息が切れるというもので、心臓肥大による心不全を起こしていました。医学にできることはほとんどまったくなく、そのため彼女をひどく不安にさせましたが、2か月前に心臓専門医を訪れた際に入院して血管造影図を撮るよう勧められました。

血管造影図を撮る目的は、心臓に酸素を送る冠動脈が詰まっていないか判断することです。心臓専門医は、もしどこかに閉塞《へいそく》があれば動脈疾患ということになり、それなら治療可能であると考えていたのです。彼女は不安を感じたまま検査を受けました。血管造影技師は医師でもあったのですが、検査後、部屋に入ってきて言いました。

「よい知らせですよ。血管はきれいでした。冠動脈疾患はありません。私の考えでは手術の必要はないでしょう」。彼は部屋を出ていくとき、彼女のほうを振り返って言いました。

「もしもっと悪くなるようなことがあれば、残るは心臓移植しかありませんね」

彼女はこれまで心臓移植の可能性について言われたことがありませんでした。そして数日内に、体を動かすときのみならず横になっていても息が切れるようになり始めたのです。眠ることもできず、ますます不安になってきたので、再び心臓外科医の元を訪れましたが症状悪化の原因は見つかりませんでした。ある日、彼女はとうとう心臓移植をしなくてはならないのではないかと医師に告げたのです。医師は、彼女のおそれは根拠がないものであり、そこまで思い切った処置を施さなくてはならないほど病状は深刻ではないと保証しました。その日以来、あらたな症状は消え去ったのです。

私たちはここで再び、主観的な現実と客観的な現実は固く結びついているということを目にしているわけです。心が変化すると、体も従わざるをえないのです。客観的な現実は、私たちの主観的な気分、変わりやすい欲求、感情のゆらぎよりも明らかに安定したもののように思われます。しかし、おそらくそうではありません。ヴァイオリンの弦のようにひとつの音程に固定することもでき、指をスライドし別の音程に変えることもできるのです。そのイメージは、冒頭で紹介したチトラの事例について考えているときに浮かんだものですが、それは私たち誰もにあてはまることなのです。弦の音の高さが表しているものは、意識のレベルです。これは思考、感情、欲求のすべてが集中する焦点のようなもの、もしくは世界を緑色に見せる緑色の眼鏡のようなもので、非常に基本的な内的属性なのです。自分の音程がどれほど一貫したものであるか、ほとんどの人は気づいていませんが、他人にはよくわかるものです。例えば落ち込んでいる人は無理に前向きにふるまっているときでさえも絶望感を放っていますし、敵意を持つ人はまったく無害なことを言ったとしても部屋全体をピリピリした雰囲気にするのです。人の意識レベルは幅広いものなので、100％敵意だけ、あるいは100％喜びだけの人もいませんし、全面的に知性的もしくは全面的に愚鈍な人もいません。100％満足している人も100％不満だけの人もいないのです。各人の性格によって、何十もの微妙な段階というものが存在するのです。

重要な点は、あなたが考えること、行うことのすべてがその意識レベルによって決定されるということです。自分の意識レベルより、もっと高い意識レベルやもっと低い意識レベルで考えることはできないのです。このことは欧米人が誤解しがちなのですが、瞑想がなぜ単なる思考の別形態もしくは内省とは異なるのかという説明の一助となります。瞑想とは実は、指をスライドさせて新しい音程にするためのひとつの方法なのです。超越、もしくは「超えて行く」プロセスは、心を固定されたレベルから離し、たとえほんの一瞬でもまったくレベルのない状態で存在することを可能にするものです。心は、思考も感情も意欲も願望も恐怖も、その他すべてをなくし、ただ静寂だけを経験します。心がいつもの音程（意識レベル）に戻ってくるときには、移動の自由を少しだけ獲得することができているというわけです。

医学的観点から言うと、病気とは音程の狂ったヴァイオリンの弦の位置を表しているのかもしれません。しかし心身システムはなんらかの理由で、より健康的な音程へとスライドさせるために、そのはずれた音程の位置を手放す方法を見つけられないのです。もしそうだとしたら、瞑想は、体を病気から引き離すことを可能にする、パワフルな癒しのツールになるかもしれません。瞑想の研究者たちは、1960年代後半にその可能性に気づきました。大学生ぐらいの年齢の多くの瞑想者が、瞑想を始めて数か月も経たないうちに、アルコールやタバコ、快楽を得るための麻薬といった習慣を自然にやめられたことがわかったからです。これは、麻薬を必要としていた意識の古いレベルから離れることができたと言えるでしょう。神経ペプチドの観点からすれば、瞑想がアルコール、ニコチン、マリファナよりもっと満足ができるような分子を与えることにより、特定のレセプター部位を解放したということかもしれません。

ロバート・キース・ウォレスは1978年までに10年以上を費やして瞑想者への心身的作用について実証していました。彼は新しい手がかりに従い、さらに複雑でホリスティックな分野である人間の老化について研究することにしました。老化のプロセスは、通常の生命において避けることのできない側面であるとして、なんの疑問もなく伝統的に受け入れられてきました。またそのプロセスが多様であることも、主に個体差のためだと考えられてきました。特権的な遺伝子、強い免疫系、もしくは幸運のため、他の人より長生きする人々はいますが、すべての人にあてはまる抗老化因子というものはありません。もしそのような因子があったなら、70歳の人々は均一的に、20代の人々と変わらないぐらいの健康な身体機能を有するようになるかもしれません。

しかし老化は正常なプロセスであるという科学的証拠は存在しません。それは私たち全員にたまたま起こるだけのことなのです。「普通の」生活にはあまりに多くのストレスがあるため、生理機能は騒音、汚染、ネガティブな感情、不適切な食事、タバコ、アルコールといった異常なプレッシャーに常時さらされていると言えるかもしれません。昨今の「忙しい病」だけでも、ほとんどの人の老化を早めています。もし瞑想がこうした因子に反撃するものだとしたら、老化プロセスについてまったく新しいなにかが発見されるかもしれません。

ウォレスは、成人の瞑想者グループに対し、生物学的年齢と呼ばれるものの測定を試みました。生物学的年齢とは、人口全体の基準と比較して、体がどのぐらい機能しているかを示すものです。それによって老化プロセスが暦年齢よりもどのぐらい進んでいるか、より正確にわかるのです。というのも、ともに暦年齢が55歳の2人の人間でも、体はまったく異なるのが通常だからです。まずウォレスが調べる必要があったのは、血圧、聴覚、近点視力(近いところにあるものを見る力)という3つの簡単な数値でした。この3つは、体が生物学的に老化するにつれて着実に衰えていくものなので、便利な指標になるのです。

ウォレスは、瞑想者の生物学的年齢が、暦年齢よりはるかに若いことを発見しました。生物学的年齢と暦年齢の差は小さいものではなく、最もよい数値を示した女性被験者は暦年齢より優に20歳も若かったのです。際立っていたのは、被験者が暦年齢よりどのぐらい若いかは、その人が瞑想を行ってきた期間の長さと密接に関わっているという点です。ウォレスは、瞑想歴5年未満の人々と、5年以上の人々との間に境界線があることを発見しました。瞑想歴5年未満のグループは、平均して暦年齢より5歳若く、5年以上のグループは平均して12歳若かったのです。後にイギリスでこれを裏付けるような研究が行われ、定期的に瞑想を1年行うたびにだいたい1歳若返るという計算になりました。ウォレスのチームをとりわけ驚かせたもうひとつの研究は、高齢の被験者が、若者と同じぐらいよい結果を出したというものです。瞑想を5年以上行っている60歳の場合、48歳の生理機能を持つというのが典型的な結果でした。

この驚くべき研究によって提示されたもうひとつの重要な点は、被験者が老化を遅らせようと「努力」してはいなかったということです。彼らはただ目に見えない障壁を取り除いただけであり、そして望ましい身体的変化が自然に起こったのです。この自然に生じた結果は、とりたてて特殊なものではないようです。1986年アイオワ州で2000人の瞑想者を対象にブルークロス（民間非営利入院費給付健康保険）とブルーシールド（民間非営利医師治療費給付健康保険）によって行われた調査によると、彼らは精神的・身体的な主な病気17領域において一般的アメリカ人よりはるかに健康であることがわかりました。これは非常に重要な進歩でした。例えば瞑想者のグループは、心臓病による入院が非瞑想者グループより87％少なく、腫瘍全般による入院は50％少なかったのです。同様に呼吸器系や消化器の不調、臨床的うつ病などにかかる割合も著しい低下が見られました。研究はひとつのグループに限られたものでしたが、ホリスティックな予防医学のプログラムを行いたい人にとって、これは非常に励まされるニュースです。

第四の意識状態は、私たちの未来において重要な役割を果たすかもしれません。人間の意識の源には、意識の超自然的なレベルが存在します。しかし、私たちがそれを経験することに慣れてしまえば、その意識レベルは通常のものになりうるのです。もしトゥリヤが心の誕生の地なら、そこが心の永住の地になれないことなどあるでしょうか？　それこそ、次に探求すべき領域なのです。そして自然はアインシュタインの仮説モデルの中だけでなく、私たち自身の中でも統合されるものなのか、調べていくことにしましょう。

Expanding the topic

さらなる考察

結果的に、瞑想を脳のポジティブな変化と結びつけるという本章の実際的な側面は、拡大の一途をたどることになりました。(注)瞑想に関する研究は、私が30年前に考えていたのと同じ方向へ進みつつ、速いペースで続けられています。バイタルサイン(生命兆候)には改善が見られ、脳機能へのさまざまな影響もますます精密に観察できるようになりました。懐疑論者たちはこうした論争からは完全に一掃されましたが、「無限の意識」という概念を巡る論争はまだ解決していません。覚醒、夢、睡眠を超える意識の第四の意識状態を認識することで、激しい反発を引き起こしました。「無限の」ということは、心が脳の外側に存在することを意味するからです。

「無限の意識」の実在を証明する道は、姿は見えずとも神はいつもそばにいると信じていない人を説得したい場合は別ですが、宇宙的な心を紹介することではありません。その道は、医師たちを無限の規模を持つ人体へと導くものなら、とりわけ彼らにとってもっと説得力のあるものになります。誰でも「思考はどこで起こる?」と尋ねられると自動的に頭を指さすものです。それはなぜでしょう。私たちは、頭の中で思考を経験するよう反射的に期待してしまうからでしょうか? それはもっともらしく思えます。夜に夢を見ているとき、私たちは自分の夢の「内側」にいると感じるため、さらに漠然とした状態になります。しかし、私たちのほとんどにとって、たいていの場合は「自分の頭」こそ、「自分の心」が存在する場所なのです。

（注）今日における精度の高い測定の例として、『サイエンティフィック・アメリカン』誌の2013年11月号に掲載された、次のような瞑想効果についての調査があげられます。「瞑想は脳のニューロンの相互連結を変えるだけでなく、脳組織の量を増やし、扁桃体の量を減らし、テロメラーゼの働きを増やし、そして分子レベルで起こる炎症やその他の生物学的ストレスを軽減します」

このような考え方は、目、耳、鼻、舌など、多くの感覚器官が頭部に位置するというだけの理由で真実のように感じられるかもしれません。しかし私たちは頭の中で起きている視覚や聴覚の常識的ひな型を簡単に打ち壊すことができるのです。あなたのすぐ後ろで車がバックファイヤーを起こしたら、その音が外耳道に入ってきて、内耳、そして脳の聴覚中枢で処理されるのを感じることはできません。脳内には音はないのです。バックファイヤーを起こしている車の音があなたの外側からやって来ていることは明白です。私たちが考えているのとは正反対に、聴覚とは内側から外側へと作用する能力と考えられている文

Expanding the topic

化もあります。ハイウェイを運転しているときに、突然前方のドライバーが急ブレーキをかけたことに気づいたとします。あなたの注意は、その車のテールランプが点《つ》くのを見るために外へと向かいます。感覚は注意の後に続くため、ブレーキランプに気づいたときにあなたの心はあなたの体の外へ出て行ったと言ってももっともらしく聞こえます。私たちは、誰かが他の誰かに「視線を投げかける」と言うとき、視覚に対してもなにげなくこのひな型を使っているのです。

赤ん坊は五感がもっと広がった経験をしていると言われています。おそらく「共感覚」の中で五感を混ぜ合わせているのでしょう(例えば、音を色彩として、味をかたちとして経験することや、幻覚剤を用いたり深い瞑想にあるときに報告される経験などがあります)。よって、赤ん坊は自分と世界との境界を感じ取りにくいと主張する研究者もいます。しかし乳児から幼児になると、自己と世界との分離が形成され始めるのです。幼児が成長するにつれて社会と家族はこの傾向を強め、最終的には心が頭の中に居座るようになるか、もしくはそのように見えるようになります。変容した状態においては、それがドラッグによって引き起こされたものであろうと深い瞑想によるものであろうと、大西洋横断飛行時のチャールズ・リンドバーグが経験したような、心が四方に拡大していくという報告は無数にあります。椅子に座っているときに、部屋の反対側にあるベルベットのカーテンに手が届いたといった、感覚が文字どおり導かれるというさらに主観的な報告もあります。

神経科学者たちはこのような経験を、心と脳が頭蓋骨《ずがいこつ》という箱の中にともに居を定めたものであると断言し、「異常」と呼ぶでしょう。しかし脳内で起こっているすべてのことと体内のすべての細胞とを結びつける、本書でも論じられているメッセージシステムに始まり、文字どおり「箱の外側で思考する」ことが可能であるのは紛れもない事実です。「いいでしょう。でもやはり脳は心を作る機械なのです。脳を取り去ってみれば、心は存在しなくなるのですから」と神経科学者は主張するかもしれません。しかしこれは、ラジオを消したら音楽は聴こえなくなると言うのと同じなのです。受信機をなくしただけで、音楽を破壊したわけではないのです。

文化的に急進的な問いかけもオープンに行うべきです。「思考するのに脳は必要なのでしょうか？」といった最も極端なものも含めてです。この点について探求するには異なる道筋が存在します。

まず人間の脳だけが心を作るのかどうか考えてみましょう。ペットや家畜を飼う人であれば、動物に心がないなどと言う人はほとんどいません。人間の脳の機能に関わる遺伝子、受容体、神経伝達物質を動物も持っているということは、すでに豊富な証拠がありま す。異なる種の動物の脳が心を作ると言うことは、こうした共有のプロセスや化学物質に心が根差しているものだと主張するならさほど面倒な話ではありません。私たちは、動物の心がどのようなものなのか言い表すことはできません（人間の自己意識のようなものを持っていないものもいるかもしれません）が、こうした生き物が心を持っていると考えてはいけないわけではありません。

次に進化の梯子には、脳の主要部分を必要としない神経系があるということです。クラゲのようなある種の生き物には、体中に神経回路網が張り巡らされています。そして私たちにもそのようなシステムがあります。私たちの消化管は、脊髄《せきずい》から枝分かれする末梢《まっしょう》神経と信号の送受信を行っていますが、末梢神経から切断されても消化はうまく機能できるのです。クラゲのように、私たちの消化管も、蜘蛛《くも》の巣のように張り巡らされた腸の神経系を構成しているのです。細胞生物学の言葉で表すと、特殊化した神経節細胞が局所的な脳のような働きをする腸壁内の筋肉でできた層の間にあるのです。もしどこかの末梢神経を切断しても、こうした神経節細胞は独立した機能単位として自発的に働き、腸に動いて吸収して分泌するよう指示し続けるのです。

腸管は、自分以外の体全体からのアドバイスに従っているに過ぎないということがわかっています。腸管は独自の反応をします。悪い知らせを受け、みぞおちの辺りに落ち込んだ気分を感じるとき、頭の中でそれを経験しているのと同じぐらい確かに感情を経験しているのです。実際、消化管の反応は思考よりも先に起こります。これは、あなたの腸の神経系がそのような反応を独自に生み出していることを意味するのでしょうか？　それは明確にはなっていませんが、ついそのように考えたくなります。確かに脳がしばしば背負いこむような、混乱したり妥協したりしたことに対して、消化管が反応するものだと信じている人は大勢います。

顔の筋肉は、脳と直接的につながっています。私たちは嬉しいときに脳が口と唇に微笑むよう命令していると当然のように思う一方で、その逆もまた真なのです。誰か他の人の顔に微笑みが浮かんでいるのを見ることで私たちは嬉しく感じますし、また子どもたちは悲しい気分から抜け出す方法として微笑むよう教えられます。これが実際に効き目があるかどうかは人によって異なりますが、そのような場合に顔が脳を支配していると言うことはできるでしょう。

頭蓋骨の外でも、脳のような処理が行われているという発見はよく知られるようになりました。ペースメーカー細胞を含む心臓内の伝導系は鼓動を整えているのですが、消化管の神経節細胞が腸の脳であるのと同様に、心臓の脳として考えられています。移植された心臓は、心臓提供者の中枢神経系と末梢神経系とつなげていた神経が断絶されてもそのまま鼓動し続けるということから、伝導系が独立したものであるとわかります。心臓の独立した動きと脳の独立した動きとの間の相関関係は複雑で、完全には理解されていません。

さらにもっと不思議なのは、主に消化管内部にいて、皮膚の上や脳内や他の器官の中にもいて、体の細胞より数のうえで1対10の割合で上まわる、何十兆ものバクテリアです。私たちはこうしたバクテリアを侵入者としてとらえていますが、この微生物は長い歳月にわたり、人間のＤＮＡの二重らせんに沿った広大なスペースに実際は組み込まれているのです。私たちが「人間であること」と呼ぶものが示唆するのは、果てしなく広がる未知の世界なのです。全体として見ると、体のバクテリア成分は微生物叢《びせいぶつそう》として知られています。微生物叢は皮膚の上や消化管の中に受動的に存在するわけでもなく、また体を侵略するわけでもありません。そうではなく、微生物叢は、「ここ」と「そこ」の間の境界にあたり、遺伝子と受容体を持ち、化学的メッセージのやりとりも行うものなのです。私たちの遺伝子に織り込まれている微生物のＤＮＡの機能については知られていませんが、少なくともこれは私たちが自分自身のものとして同化してきた、先祖から伝わる情報なのです。さらに示唆的なことに、かつては異物であったこのＤＮＡは、あらゆる高度な生命体において遺伝子のスイッチのオンオフを担う主体であるかもしれません。

　こうした発見は、私たちの叡智が生態系全体にまで及んでいることの証明となっています。心の物理的基盤は至るところにあるわけです。心を頭蓋骨の中だけに孤立させようとすることは、深刻な反論を受けることになります。「無限の意識」というものを懐疑主義の立場から見るのではなく、すべての思考が無限であると見なす必要があるのです。分離した体という幻想の境界を超越することなくして、この世界にあるものを見たり、聞いたり、触れたりすることはできないのです。夕日を見るということは、文字どおり、自分自身を見るということなのです。

11

病気の起源

リシは心と体のつながりに関する議論において、あらゆるものは心から生じるという簡潔な立場を取っていました。映写機が映画を映し出すように、心が世界を映し出すのです。私たちの体はその映画の一部であり、体に起こるすべてのことも同様に映画の一部です。リシにとって、私たちが自分自身を病気にしたり治したりできることが不思議なのではなく、それを行っているのが私たちに見えないということこそ不思議なのです。もし自分自身を静かに観察することができたら、さらにそれ以上のことが見えてくるでしょう。空も海も山も星も、私たちの脳から流れ出てくるでしょう。それらすべてが、やはり映画の一部なのです。もしリシの見方が正しいなら、私たちが客観的な現実にあまりにも信頼を置いているのは間違っているということになります。しかし私たちの客観的な視点が間違っているようには思えません。全体として、すべてが非常にうまく機能しているからです。空と星は、私たちとは完全に別個の存在として、「外側」に存在しているように見えます。私たちは自分自身の映画にだまされているのでしょうか？

リシたちの立場の正しさを主張するなら、彼らの見方を取り入れなくてはなりません。

それは、通常の覚醒状態にある現実から、ほんの少しだけでも外に踏み出すことを意味します。もしそうすることができるなら、心はパワフルな創造者であるということが理解できるようになるでしょう。私は最近、少しだけですが、それを垣間《かいま》見《み》る機会がありました。それは満席の飛行機でボンベイから飛び立ったときのことです。すべてが完全に正常な状態にあるように見えましたが「禁煙／シートベルト着用」のサインが再び点灯し、同時に客室乗務員がキャビン前方に向かって猛烈な勢いで通路を走って行きました。パイロットからの機内放送がありました。「皆さま、そのまま着席していてください。当機は緊急着陸のため、これからボンベイへ戻ります」。パイロットは声の震えを隠せていませんでした。そして私たち乗客は皆、緊張して静かに座っていました。するとひとりの若いインド人客室乗務員が声を出して泣き始めたのです。

数分後、飛行機は滑走路に着陸し、3台の消防車がすごいスピードで駆けつけてきました。飛行機のエンジンの轟音《ごうおん》よりも大きなサイレンが聞こえてきました。それ以外、なにも起こらず、この出来事についての説明もありませんでした。乗客は、他の機に急いで再び乗り込みましたが、半数ぐらいの人は、そのまま空港にとどまることを選びました。私はこの出来事の間中、それほど動揺することはなく、次の飛行機に搭乗しました。それから10日後、再び飛行機に乗ることになったときも、私の心は落ち着いていました。しかし、「あの音」とともに「禁煙／シートベルト着用」サインが点いた途端、心臓が激しく鼓動を打ち始めたのです。初めのうちはこの2つの出来事を結びつけることができませんでしたが、ほどなくして、自分がちょっとした条件反射を作り出していたことに気づいたのです。パブロフの犬はベルの音を聞くと唾液《だえき》を出しますが、私もそれとほぼ同じように鼓動を速めていたのです。そして理由がわかった途端に、私の鼓動は正常に戻りました。

数秒の間、私の現実をかたち作っているひとつの衝動の誕生に居合わせていたわけです。まさにこのような衝動を何百万も蓄積することによって、自分自身というものを無意識のうちに作ってきたという考え方はもっともらしく思われます。衝動はあまりに速く凄《すさ》まじい勢いでやって来るので、分析することができません。それは滝に自分の水滴を分析するよう頼むようなものです。しかしいちばんの障害となっている点は、それが実に抽象的だということです。リシにとって、全世界は完全なる抽象から一層一層積み重なってできているものなのです。ジョン・ウェインの西部劇も、平らな白いスクリーンの上に光線が反射しているだけのものであると知っていても、見る側はつい没頭してしまうために、それが本当の世界であるように思ってしまうものです。夢とは、脳内で発生する神経の衝動から成っていますが、夢を見ているときは、あなたは夢こそが現実だと確信しています(夢が現実であるという確信が持てなくなったときにやって来る、ぼんやりとした失望の瞬間は誰もが経験しているものでしょう。空を飛ぶ代わりに『これはただの夢だ』と感じ始め、ちょっとした葛藤を経て、覚醒した世界が戻ってくるのです)。

同様に、起きている覚醒した状態であなたが受け入れている現実は、あなたの脳内で衝動が発生することによって認識しているに過ぎません。花に手を触れるとき、触れるという行為は手にある力と物質の場と花にある力と物質の場とを結びつけることなのです。場というものは非常に抽象的ですが、手で触れるということは抽象的だとは思えません。触れることによって確信できるからです。リシたちは、私たちがどのぐらい納得しているかということを非常に重要視しました。ヴェーダの伝統の中で最も偉大な哲学者であるシャンカラは、このことについて、次のような有名なたとえ話をしています。

ある男が夕方、道を歩いていると地面でとぐろを巻く蛇を見かけました。男はおびえて逃げ出し、「蛇だ！　蛇だ！」と叫んで皆を扇動します。村人たちもおびえます。女性と子どもは蛇がいるので外へも出たがりません。皆の不安によって、いつもの生活に影が差し始めます。そんなとき、ある勇敢な人がその蛇を見てみようと決断し、最初の男にその場所に連れて行くよう頼みます。2人がそこに着くと、道の真ん中でとぐろを巻いていたのは蛇ではなくロープでした。シャンカラは、私たちの恐怖というものはこのような思い込みから作られるものだと言っています。実際、現実であると私たちが納得しているもの以外が現実になることはありえないのです。

このような論理の道筋は、特にインド固有のものではなく、現代の基準にも容易に当てはめることができます。2本の棒磁石を、N極同士が向かい合わせになるように近づけたらなにが起きるか考えてみてください。磁場が反発し、2つの磁石は離れます。もしこれが「思考する磁石」だったら、互いの間になにか硬いものがあることを「感じた」でしょう。抽象から触覚を作り出しているのです。そして私たちがしていることもそれと同じなのです。

触れたものが軟らかかったり硬かったり、ギザギザしていたり滑らかだったりという感触がする理由は、そのような解釈が脳内で行われるからです。本来、五感は道具に過ぎません。触覚は、ある情報を記録することに特化した神経細胞を用いて、脳が世界に手を伸ばしているということなのです。それは、非常に狭い領域でのことであり、蛇が舌を空中にさっと出すとき、蛇が「触れる」ものとはまったく異なるということを覚えておかなくてはなりません。

同様に、目の網膜を覆っている神経末端もまた脳の延長なのです。構造的には網膜は擦り切れたロープの端のように広がる神経末端の集まりで、ロープは視神経に当たり、何百万という神経線維を1本のコードとして寄せ集めています。目の感覚細胞は皮膚の下の神経末端よりもずっと奥深い内部にありますが、やはり同じように外の世界に「触れて」いるのです。目が触れる光の場と、指が触れるエネルギー場との間に本質的な相違はありません。見ることと触れることとの間の本当の区別は、脳の中で行われるのです。これは他の感覚についても当てはまります。聴覚、臭覚、味覚も、脳に直接衝動を送る特殊な細胞を用いており、衝動は脳で解釈されます。その解釈がなければ、なにも存在することはできないでしょう。

存在するあらゆるものは私たちの感覚と結びついており、感覚は脳と結びついています。「この椅子は硬い」という常識的な見方は間違っており、「この椅子は硬い。なぜなら私の脳がそう思うからだ」と言い直さなければなりません（その椅子は宇宙光線にとってはまったく硬くありません。宇宙光線は空気のように椅子をすり抜けます。ニュートリノはそれと同じぐらい簡単に地球全体をとおり抜けます）。リシはこの洞察を用いて、さらに深く踏み込みました。ある物体の感触を知るために、それを物理的に触る必要はないということに気づいたのです。糊《のり》のきいた麻のナプキンと薔薇の花びらとでは、どちらが柔らかいでしょう？　わざわざ出かけて、本物のナプキンと薔薇の花びらを見つける必要はなく、触ったときの感触をイメージすることで、心の中で簡単に比較することができるのです。

なぜこのようなことができるかというと、触覚のさらに微細な段階にまであなたは達しているからです。同様に、聴覚、視覚、臭覚、味覚にも微細な段階があります。しかし、心のこうした段階にはさらに続きがあります。瞑想中、五感を超越したさらなる彼方へと到達し（アーユルヴェーダでは、これをタンマートラと呼びます）、そして統合された状態の意識に到達するのです。ヴェーダの文献は、これを手の指5本をたどっていき、ついには手のひらに到達することになぞらえています。主観的には、薔薇の視覚イメージは心のスクリーン上でどんどんぼやけていき、最後にはスクリーンそのものしか残らなくなります。そのとき、感覚の真の源、つまり叡智の場そのものにいることになるのです。このようにして、物理的現実という世界全体が生まれるのだとリシたちは考えました。

ここまで来ると、深い哲学的な海の中に浸っているような感じがしますが、実際、触覚、視覚、聴覚、臭覚、味覚というあらゆる層が私たちの日常生活に影響を与えています。例えばあなたは牡蠣《かき》が大好きで、私は大嫌いだとします。その違いは牡蠣にあるのでも味蕾《みらい》にあるのでもありません。牡蠣分子と口の中の味覚受容体との接触という点では、2人とも同じです。しかし味わうというプロセスの中にあなたの喜びが入り込み、私の場合は嫌悪感が入り込むのです。経験のあらゆる生データは、叡智のフィルターを通過しなくてはならず、人によってその評価はまったく異なるのです。

この世界でなにかが変化しているように見えるとき、変化しているのは自分なのだとリシたちは言いました。私の友人で、同じくインド人の外科医がいます。彼はかなりの美食家という評判でした。好物はオムレツで、それが風変わりであればあるほど喜びました。ところが前回日曜日のブランチを一緒にした際に、彼はオムレツを注文しませんでした。気になった私は尋ねました。すると「オムレツの味にはもう我慢がならないんだ」と言うのです。その週の初めに、突然オムレツが好きではなくなったということでした。

彼は家でオムレツを作ろうと卵をかき混ぜていたところ、それを6歳の息子アルジュンが見ていました。卵をひとつずつ割り、殻を投げ捨てていましたが、たまたまそのうちのいくつかが、スズメ用の餌を入れてある茶色い袋の中に入りました。「そんなことしないで！」。アルジュンが真面目な顔で言いました。「自分の赤ちゃんが死んじゃったって鳥が思って、餌を食べなくなっちゃうよ」。友人は、いつもは息子のおませな発言を誇らしく感じていたのですが、突然、作っている最中のオムレツも、他のどんなオムレツも、その味に耐えられなくなったのです。彼に起こった変化を科学的に測定することはできないでしょう。あまりに漠然としており、またあまりに個人的なことだからです。「オムレツはおいしい」という思いは、「オムレツはまずい」という思いと同じぐらいの重さになってしまったのです。これは他のすべての感覚にも言えることです。ガチョウの羽の枕は柔らかいでしょうか？　頭が枕に触れるとうめき声をあげるほどの偏頭痛がある人にとっては柔らかくはありません。ジェット機は速いでしょうか？　月から見れば、速くはありません。つまり、感覚的印象の解釈の幅には限りがなく、それに対する体の反応も限りなくあるのです。

リシは、命とは自分が参加することによって作られると言いました。よいもの悪いもの、硬いもの軟らかいもの、つらいものも心地よいものも、自分がそれを味わわない限り、存在しないのです。病気についても同じことが言えます。外的な有機体が、あなたの体の分子と分子的な接触を持つことを病気と言うのではありません（先に見てきたように、たとえある人の鼻に濃縮した風邪ウイルスを1滴たらしたとしても、その人が風邪をひく確率は8分の1以下なのです）。病気は、血液中を流れる毒素でも、暴走する細胞による活動でもありません。リシの考え方によると、病気は、私たちが生きている一瞬一瞬の連なりであり、その間も私たちは体を含む自分の世界から流れ込んでくる膨大なエネルギーのどんな小さなものまでも観察しています。

体もまた世界なのです。私が初めてアーユルヴェーダに関わったとき、古《いにしえ》の文献に書かれた次のような一節に深く心を打たれました。

人の体は宇宙の体であり
人の心は宇宙の心であり
小宇宙とは大宇宙なのである

この言葉にはさまざまな解釈があります。私にとって重要なのは、日々の生活を送る際に2つの世界、つまり自分の中の小さな世界と自分の周囲の大きな世界を自分が担っているということです。私が太陽、空、雨の降る可能性、他人が発する言葉、オフィスビルによってできた影などの「外側」を詳細にわたってひとつひとつ評価し、それが「内側」の出来事と一致するわけです。私には世界を変えるための選択肢がつねに無限に開かれているのです。世界は私が与えるとおりのかたちになるからです。著名な神経学者ジョン・エックルス卿は、このことについて非常に明快に述べています。「自然界には色も音もないということに気づいてほしいのです。質感、模様、美、香り……といった類のものはなにも存在していないのです」。つまり宇宙において、自分自身が参加するということほど重要なものはありません。

リシの主観的なアプローチは、アーユルヴェーダを非常に有用な出力方法として見なしました。アーユルヴェーダは一般に医学体系として分類されますが、誤った考え方を正し、病気であるという思い込みを取り払い、もっと健康な現実と入れ替えるシステムであるとも言えます（アーユルヴェーダという名前自体、最も広い意味における医学を表します。「生命」を意味する「Ayus」と、「知識」もしくは「科学」を意味する「Veda」という2つのサンスクリット語に由来する言葉で、その文字どおりの意味は「生命の科学」です）。

アーユルヴェーダ的な治療とはどのようなものなのか、患者は知りたがります。新しい薬を試すことなのか、運動療法や食事療法なのか、もしくはなにか神秘的な東洋の療法があるのか。私はそのすべてにイエスと答えますが、そしてややきまり悪さを感じつつ、ただ話をすることに多くの時間を費やすということを付け加えます。患者が自分の病気に納得してしまわないようにするためです。アーユルヴェーダでは、これこそ治癒における最初の、そして最も重要なステップとなるのです。患者が自分の症状によって病気を確信している限り、「病気である」という入力が支配する現実にとらわれます。アーユルヴェーダにおいて、瞑想がなぜそれほど重要であるかという理由は、病気の影響が及ばない「自由地帯」へと心を導いてくれるからです。そのような場所が存在することを知るまでは、病気は完全に優位に立っているように思われます。こうした妄想こそ、まず打ち砕く必要があるのです。

私たちはみな自分でシナリオを作り、そのシナリオによって自分自身を細胞に至るまで納得させているということは否定できません。最近、バーモント州の大学に通うボストン出身の若い女性が両親に連れられて私のところに診察を受けにやって来ました。春学期の最中なのに、娘が鋭い胸の痛みを訴えて家に帰ってきたとき、両親は非常に動揺したといいます。症状は風邪が治りかけていたときに始まり、1週間で驚くほど悪化しました。ある夜、彼女はひどい発作に襲われました。息切れ、動悸《どうき》、めまいがし始め、非常に驚いた両親は最寄りの緊急救命室へ娘を連れて駆け込みました。

到着する頃には、家族中がほとんどパニック状態になっていました。緊急救命室の医師は彼女の心音を聞き、やや雑音があることに気づきました。心電図をとることになり、その結果、異所性収縮、つまり心臓のリズムの他に余分な鼓動があることがわかったのです。そして、超音波を用いて、心エコー図というさらに詳しい検査を行いました。その検査から、本当に心臓に欠陥があることがわかったのです。

「娘さんは、僧帽弁逸脱です」。医師は家族に伝えました。この病気は、心臓弁のひとつが閉じて内側の心室に向かって膨れ上がるというものです。「集中治療室で一晩入院していただきたいと思います」。医師は言いました。そして1時間も経たないうちに彼女は2階へと運ばれて痛み止めのモルヒネの点滴を受け、酸素吸入の細いチューブが鼻にテープでとめられました。まわりは心臓発作や卒中患者ばかりで、中には明らかに死にかけている人もいました。その経験すべてがあまりにつらいものでしたが、そのうちにモルヒネによる幻覚が始まり、眠りに落ちました。

翌朝、検査結果を詳細にわたって調べたところ、痛みは僧帽弁逸脱からだけではなく心膜炎も関係しているかもしれないと医師は診断しました。心膜炎とは、心臓を覆っている心膜の炎症です。そのため強い抗炎症剤が投与され、また心拍を抑えるためにβ遮断薬も投与されました。胸の痛みは収まりましたが、彼女はβ遮断薬には耐えられませんでした。心臓に効くだけでなく脳の受容体と結合し、眠気と精神的不調を引き起こすからです。

薬は変えてもらえましたが、ただあらたな副作用がもたらされて症状が増えただけのことでした。新しい処方薬は血管を拡張させるものでしたが、血圧を下げすぎることになり、めまいと吐き気を引き起こしました。時折なんの前触れもなく気を失うこともありました。彼女はこうした副作用をなんとか我慢しようとしましたが、それはなんとしても学校を続けたかったからでした。薬の量を少しでも減らそうとするたびに、他の症状と一緒に胸の痛みが物凄《ものすご》い勢いで戻ってきます。夏休みに家に戻ったのですが、ある夜、食事中に胸をつかんで苦しみ、両親を驚かせました。過呼吸が始まり、それがあまりにひどかったので母親は紙袋をあちこち探し回り、そしてその中で呼吸をさせました。数分も経たないうちに激しい心臓の動悸を感じて吐き始め、ついには気を失ってしまいました。両親は夜どおしで彼女のそばについて看病し、それは幾晩も続きました。

医師たちもそれ以上は手の施しようがなかったため、家族は他の方法を探し回りました。たまたまアーユルヴェーダについて書かれた記事に出会い、7月のある日、両親と娘の3人でランカスターのクリニックにやって来たというわけです。私は本人から病歴について詳しく話を聞き、心電図を見て非常に驚いたのです。

「痛みは心臓からのものではありません」。私は彼女に言いました。それを証明するため、胸骨を強く押しました。胸骨とは、胸の真ん中にあり、心臓を覆っている骨です。彼女はたじろぎました。「まだ触ると痛いですよね。元々の炎症はここにあったからです。肋軟《ろくなん》骨《こつ》と胸骨が交わるところです。肋軟骨炎といって、風邪や他のウイルス感染の後で始まることが時々あるのですよ」

彼女も両親もびっくりしているようでしたが、私は難問を少しずつ解いていくように、さらに続けました。緊急救命室に駆け込んだ夜、彼女のひどい不安が異所性の、つまり余分な鼓動を引き起こしました。主な診断である僧帽弁逸脱は、彼女のようなスリムな若い女性の10％もの人に見られるものです。理由はよくわかっていません。また患者の中には痛みがある人もいますが、なぜこの病気が痛みを引き起こすのかという確証も得られていません。同様に、それに伴う心雑音も危険なものではなさそうです。心膜炎という診断は、心電図の読み間違いでした。発作が激しいものだったので、おそらく緊急救命室の医師は、なにか異常を見つけなくてはと過度に不安になっていたのでしょう。吐き気、嘔《おう》吐《と》、動悸、めまい、失神、息切れ、過呼吸といったその他の症状は、薬か、もしくは直接彼女自身によってもたらされたものです。

「私は、今の状態が生じた瞬間に遡ろうとしたわけです。それが少しずつ、どのようにしてできあがったのかをあなたに伝えるためにです。現状では、あなたの病気は鏡に映った像のようなものです。あなた自身の期待によって、病気は生かされ続けているのです」。私は言いました。

この時点で、彼女の両親は気分を害しているようでした。娘が死んでしまうのではないかと心配しつつ、夜どおし看病するときの不安がどれほどのものか、私にもわかります。私は誰を責めているわけでもないということをわかってもらうために、「禁煙」サインが点くと動悸がしたという飛行機での私自身の経験について話しました。あのときの状況にもう少し恐怖が追加されたら、私の動悸は、彼女が思い込んでいるのと同じように、「心臓の病気」の始まりになっていたかもしれません。

両親はまだ不安げでした。刺すような胸の痛みに娘が苦しんでいたとき、娘は病気の犠牲者だと考えていました。それが今では、娘が自分で病気を作っているとでも私が言っているように思えるわけです。心身医学の時代の最大の泣き所はそこにあるのです。細菌のせいではない病気が「思い込み」だと考えられていた頃は、話はもっと単純でした。細菌は大いに退却させられましたが、私たちを病気から解放するかわりに、病気はさらに得体の知れないものになってしまったのです。私はがんに襲われるのを待っているのでしょうか？　もしくは自分の性格のせいでがんになってしまうのでしょうか？　この女性の場合は典型的な例です。心臓専門医は、心臓の欠陥が痛みの原因であると指摘するかもしれません。精神科医は、心臓の欠陥は関係なく、ただパニックに陥っていただけだと言うかもしれません。飲んだ薬が嘔吐を引き起こしましたが、薬をやめてからも彼女はまだ嘔吐していました。血圧の低下が失神を引き起こすことはありますが、不安も原因になりえます。現代医学はこうしたことを際限なく議論しながら、その方向性が大きく揺れているのです。

患者のアンケート調査によると、その結果は罪悪感の大幅な増加でした。患者の恐怖を探ることと煽《あお》ることととの間にある境界線はこのように非常に微妙なものなのです。私は何時間も座ってがん患者のカウンセリングをします。彼らは「医者が話している」ということで、注意深く耳を傾けます。私は彼らに「がんは克服することができる」と告げ、彼らは即座に、そして不安げに同意します。しかし私はまたひとりになると、彼らの目の中に潜んでいた「先生は私が病気だと言いますが、本当は私が自分で病気にしたのです」というおそろしい考えにとらわれます。

その若い女性の患者はしばらく無言でいた後に「では私がこの病気を作り出しているのですか？」と言いました。

「そうではありません」。私は答えました。「でもあなたがそれに関与しているのは確かです。関わるのをやめてみてください。必ず事態は好転しますよ」

「どうやって？」。彼女は尋ねました。

「自分の条件付けから抜け出さなくてはなりません」。私は言いました。「次に発作が起きたら、1歩下がって客観視してみてください。痛みを痛むままにしてみてください。できるだけなに食わぬ顔をするのです」。それができれば、おそらくすべてが消えていくでしょう、と私は言いました。

彼女は私の話をじっと聞き、礼を言って、それから2週間、なんの音沙汰《おとさた》もありませんでした。おそらく気に障ったのでしょう。私は彼女の病気をどんどん個人的なものにしてしまいましたが、彼女の家族は病気が個人的なものなどではないことを心の底から願っていたのです。従来の医学は、個人的な要素が取り除かれるように、病気をわざわざ整然とした分類可能な箱の中に入れようとしてきました。話しているうちに、彼女が医師の診断を非常に重視していることに私は気づきました。どんな話をするときにもいちいち「私が僧帽弁逸脱になったとき」という前置きをするのです。それはまるで病名がすべてを説明しているかのようでした。「僧帽弁逸脱」という言葉はすべての症状を引き寄せて固く結びつけておく網のようなものでした。私がそれを指摘すると、彼女はすっかり考え込んでしまったようでした。「僧帽弁逸脱」という言葉にあまりに入れ込んでしまったので、言葉自体が彼女にとって魔力を宿してしまったのです。時に信じがたいほど強力になりうるこの魔力の呪《のろ》いを解くことが不可欠です。

彼女が私の診察を真剣に受け止めてくれなかったと考えたのは間違いでした。どうなったか知りたくて、私は電話で様子を尋ねたのです。すると、とてもよい知らせを聞けました。彼女は薬をすべてやめ、発作も今は時々胸の痛みがある程度になったとのことでした。両親は時折、彼女が目を閉じて座っているのを見かけることがあり、なにをしているのか聞いてみたところ、「ただ痛みが去って行くまで見ているの」と答えるそうです。めまい、嘔吐、失神といった痛みに伴う他の症状は消えていました。

人の心理には嫌悪、恐怖、戦慄《せんりつ》、畏怖《いふ》といったある種の極端な感情が存在しますが、そうした感情に直面することができない人は大勢います。そのような人々がおそれおののいたり、畏怖の念を抱いたりするとき、彼らは自分の感情が外から来たものであると断言するかもしれません。妄想症の人の場合、「彼ら」がある種の魔法を使ってそのような感情を自分に送っているのだと考えることさえあるかもしれません（「彼ら」とは、火星人だったり、共産主義者だったり、またはお隣さんだったりします）。フロイトは、それを私たちの「不気味な」感情と呼び、神経症や精神病の患者の中にあるその不気味な感情を何年も費やして観察しました。

しかし不気味さはつねに存在していると私は考えています。私たちの最も知られたくない恐怖に覆いをかけるというのは自然のなすわざであり、内なる痛みが目に見えないダムを破壊して外にあふれ出すその瞬間まで、その痛みを私たちから隠します。その際に2つの思考が生じます。「これは私に起こっているのか、それとも私が起こしているのだろうか」。最終的な結果が病気であれ、きわめて不快な感覚であれ、それは関係ありません。重要なのは、患者が自分の疑念に翻弄《ほんろう》されないようにすることです。疑念にとりつかれると、完全な麻痺《まひ》状態に陥ってしまうのです。

医学は病気の個人的性質を適切に扱わなかったために、すでに大きな代償を支払ってきました。一例をあげると私たち医師は患者に罪悪感を起こさせるものの、それを癒すことができないということです。病気になったのは自分のせいだと考えるのは非常におそろしいことです。医師は、自分たちが患者の罪悪感をかきたてているとは思っていません。おそらく、誰が悪いわけでもないと何度も何度も言われることによって罪悪感は生まれるのでしょう。しかし、もし正しい生き方をすれば心臓発作やがんを防ぐことができるというなら、間違った生き方をすればそうした病気を招くことになるということを受け入れなくてはならないのではないでしょうか？

罪と責任という問題を解決するには痛みが伴います。私が内分泌科のクリニックを開業していたとき、糖尿病になるリスクの高い肥満の患者を診察することがよくありました。食べすぎの状態が続くと危険であると彼らに警告するのですが、同時に私は罪悪感を植え付けており、それがさらなる食べすぎを招くことになることもわかってもいました。チェーンスモーカーの患者には、私は確信を持ってこう言ったものです。「タバコをやめなければならないと、ご自分もわかっているはずです。あなたが冒しているリスクについて考えてみてください」と。こうした患者の多くはボストンの退役軍人病院で診察した退役軍人たちでしたが、私の話を聞いた後、その足で2階の売店へ行ったりするのです。病院の売店では政府の補助を受けて、かなり安い値段でタバコを買えるというわけです（インターンの夜勤中にタバコを吸っていた私もそこで買っていました）。

実際、肺がんほど罪と責任の矛盾が浮き彫りになる病気はありません。この病気は喫煙者がなるものだということは一般によく知られており、それは患者に真っ向から責任を負わせることになりますが、そこで再考の余地が生まれます。彼らはニコチン依存症患者ではないのでしょうか。1988年に公衆衛生局長官によって発表された報告には、その点については肯定されており、ニコチン依存症はヘロインの依存症やアルコール依存症よりも治すのが難しいとされました。これは、理性的な状況を扱っているわけではないということを意味します。

ジグムント・フロイトは、1日に20本の葉巻（フロイトの通常の本数）は心臓に悪いと医師に告げられた後で、長年にわたって禁煙を試みてきました。一度は7週間禁煙できましたが、動悸は以前より悪化してしまいました。耐え難いほど気分が落ち込み、葉巻に戻らざるをえないのでした。禁煙中のことについて、フロイトは伝記作家にこう語っています。「あのひどい苦痛は、人間の我慢の限界を越えていました」。私は、進行した肺がん患者が放射線治療の順番を待つ間、廊下の片隅でタバコを吸っているのを目撃したことがあります。これは禁煙が不可能であることを示唆しています。禁煙は、最初の1本に火をつける前に始めなくてはならないのでしょう。

肺がんだけでなく、あらゆる病気において患者は依存症患者だったり、罪悪感を持ちすぎていたり、もしくは助けてもらえると過信していたりすることがよくあります。人間には酷《ひど》く不合理な側面があるということは否定できません。退役軍人病院では、あらゆるタイプのアルコール依存症患者を引き受けていました。その中には、いつも警察によって路上から連れて来られる、栄養不良でぼろぼろになっている人々もいました。アルコール依存症が進んだ人によく見られる状態のひとつに膵炎《すいえん》があります。膵炎になって運び込まれる人は皆、慎重を要しました。彼らは食べることも消化することもできません。すい臓が働き始めると、炎症はひどくなり、強い痛みが起こるからです。ほんの一口でも食べようとすれば、吐いてしまいます。点滴によって栄養を与え、すい臓の炎症を起こし続ける消化液を抜くためにもう1本の管を胃に差し込み、しばしば起きる感染症に対抗するために抗生物質を注射しなくてはなりませんでした。それが彼らを死の淵《ふち》から救い出すために私たちにできるすべてでしたが、そうした処置がうまく行って退院後に再び路上へ戻されても、同じことが繰り返されることがよくありました。2階の窓から外を眺めると、病院を出て通りを渡ったところに酒場があります。患者は病院の玄関を出ると、よろよろしながら通りを渡り、そのバーに入って行くのでした。病気が治った10分後には、最初の1杯を飲むわけです。このような人々への慈悲心にも限度というものがあります。彼らに「タバコや酒をやり、運動せずにコレステロールを摂り続けるなら、もう救いがたいですね」と言ったとしても許されるでしょう。明らかに誰もがそう言うでしょうし、誰もが少なくとも考えはすることです。しかし慈悲の本質とは、よい人間になるのがいかに難しいかを認識することにあるのです。誰かを許すことは、その人を自由にすることです。たとえその人が許せないほどにその自由を濫用《らんよう》したとしてもです。

インドには、サドゥーとサソリについてのこんな話があります。

ある男が道を歩いていると、溝のそばでひざまずいているサドゥーに気づきます。近づいてみると、そのサドゥーはサソリを見ています。サソリは溝を渡ろうとしていますが、泥水に入ると溺《おぼ》れそうになります。サドゥーは、サソリを水から出してやろうと注意深く手を伸ばしますが、触れるやいなやサソリに刺されます。サソリは再び水の中にはまり溺れそうになると、サドゥーが引き上げます。そしてまた刺されるのです。

その男はそんなやりとりが3回起こるのを目にし、ついに口走ります。「なぜ自分が刺されるようなことをやめないのですか？」。サドゥーは答えます。「私にできることはなにもないからです。刺すことはサソリの本質であり、救うことが私の本質なのだから」

社会が医療機関を設けてきた理由は、相互扶助という私たちの本能が決してなくならないことを保証するためなのです。他人の弱点を責めないということも同様の本能で、この本能のために、自分のものではないトラブルの責任を引き受けてしまうわけです。病院に足を踏み入れ、そこで慈悲の心が失われていることがわかったら、私は医学の終焉についで書くでしょう。そのとき闇が勝利するのです。

現代医学において、病気は客観的な原因によって引き起こされるという考えが今でも支配的です。最新の分析によると、この見方は部分的にしか正しくはありません。病気は、病気の主が受け入れない限り、根を下ろすことはできないのです。よって、最近の流れとして免疫系の研究が試みられているわけです。歴史的にはギリシャの医学もアーユルヴェーダも、病気の主こそが最も重要であるという考えを土台に築かれたものです。ギリシャ人は、あらゆる生物の内側、外側、そして間を流れる「physis（フィシス）」という流動体があると信じていました。フィシスの流れは体内の器官と外の世界とをつなげており、両者のバランスが取れている限り体は健康なのです（この前提は、外側の世界を説明するのに、今でも「physics（物理学）」という言葉が用いられ、内側の世界を説明するのに「physiology（生理学）」という言葉が用いられていることに反映されています）。アーユルヴェーダでは、健康を維持するためにはドーシャと呼ばれる3つの要素のバランスをとる必要があるとされています。大事なのは、フィシスやドーシャが存在するかどうかということではなく、人が病気か健康かを決定するのはその人のバランス状態によるということなのです。

医学は、あらゆる癒しの技術の中でも最古のこうした考え方に回帰しつつあります。しかし個人というものが無視された雰囲気がいまだにあちらこちらに漂っているように私には思えます。私たちは免疫系と呼ばれる具体的なものを提示し、そこに希望を託しています。本来の考え方は、ギリシャ人やアーユルヴェーダによって表明されてきたようにもっと本質的なものでした。患者は単に宿主細胞が集まったものではなく、食べたり飲んだり、考えたり行動したりする人間でした。もし医師が誰かのドーシャやフィシスを変えたいと思ったら、その人の習慣を変えました。このように医師は、患者の世界との関わりの根源的なところに直接向き合っていたのです。

世界には医療システムが多数あり、その多くは互いに根深く対立しています。人を癒すものでありながら、それでいて完全に意見を異にすることがどうして成り立つのでしょう。私には毒だと思われるものが、ホメオパスにとっては治療だったりするのです。その答えは、どんな医学も患者が一瞬一瞬、病気を生き抜く助けになることによって効力を発揮するということだと私は思います。そして、バランスが病気から治癒へと傾いていくわけです。そのプロセスは、本の中ではなく生きた人間の中で起きることなので、これ以上詳しく述べることはできません。ぶどうジュースを飲んで、がんが治る人もいるのです。心身にバランスを復活させることができれば、患者の免疫系も反応するでしょう。免疫細胞にとっては、医師が通常の医療を信じていようが、ホメオパシーやアーユルヴェーダを信じていようが関係ありません。病気との関わり方を変えることができるものであれば、どんな医療システムも効果をもたらしうるのです。しかし、中でもアーユルヴェーダは傑出していると私は考えています。なぜなら、まず患者の現実を癒すことによって治療を行う必要性を認識しているからです。

私はますます患者の個人的な現実が重要であると感じるようになりました。ある中年の放射線科医が、白血病という診断を受けた後で私の元にやって来ました。彼は白血病について熟知していました。彼の病気は慢性骨髄性白血病という予測困難な種類で、骨髄球と呼ばれる白血球が侵されるものです。その時点では日中の疲労感以外に症状はありませんでしたが、死亡統計は彼もよく知っているとおり厳然たるもので、平均的な生存期間は36か月から44か月でした。その一方で予測のつかない病気であるため、もっと長く生きられる可能性もありました。

私のところに来る前に、彼はニューヨーク市の一流のがん研究所で診察を受けていました。広範囲にわたる血液検査を行い、6種類の実験的薬剤の治療要項の中から好きなものを選ぶというものでした。彼の白血病には一般に認められた治療法がひとつもなく、実験段階のものでも延命を確約するものはありませんでした。

熟考の結果、彼は治療を拒み、自然寛解について書かれたものをむさぼるように読み始めました。その中に私の著作も含まれており、それで私のところにやって来たわけです。話しているうちに、あるひとつの些細《ささい》なことが彼にとって大きな障害になっていることに私は気づいたのです。

「治ると信じたいのですが、とても心配なことがあるのです。がんの自然寛解についていろいろ読んだのですが、白血病からの自然寛解のケースはひとつもなかったのです」。彼は言いました。

彼の医師としての心理がどう働いているかが見てとれました。彼が患っている白血病の種類は、フィラデルフィア染色体と呼ばれる遺伝子成分と関係しています。その染色体の検査結果が陽性だとわかったとき、医師である彼にとって、それはすべての終わりを意味しました。遺伝学的に死を運命づけられたのです。もしも奇跡を起こすとしたら、アーユルヴェーダにしかチャンスはもう残っていませんでした。しかし資料の中には白血病に奇跡が起こった前例を見つけることができなかったのです。

「あなたはこの病気の統計学的な数値にとりつかれているのですよ。もうそんなことは忘れてください。あなたながしたいのは、統計を打ち破ることじゃないのですか？」。私は言いました。

「ええ、そうですよね」。彼はぼんやりとした様子で言いました。「でもどの文献を読んでも自然寛解の例はひとつも見つけられないのです。もちろん私が最初の例になることはできるわけですが……」。消え入りそうな声で言いました。

そのとき私は名案を思い付きました。「ご自分がなにか別のがんにかかったと思い込んでみてはいかがでしょう？　そうすれば、少なくとも自然寛解の望みは持てるのですから」。私は提案しました。

彼の顔はパッと明るくなり、その提案に大喜びしました。他にもよい知らせがありました。私はちょうど小児白血病とストレスを関連付けた記事に出会ったところだったのです。病気はまったく違う種類のものでしたが、この男性もまたひどくストレスの多い生活を送ってきていました。妻からは離婚話を突き付けられ、仕事のパートナーである医師たちからは訴訟を起こされ、もう成人している子どもたちはもはや彼と口も利かず、そのうえ2軒の家と3台のベンツを維持していかなくてはなりませんでした。病気の診断が下されたのは、たまたま泥沼の離婚騒動の最中で、そして今では妻は彼の元にとどまると主張していたのです。その理由とは、彼が死んだ後にひとりぼっちになることへの恐怖でした。「ストレスと小児白血病には関連があるという記事を読んだところなのです」。私は言いました。それを聞いて、彼は微笑みました。彼の中の科学者の側面が、ストレスとコルチゾールのような「ストレスホルモン」の活性化と、免疫システムの抑制との間に因果関係を見出したからです。おそらく彼に起こったのもそういうことなのでしょう。彼の種類の白血病をストレスと関連づけた人は誰もいませんでしたが、今やつかめる藁《わら》がもう1本増えたわけです。

彼は帰って行き、その後もずっと元気でした。次にやって来たとき、血液検査をすべきかどうか私に尋ねました。白血病は白血球数の増加を引き起こすので、もしもその数値が下がっていたら、本当に治っていることの証明になるのです。

「もしも数値がよくなかったら、落ち込み、さらなるストレスに身をさらすことになりますよ。数値がよいならよいで、どちらにしても治っているということなのですから。なにか兆候が表れるまで血液検査は待ってみてはどうでしょう?」。彼は私の言葉に同意し、帰っていきました。

最近彼に会ったのは、つい先週のことです。彼は、白血病ではなくがんだと思い込むことはとても効果があるようだと言いました。

「どうしてわざわざがんだと言うのですか？　名前のない慢性病を持っていると自分に言い聞かせてみてはどうです？　もし名前がないなら、統計についてもなんら心配する必要はないのですよ。不思議な病気にかかりながらも長生きする人はたくさんいるのですからね」。私は言いました。

この最後の言葉に彼はとても喜びました。大いに安心を得て私と握手し、クリニックでアーユルヴェーダの治療を受けることに初めて同意しました。これまでのところ、私がこの男性に対して行ったのは病気のレッテルを貼《は》り換えることだけです。しかしそれによって彼は自分の評価を全面的に変えたのです。今、私たちは治癒の始まりを目撃する機会に恵まれたというわけです。

expanding the topic

さらなる考察

30年前に、個々の病気は個人的なものであるという考えを打ち出すことはなかなか大変なことでした。医師は医科大学で疾病自然史、つまりある病気が平均的患者において通常どのような経過をたどるかということについて学びます（医学生の古典的なジョークにこんなものがあります。「風邪を治すのに7日かかるが、もし十分に養生すれば1週間で治るだろう」。このジョークの落ちに深く根付いているものは、厳格な医学的事実がなによりも優先されるという確信です。個人差は二の次であり、だいたいにおいては厄介ものなのです。なぜならそれは統計的見本を歪めるからです）。

今では、医師たちにとってさらに受け入れがたいあらたな考えがあります。それは「すべての病気は個人的なものである」ということです。実際、そうでなくてはなりません。これは私のうぬぼれから言っているわけではありません。すべての病気が個人的なものであるのは、現実は個人的なものであり、病気であることや健康であることは現実の一部だからです。隣の席の人が風邪をひくのと同じタイミングで風邪のウイルスがあなたの免疫系と接触するという事実はおおざっぱな考え方です。風邪によっては1か月も治らないものもあります。ウイルスはつねに変異するものであり、またウイルスが変異するときには

Expanding the topic

ぶのです。

私たちの免疫系も同様に変異して対抗します。免疫系は、ウイルスが教えるべきことを学

本書を書いたときには微生物叢についての研究はまだ始まっていませんでしたが、バクテリアもしくはウイルスが世界中を移動しているのは、DNAが自分自身に話しかける遊びであると自信を持って述べました。DNAは体の内外を通過させ、体の周囲そして体中を巡らせるメッセージをつねに送っています。昨今では、微生物叢は体の中に寄生する無断占拠の一団ではないということがわかっています。こうした微生物こそがメッセージであり、それはつねに変化するものなのです。2014年にミシガン大学のパトリック・シュロス博士率いるチームは、300人の体の18か所から集めた微生物を分析し、それは多岐にわたることがわかりました。理由はわかりませんが、それらの微生物は変化し、その変化は時に劇的なものでした。たった1日で微生物叢が完全に変わってしまうこともありえたのです。ある意味、微生物叢は、手術をせずに交換できる唯一の体の器官です。別の意味では、地球の生態系を顕微鏡下において複製する、持ち運び可能な生態系とも言えます。体内の原子すべてが土、空気、水に由来しています。私たちの微生物叢は、その記憶を持ち続けているのです。

まだ完全に理解されているわけではありませんが、外的世界と調和している何兆もの微生物は、生命がいかに進化し、また進化し続けているかに大きく関わっているということ

は誰もが認めるところです。生命と生命の自己相互作用に参加するために風邪をひかねばならない必要性などありません。コンピュータサイエンスにおいては（その是非はさておき）、脳自体は単なる情報処理装置なのです。よって風邪をひくとき（もしくはなんらかの微生物と相互作用するとき）あなたと世界は一体化して思考しているのです。

その際に行われる会話はどんなものでしょう？　風邪ウイルスが話しかけてくるのが聞こえることは決してありませんが、メッセージのやりとりが行われるのは不思議なことではなく、それは単に、きわめて複雑なものなのです。風邪をひくということがいかに多くの意味を持っているかということに私はつねに驚かされます。この驚きを味わってもらうために、私は風邪というものをあなたの人生全体にとってのひな型として使いたいと思います。風邪をひくというひとつの経験には、次のように多くの項目が必要になります。

生物学…あらたに変異した風邪ウイルスは、新しい生物学的創造です
環境…風邪ウイルスの新株が、世界のある場所である時間に生まれました
関係性…ウイルス遺伝子は、あなたのゲノムとの相互作用を求めます。そしてあなたの遺伝物質もそれについて返答します
社会…風邪は、ほぼ同時に多くの人々がかかり、職場で病欠が増えるといった社会への影響を生み出します

信念……風邪をひいたときのあなたの反応は、自分がどれほど強い／弱いと思っているか、病気になることがいかに危険／無害なものか、そしてその他の個人的な信条によって変わってきます
願望……風邪をひくと、病気でなかったらその週にしようと思っていたことに影響を与えます。休暇に出かけるなど、いくつかの願望を保留しなくてはならないかもしれません
記憶……ウイルスは、あなたの免疫系の中で過去にかかった風邪の記憶を目覚めさせます。抗体がこうした過去の病気によって暗号化されて放たれます
心理的条件づけ……長年にわたって風邪をひくことに関する個人的な記憶があります。そして今回のあなたの反応は、去年の冬の反応とほぼ同じである可能性が高いです
微生物叢……同じ仲間のウイルスの新種の登場は、すでに私たちの体内や皮膚上に存在している微生物の巨大生態系と相互作用します
遺伝子発現……上記にあげたことすべてに依拠し、脳、免疫系、そしてさまざまな器官内の遺伝子は、今起こっている、もしくは起こる可能性のあるすべての変化に反応します

このリストを熟読すると少し消耗する感じがしますが、だからといって風邪をひくということが持つさまざまな意味合いまで消耗してしまうわけではありません。そんなわけで、あなたはひとつひとつが独自のストーリーを持っている、何兆という細胞の話を聞い

てみなくてはならないでしょう。しかし、もし1歩引いてさらに大局的に見てみると、その要点はシンプルなものです。現実というものが個人的なものであるがゆえに、病気もすべて個人的なものだということです。他人と同じ現実を生きる人間など誰もいません。それは同じ遺伝子のカードを持って人生を始めた一卵性双生児でさえもです。共通の風邪によって運ばれたメッセージは、浜辺の砂一粒のようなもので、波は新しい情報の粒を堆積《たいせき》させつつ、打ち寄せ続けるのです。

風邪はそれ自体の進行と終結がありますが、がんや心臓病、糖尿病、その他の重い病気はどうでしょう？　それらは先ほどあげたリストに記されたすべての側面から影響を受け、またそれを無視することなどできないように思えます。唯物論者は、医科大学の教科書に戻ることによって議論から逃れることはできません。肝臓酵素は事実かもしれませんが、肝臓細胞の細胞膜上の受容体もまた事実です。そしてこれらは私がリストにあげた影響すべてを受けやすいのです。中途半端はありえません。あなたの存在すべてが参加し、関わっているのです。

自分をどのように見るかということは、おそらくウェルビーイングの状態もしくはウェルビーイングでない状態に対して最も重要な影響力を持つでしょう。この地球上の生命は35億年前に遡り、そしてあなたの体はその歳月をかけて蓄積されてきた進化の知識すべてを保持しています。よって、あなたは自分自身をすべての生命であると見なしてもよいわ

Expanding the topic

けです。そしてそれは、世界と関わることはすべて、実は自分自身と関わることにもなります。それはつまり、「私は誰？」という質問が、別の意味を持つことになるのです。

本書において、私は個人的な現実をマネジメントするためのよりよい方法を提示しました。あらたな事実を数知れず発見することに喜びを感じてはいますが、鍵を握っているのはシンプルさです（床に落ちている1本のピンを拾う理由は1000個あるが、拾わない理由も1000個あると言ったグルのことが思い出されます。そのように生きられる人はいませんが）。ある時点において、宇宙の叡智の現実を受け入れ、それに身をゆだねなくてはならないというだけの話です。

「ゆだねる」というと、ある人々にとっては敗北を意味し、そのような考え方を嫌います。また、ある人々にとっては人生をぞんざいに漂うように生きることを意味し、よってそのような考え方を好むのです。しかし自分の個人的な現実をマネジメントするということになると、ゆだねるには特定の選択が関与しますし、それぞれの選択は実行可能かどうか判断するために分析しなくてはなりません。

1. リラックスして、コントロールしたいという願望を手放します
2. 自分は創造の中で大切にされていると信じ、その信頼を土台に行動します
3. 自分自身の存在を無限の叡智の源として受け入れます

4 あらゆる問題に、解決は必ず見つかるものとして取り組みます
5 個人の無限の成長に焦点を当て、一時的な個人的挫折《ざせつ》を最小化します
6 創造主からの支援を求め、それを受け取ります
7 自分のエゴからくる終わることのない要求と絶え間ない不安感に抵抗します

これはスピリチュアルに傾倒している人や、不思議な能力を持っている人のためでもなく、個人的な現実が実際どういうものなのかを掌握する人のための課題です。至高の叡智は、すべての覚醒の瞬間を「自分の」人生へとまとめ上げ、混沌から秩序を生み出す責任を負うのです。矛盾する点は、もし本当に現実を独自の創造物として完全に自分のものにしたいのなら、それを宇宙からの贈り物として捧げなくてはならないということです。

12 「あなたは自分が見るものになる」

究極的な真実を求められたヴェーダの予言者は、「Aham Brahmasmi（アハム・ブラフマスミ）」という2つの言葉を口にしました。それは、私たちが受け入れてきた現実という概念を覆すものでした。意訳すると「私は、創造されたものすべて、まだ創造されないものすべてである」、もっと簡潔に言えば「私は宇宙である」(注)ということでしょう。あらゆるものである、もしくは物理的な体という制約さえ超越したなにかであるということは、欧米人の耳にはとても奇妙に聞こえます。次のような話があります。インド北部を旅していたイギリス人女性が、ガンジス川沿いの洞窟《どうくつ》に案内されました。そこではヨギたちが深い瞑想状態に入っていました。ひとりのヨギが、洞窟の外で彼女を快く迎えてくれました。帰り際に彼女は言いました。「おそらく、ここを出ることは滅多にないとは思いますが、ロンドンにいらしたらぜひご案内させてくださいね」

「私がロンドンなのですよ」。ヨギは静かに答えました。

(注) サンスクリット語の文字どおりの意味は、「私はブラフマンである」というものです。ブ

ラフマンは、あらゆるものを含む言葉で、よって翻訳することはできません。この言葉は、身体的、精神的、霊的な、すべての創造物と、まだ創造されていない源をも意味しています。

リシたちの寓話《ぐうわ》は、知的な刺激を与えてくれます。最も有名なもののひとつに、シュヴェータケートゥという名の若者の話があります。

彼はヴェーダを学ぶために家を出されました。古代インドでは、僧侶《そうりょ》の元に身を寄せて聖典の長い文章を暗記することが求められていたのです。シュヴェータケートゥは、12年間家を離れて修行しました。ついに家に帰って来たとき、彼は聖典を学んだことで鼻高々になっていました。父親は、うろたえ半分、おもしろ半分で息子の傲慢《ごうまん》さをへこませることにしました。次は、その際の会話からの抜粋です。


「あのバンヤンツリーから実を取ってきなさい」。父親が言いました。

「はい、取ってきました」

「割って、中に何が入っているか言いなさい」

「小さな種がたくさん入っています」

「種をひとつ割って、中になにがあるか言いなさい」

「なにも入っていません」

そして父親は言いました。「息子よ、この実の最も微細な本質はおまえにはなにもないように見えるだろうが、そのなにもないところから、このすばらしいバンヤンツリーが生まれたのだ。それが『存在』であり、あらゆるものの最も根源的な本質であり、至高の現実であり、存在するものすべての『自己』であり、それがおまえ自身なのだよ、シュヴェータケートゥ」

これは実に量子的な話です。宇宙は大きなバンヤンツリーのようなもので、中が空っぽの種から生まれてきます。種と木という隠喩《いんゆ》がなかったら、私たちの心は「無」とはなんであるか理解することができません。それは小さい中でもより小さく、ビッグバンよりもさらに昔のことだからです。この話の最も不思議な点は、シュヴェータケートゥ自身が、このすべてに浸透していて想像もできない同じ本質からできているということです。シュヴェータケートゥの父親が意味することを理解するためには、リシの知識の中心を成している、拡大した意識の世界を探求しなくてはなりません。

「私はすべてである」という言葉は、時間の通常の流れ、空間の通常の制約を超越する能力があることを示唆しています。アインシュタインは、すばらしい直感の持ち主であったにもかかわらず、時間という川の外側へ足を踏み出すことはしませんでした。精神的な面では話が別で、彼は「進化も運命もなく、ただ在るだけ」という自己拡大の経験を何度もしたことがあると話しています。しかしそのようなエピソードも、彼の科学的な仕事に直接影響を与えることはありませんでした。物理学者なら誰でもそうですが、彼も客観的な手法にこだわり、自分の意識を細心の注意を払って自身の理論から排除しました。時間と空間を包含する統一場の研究は、厳密には数学的な仕事でした。

リシにとっては、これこそが物理学を不完全なものにする考え方なのです。私たちは統一場を覗《のぞ》き見している傍観者ではなく、私たちこそが統一場そのものなのだ、とリシたちは言います。すべての人間が、時間と空間に制限されない無限の存在です。物理的な肉体を超越するためには、知性の影響力を拡大するのです。椅子《いす》に座っているとき、あなたのあらゆる思考は統一場に波動を生み出します。それはエゴ、知性、心、感覚、物質といったあらゆる層を越えて、さざ波のように伝わっていき、だんだん大きく広がっていきます。人間は、光子ではなく意識を放射する光のようなものなのです。

思考は放射状に広がっていきながら、自然界のあらゆるものに影響を及ぼします。物理学は、すでにこの事実を物理的エネルギーの源として認識しています。星であろうとキャンドルであろうと、どのような光も量子的電磁場をとおってあらゆる方向に果てしなく広がる波動を送り出します。リシたちはこの原則を人間的なものにしました。実際に彼らの神経系は、思考が生み出す遠隔効果の存在を示したのです。これは、私たちにとって光を見ることと同じぐらいに、彼らにとっては現実的なことでした。しかし私たちは自分の意識に束縛されています。覚醒した意識状態に固定されていることで、私たちが至るところで生み出している微細な変化を感じ取れなくなっているのです。

それでも、こうした変化はつねに存在しています。何千年もの間、人間は宇宙という体の中で生き、呼吸し、動いているのである、とリシたちは言明してきました。もしそうであるならば、自然は私たちと同じように生きており、「内側」と「外側」という区別自体が誤りだということになります。それは心臓の細胞が、皮膚細胞が内側にないという理由で無視するようなものです。

こうしたことを知っていたことにより、リシたちはきわめて強力な力を得ました。しかしそれは通常の意味における力ではありません。ほとんどの人は物質的な力に興味を持ちますが、リシたちが興味を持ったのは意識の力なのです。彼らにとって、世界の物質的レベルは未熟なものでした。自然の真の力は、もっと源の近くにあり、究極の力は源そのものにあるのです。

物質より心を上位に置くことは、神秘的な考え方ではありません。超高層ビルを建てたいのに、いきなりコンクリートや鉄骨を積み上げ始めたりはしません。まずは実際の工事が始まる前に、設計図を作製してもらいに建築家の元へ出向くでしょう。ビルを建てるにあたり、建築家の設計図には労働者よりも大きな力が含まれているのです。音楽、数学、量子物理学といった特定の分野では、深い静寂の中で仕事をする天才たちの存在なくしては、なんの進歩も得られません。アインシュタインが好んだ研究手法は、実験室ではなく頭の中で思考実験を行うというものでした。それは、彼が名声や地位を獲得するよりもずっと前から身についていた習慣でした。彼は後にこう回想しています。「家に本物の時計を買うお金がなかったのに、宇宙のあちらこちらに時計を置こうとしていたのです」

私たちが叡智を分割して非常に小さな単独の知識の領域にしていることは、リシの目には奇異なものに映ることでしょう。社会的な条件づけは、私たちが宇宙的な見方をすることを妨げています。つまり宇宙的な見方を否定することによってではなく、仕事でいつも忙しくさせることによって妨げているのです。いつまでも煉瓦やモルタルにとらわれていたら、建築を学ぶことは難しいでしょう。医学のような分野も今やひどく複雑になってしまい、「この患者は叡智の流れを通じて治療することができます」などと言ったら、不信感を持たれるだけでなく、ものすごい勢いで反発されるでしょう。

私たちの社会には境界のない状態というものはあまり見られず、その逆の状態が蔓延《まんえん》しています。精神科医は、境界線によって損なわれてしまった患者を毎日診ています。彼らは罪悪感、心配、言い表せぬ不安を自分自身にプログラムしてしまった人々なのです。恐怖症の患者はよい例です。彼らのひどい恐怖は、実際の危険とのバランスが崩れてしまっているわけです。もしも広い空間に対して恐怖を感じる広場恐怖症の人をドライブに連れ出した場合、その人は極度の不安を示すでしょう。広い場所に駐車して車から出てくれと言ったら、普通の人が崖《がけ》から飛び降りろと言われた場合と同じぐらいに、その人は体が麻痺して動かなくなってしまうでしょう。無理強いしたら、その人は文字どおり、命をかけて抵抗することでしょう。

恐怖症の人にとっての最大の苦痛は、自分でそのような状態を作り出しているということがわかっていることなのです。しかし意志だけでは、自分の生理機能にプログラムしてしまったそのパターンを壊すのに十分ではないのです（あるイギリス人の広場恐怖症患者は、自分の恐怖症があまりに惨めで恥ずべきものだと感じるようになったので、自殺を決意しました。彼が選んだ方法は、車で3キロほど走ることでした。それは自分で致命的な行為だとわかっていました。この試みが失敗に終わったとき、初めは恐怖を感じましたが、恐怖症が和らいでいることに気づいたのです。彼は偶然にも「フラッディング」と呼ばれる治療法に巡り合ったのでした。これは、精神科医が重度の恐怖症患者を虚構の世界から引き戻すのに時々用いる療法です）。

静寂の中で創られた境界は最も制約が強いものです。ヴェーダのことを聞いたことがない人も、幻想を意味する「Maya（マーヤ）」という言葉なら知っているかもしれません。これはサンスクリット語で「存在しないもの」という意味ですが、マーヤは大きく誤解されています。リシたちは、この世界が蜃気楼《しんきろう》のように実在しないものと言いたくてマーヤと呼んだわけではありません。マーヤは「境界線という幻想」、つまり宇宙的観点を失った心が創り出したものということです。「外側」にある多くのことばかりを見て、宇宙の源である目に見えない場を見過ごすことからマーヤは生まれます。偉大なリシたちが書いたものを読むと、彼らがマーヤを宇宙的視野のお粗末な代替物として考えていたのは明らかです。『ヨーガ・ヴァシシュタ』には次のように書かれています。「無限の意識の中では、その原子ひとつひとつの中で宇宙が去来する。屋根の穴をとおって差し込む一筋の光の中を舞う埃の粒子のように」

『ヨーガ・ヴァシシュタ』からは、量子的現実を垣間見ることができます。「すべての原子の中に、世界の中の世界がある」という視点が示されているからです。自分の境界を壊すことで相対的な世界が消え去ることにはならず、そこに別の次元の現実が加えられ、現実は無限になるのです。壁が崩れれば、世界は拡張します。リシによれば、それこそが世界が天国になるか地獄になるかの違いをつくるのです。

恐怖症の背後にある仕組みをまったく逆の方法で使えば、壁を作るのではなく壊すこともできるのです。誰でも感じるような恐怖を克服した人々についてのことなら、気楽で楽しく論じられます。超高層ビルの建築現場で働く作業員には、かつては大部分をモホーク・インディアンの人々が占めていました。彼らは恐怖を感じずに高いところに登れるのです。そうした勇気は、例えば綱渡りをするといった訓練によって徐々に身につけることができるものです。

そのような柔軟性は、心理的な状態に限ったことではありません。栄養学者は、体は欠乏症にならないように毎日一定のビタミンとミネラルを摂取しなくてはならないことを示す科学的証拠を豊富に持っています。よく知られている例として、壊血病があります。これは、乾パンとラム酒の水割りしか与えられずに果物や野菜のビタミンCが欠乏していた頃の英国海軍を悩ませた病気です。

とはいえ、何世紀にもわたって、必要なビタミンを摂らずに完璧《かんぺき》に適応している土着文化は世界中にあるわけです。メキシコのソノラ州北部に住むタラフマラ族は、高地で1日に40~80キロを不快な症状を感じることもなく走ることができるため、生理学の領域で有名になりました。部族全体が毎週こうしたマラソンをするのです。アメリカの生理学者が、あるレースの優勝者をゴールした2分後に検査したところ、その心拍数は走り始める前よりも遅くなっていたことがわかりました。

この妙技をさらに不可解なものにするのが、タラフマラ族の食生活です。平均的なタラフマラ族の家族は1年間で90キロのトウモロコシを消費し、うち半分はトウモロコシビールになります。根菜類などその他の栄養源は、植物が生育できる期間が短いためにごく少量なのです。信じがたいほど低水準の食生活でも十分に生きていけることで、心身システムのほとんど無限ともいえる適応能力を見せてくれています。皮肉なことに、彼らの適応能力があまりにすぐれているため、ビタミンやミネラルが強化された「バランスのよい」食生活にした場合、それまではかかることのなかった心臓病、高血圧、皮膚疾患、虫歯になる人が急増したりします。

こうした例は明らかに、なにが正常であるかという概念全体に課題を投げかけます。私たちの中で最も正常なものは自分自身の現実を創造する能力であるという証拠は、私たちの文化の中に豊富に見受けられます。ジョン・エックルス卿が超心理学者たちに語ったように、私たちの思考は分子を動かせるという説は不可解なものですが、私たちはこの不可解なものとつねに心地よく共存しています。リシたちは、私たちが居心地よく感じるコンフォートゾーンを拡張して無限を通常の状態にしただけなのです。

もし叡智の衝動がなにかをしたかったら、知性、心、感覚、物質を用いて出口を見つけ、実施するということはすでにわかっています。叡智は癒しへ向かう思考を起こさせる生理機能を作ることができますが、その逆もできるのです。もし私たちがコンピュータのように「配線で接続」されていたら、すべての生理機能が予測可能になるはずですが、現実にはまったく予測不可能です。叡智は新しい電気回路を自由自在に創り出すので、ひとりひとりが独自の存在になるのです。人生におけるどんな経験も、脳の構造に変化を与えます。活動的な高齢者の脳細胞の中で新しい樹状突起が創られることは、そのほんの一例に過ぎません。

次の実験は、さらに驚くべきものです。国立衛生研究所のハーバート・スペクター博士は、マウスの集団に多重イノシンを与えました。これは免疫系のナチュラルキラーT細胞の活動を刺激するので、動物の病気に対する抵抗力を強めることで知られている化学物質です。実験では、マウスに多重イノシンを注射するたびに周囲で樟脳《しょうのう》の匂いを放出させました。

多重イノシンの注射と樟脳の匂いというパターンは数週間続けられました。多重イノシンなしで樟脳の匂いだけをかがせたところ、マウスの免疫細胞数は化学物質がなくても再び増加することがわかったのです。言い換えれば、匂いだけでも病気に対する抵抗力を強めることができたわけです。ではそれとは逆に、匂いによって免疫を弱めることもできるのでしょうか？

ロチェスター大学のチームは後に、それが可能であることを示しました。彼らはラットの集団にシクロホスファミドを食べさせました。この化学物質は、免疫反応の効率を損なうことで知られています。ラットは同時に樟脳に代わる中性の作用因子として、サッカリンで甘みをつけた水が与えられました。薬の作用が消えても、ラットはその水を飲んだだけで免疫細胞の数が低下したのです。免疫系には学習能力があるとわかり、研究者たちの胸は高鳴りました。免疫系は血流という内部環境だけでなく、外的な刺激にも直接反応するのです。

しかしさらに広い意味では、こうした実験は体が予測可能な反応ばかりするわけではないということを示しています。細胞の叡智は創造的です。多重イノシンにポジティブに反応し、シクロホスファミドにネガティブに反応するという予測可能なメカニズムは、変化して違った反応をすることもありえます。さらに、逆の結果が出るような反応をすることもありえるのです。樟脳の匂いはどちらの化学薬品と結びつくこともできたわけです。

つまり、どんな経験を体に入力するかということと、それによってもたらされる結果との間に固定された関連性はないのです。神経系に境界線が設けられているわけではありません。考えれば考えるほど、その示唆することの意味深さにますます驚かされることになります。樟脳の匂いは、免疫細胞の変化を引き起こすためになにかしたわけではまったくありません。マウスには、薔薇の香りをかがせても、モーツァルトの四重奏を聴かせてもよかったわけです。マウスの体内で実際に起こったことは、物質界と非物質界とを調整する完全に流動的な存在、つまり叡智の衝動が創られたことです。古代のリシたちは、このことをよくわかっていました。ヴェーダの中には次のような1節があります。「あなたは、自分が見るものになる」。これは言い換えれば、世界を知覚するという経験が、あなたという人間を作っているということなのです。これは文字どおりの意味を持つ言葉です。愛の足りない家庭で育った子どもたちは、不満、神経症、統合失調症、病弱、短気、その他さまざまな症状が見られることがあります。中でも最も不思議なもののひとつに、心理社会的小人症があります。この症状を持つ子どもたちは成長しません。下垂体から分泌される成長ホルモンの欠乏を自ら誘発し、その結果、体格は小さく未発達なままになるのです。

体内時計が無視されることで、思春期の始まりも遅れることになります。また、下垂体が直接コントロールするわけではありませんが、年長児における精神的発達も遅れることがあります。これは、下垂体の機能障害のせいではありません。こうした子どもたちは愛のある環境に置かれると、状態は自然に元に戻り、体格面ですぐに他の子どもたちに追いつくからです。

成長は生まれつき遺伝的に組み込まれたものです。しかし、こうした子どもたちは愛されていないと感じるだけで、成長というプログラムを無視します。たとえ医師が成長ホルモンの注射を打ったとしても、成長を拒むケースが多いのです。心臓発作に見舞われた成人男性に関する研究によると、回復の最重要な要因、つまり生き延びるか死ぬかを決める要因とは、食生活でも運動でも喫煙でもなく、生きる意志であるということがわかりました。生き延びた人は、妻に愛されていると感じていました。一方愛されていないと感じていた人は、亡くなる傾向にあったのです。研究者たちが見つけた中で、これほど強い相関関係を示す要因はありませんでした。

私の心には長年にわたって、初期の患者のひとりであるラクシュマン・ゴビンダスの記憶が刻み付けられています。彼はインドの村人でした。私はまだニューデリーの医学生で、病院の医師たちが忙しくて診られないような患者の検査だけを請け負っていました。その病院は私が在籍していた全インド医科大学の付属病院で、医師たちはラクシュマン・ゴビンダスのような衰弱したアルコール依存症患者にはほとんど目もくれませんでした。

彼は小作農でしたが、酒の飲み方が手に負えないほどになったため、家族からも見捨てられていました。息子が病院の入り口に連れてきて「ここで死ぬんだな」と言い残して置き去りにしたのです。私たちのところに送り込まれてくる村人は皆そうですが、ゴビンダス氏も非常に不安げで、場にまったくなじんでいない感じがしていました。インターンたちは肝硬変の手当は丁寧に行いましたが、彼を個人的に知ろうと時間を費やしたりはしませんでした。私は学生で1日の大半が暇だったという理由だけで、ゴビンダス氏と知り合いになりました。私には夕食のカレーを配ってまわる雑役係についていて歩き、患者たちとおしゃべりをする習慣があったのです。

ゴビンダス氏と親しくなってからは、彼のベッドの脇に座って時々話をするようになりましたが、たいていは窓の外の景色を一緒に眺めていました。彼は日に日に少しずつ衰弱していき、私を含め、誰もがもう長くて1～2週間しか生きられないだろうと思いました。ほどなくして、その街から10キロほど離れた村の診療所に勤務することになり、私はゴビンダス氏の元へ別れの挨拶《あいさつ》をしに行きました。私は平静を装い、30日経ったら戻って来るのでまたそのときに会おうと彼に言いました。

彼は私を真剣なまなざしで見つめて答えました。「あなたが行ってしまったら、私には生きる目的はなくなる。私はもう死ぬ」。深く考えもせず、私は口にしました。「なにを言うのですか。私が戻って来てもう一度会うまでは死んではダメですよ」。ゴビンダス氏は、体重も36キロを下回って非常に衰弱していたため、主治医たちも彼が今生きていることが不思議なぐらいだと思っていました。

私は田舎での仕事のためにその病院を去り、少し経つとゴビンダス氏のことは思い出さなくなっていました。1か月後、ニューデリーに戻って病院の廊下を歩いていると、ラクシュマン・ゴビンダスという名札がかかっている部屋が目に入りました。奇妙な胸騒ぎを感じ、急いで部屋の中に入ると、シーツからはみ出し、ベッドの上で胎児のように丸まっているゴビンダス氏がいたのです。彼はもう骨と皮だけになっていました。それでも私が彼にそっと触れると、大きな目をこちらに向けて、「帰ってきたんだね」とつぶやきました。「もう一度会うまでは死んではだめだと言うから、死ねなかったんだよ……やっと会うことができた」。そして彼は目を閉じ、亡くなりました。

以前にもこの出来事について詳しく述べたことがあるのですが、まさに私の人生で最も重要な出来事のひとつなのです。そのとき、私は2つの感情を感じました。ひとつは、苦しみを引き延ばすことを彼に課してしまったという消えることのない罪悪感、もうひとつは彼を生かし続けた心身のつながりへの深い畏敬の念です。今では、私が目にしたことは「境界線がない」という真実だったのだと認識しています。それは、叡智の衝動が、どんなルールを破ってでも、やりたいことをやり遂げる能力です。私がラクシュマン・ゴビンダスと共有した衝動とは、愛でした。衰弱した体から湧き起こったものではありませんが、彼の愛には、愛がつねに持つ力が備わっていました。その力が新しい生命力を与えたのです。愛の力は彼の体というマーヤを貫通し、死の宣告を拒絶したのです。鋼のような強さを持つ蜘蛛の糸のごとき精巧な衝動の上にこそ、新しい医学が築かれるのでしょう。人は皆無限の存在であるという可能性は、今ではますます現実的なものとなりつつあります。私たちの神経系にはすばらしい柔軟性が与えられており、境界線を作るか、もしくは境界線を破壊するかという選択がゆだねられています。人は絶えず思考、記憶、欲求、目的といったものを無限に生み出しています。こうした衝動は意識の海をさざ波のように伝わっていき、その人の現実となるのです。叡智の衝動の創造をいかにコントロールするかわかっていたら、新しい樹状突起を伸ばすだけでなく、どんなことでもできるようになるでしょう。

「人は自分が見たとおりのものになる」というのは、脳を含むすべての生理機能を形成する真実なのです。このことは心理学者ジョゼフ・ヒューベルとデイヴィッド・ウィーゼルが行った、生まれたての子猫を用いた独創的な実験によって示されました。目を開けたばかりの子猫を、細心の注意を払ってコントロールされた環境下で3つのグループに分けました。ひとつは黒い横線の入った白い箱、もうひとつは黒い縦線の入った白い箱、そして3つめは線のない白一色だけの箱に入れました。

視覚の発達にとって最重要な数日間をこうした条件下にさらすと、子猫の脳はその条件に終生順応するようになります。横線の入った世界で育った子猫は、垂直のものを正しく見ることができず、椅子の脚にぶつかったりします。椅子の脚は垂直なので、子猫にとってはほとんど見えないか、認識すらされないのです。縦線の入った箱に入れられたグループは、水平な線を知覚できないという正反対の問題を抱えました。真っ白な環境に入れられた子猫は、方向感覚が失われ、どんなものも正しく認識できませんでした。

この動物たちは、自分が見たとおりのものになったのです。なぜなら視覚を担う神経が今や、しっかりとプログラムされてしまったからです。人間の場合も、脳が境界線をとおして知覚するたびに、境界線のない意識が犠牲になっています。超越する能力がなければ、この部分的な盲目からは逃れられないのです。視覚だけでなくどんな感覚においても、印象はつねにニューロンに伝わっています。印象の中でもより強力なものは、慣習的に「ストレス」と呼ばれていますが、実際にすべての印象はなんらかの限界を生み出しているのです。

それを説明するために1980年代初頭にマサチューセッツ工科大学で行われた研究を例に出しましょう。この研究は、人間の聴覚がどのように働くかについて調査したものです。聴覚は受動的なものに思われます。しかし実はどんな人もかなり選択的に聞き、耳に入ってくる生データに独自の解釈を与えているのです（例えば熟練した音楽家は、音痴の人には雑音にしか聞こえない音のピッチやハーモニーを聞き取ることができます）。こんな実験もありました。短くシンプルなリズム（1－2－3、1－2－3、1－2－3）を聞かせた後で、そのリズムが違うかたち（1、2、3－1、2、3－1、2）で聞こえるようにする訓練をしました。違ったかたちで聞こえるようになった後で、被験者は音がより生き生きと新鮮に聞こえるようになったと言います。明らかに、実験によって目に見えない境界線を少しだけ変えることができるようになったわけです。しかし本当に興味深い結果とは、彼らが家に帰ると、色はより明るく、音楽はより心地よく、食べ物の味は突然よりおいしくなり、まわりの人も前より愛《いと》しくなったということです。

意識をほんの少し開いただけで、現実が変化したわけです。瞑想は意識の回路をもっとたくさん開き、そしてそのレベルももっと深いため、より大きな変化を引き起こします。その変化は、通常私たちが意識を用いてもたらす変化から逸脱するものではありません。境界線を設けてしまうことは、今でも避けられないことです。リシたちが工夫したのは、境界線を設ける行為に自由を与え、分離したエゴによる狭量な思考や欲求を超越したレベルにまで高めることでした。エゴは通常、次々に境界線を設けながら必死になって生きるほかありません。中世の城壁も同じ理由で設けられました。つまり防衛のためです。

エゴは世界を危険で敵意に満ちたものと見なします。存在するものすべてが「私」から切り離されたものだからです。これは二元性として知られる状態で、おそれの大きな源です。ヴェーダでは、これが唯一のおそれの源であると見なされています。「外側」を見ると、人生が与えうるあらゆる種類の潜在的脅威、トラウマや痛みがあります。エゴによる理にかなった防御とは、家族、快楽、幸せな記憶、なじみの場所や行動といった、より友好的なもので自らを取り囲むことです。多くの人が、こうした防衛的な境界を壊すことがリシの意図だと信じていますが、リシはそうは言っていません。西洋でも東洋でも、インドの賢人が「人生という幻影」を非難しているという考え方が根付いていますが、ヴェーダの世界はそのような不条理を土台にしているわけではありません。

二元性は存在します。そして二元性が存在するがゆえに、より高次の統合が意味あるものになるのです。2つの正反対の極がひとつの全体へと融合する――この原則が生命の静寂の場と活動の場を正しくとらえることになるのです。リシが「統合」つまり叡智という静寂の場を見出すとき、生命を完全なものにするもうひとつの極を見つけたということなのです。古代の文献はこのことを「Purnam adah, purnam idam」（これも満ち、あれも満ち）と説明しています。

存在の最終的な目的は、「生命の200％」に達することです。人間の神経系はこれを成し遂げることができます。神経系は、無限に境界に満ちた生命の多様性と、同様に無限で完全に境界がない統合された状態をともに認識することができる柔軟性を備えているからです。論理的に見ても、それ以外の可能性は存在しえません。宇宙のコンピュータを与えられ、「覚えておきなさい。おまえが使ってよいのは半分だけだ」などと言われた人などいるわけがありません。私たちが作ったり変えたり、混ぜたり拡大したりすることができる叡智の模様に限界は与えられていません。生命とは、無限の可能性の場なのです。それこそが、人間の神経系の柔軟さのすばらしさです。

これはきわめて重要な点です。これまでのような制約されて境界が設けられた選択を回避し、どんな問題も直接解決へと向かうことができるということなのです。そう断言できる根拠とは、自然はすでに私たちの意識の中で解決法を構築しているということにあります。問題は多様性の場に存在し、解決法は統合の場に存在するのです。統一場に直接行くことで、心身システムが遂行する解決法に自動的に行き当たります。これこそ、リシたちの示す近道だったのです。

ロバート・キース・ウォレスによる老化の研究は、その近道がどう作用するかを示すよい例となります。老化とは、今日の科学的叡智によっても複雑で理解しにくい分野だととらえられています。老人学は、1950年代になって初めてひとつの専門的研究分野となりました。DNAの解析のおかげで、老化の特別な遺伝子があるのではないかと考えることが可能になったためです（これまでのところそのような老化遺伝子は見つかっていません。しかし、下等動物におけるある種の老化メカニズムは遺伝的に暗号化されていることが知られています）。今や老人学は急速に進歩していますが、対立する理論や何十年もかかるような研究プロジェクトから収集した膨大なデータで忙殺されている状態なのです。

このように研究に集中的に力が注がれているにもかかわらず、老化のスピードは決して遅くなったわけではありません。この分野での主な進歩とは、健康なら年をとっても自動的に劣化していくわけではないということが立証されたことで、この点はデータバンクこそないものの、何世紀にもわたって言われてきたことです。老人学は医学的に応用され、役立っているものもあります。かつては永久的だと考えられていた多くの老衰症状は可逆的なものであるとわかったことなどです。老衰症状は脳の衰えのしるしではなく、栄養不足、孤立、脱水、その他個人的な環境要因の副産物なのです。その他の面でも、老人学はもともと憶測であった理論を少しずつつなげながら、だんだん進歩しています。食生活を改善し、適度な運動をし、病気の予防を行うことに関しては、他の医学分野と意見を同じにしています。

しかしウォレスの研究は、人は部分的に老化するのではなく、全体的に老化するのだという仮定に基づいて進められたものでした。従って老化には選択という要素が大いに含まれているのです。高齢者が精神的能力をつねに使うことによってそれを保持することができるなら、意識を完全に開く瞑想を行うことは、さらにもっと効果を発揮することでしょう。先に述べたウォレスの基本的な発見は、長期にわたって瞑想をしている人は、生物学的年齢よりも5歳から12歳若いというものでした（瞑想者はＤＨＥＡ［デヒドロエピアンドロステロン］というホルモン値が高いということもわかりました。このホルモンについてはまだほとんどわかっていないのですが、ＤＨＥＡが老化を遅らせ、またおそらくがんの発生や成長を抑止するのになんらかの作用をしているのではないかと考えられています）。

この研究は、老化は意識でコントロールできることを示唆しています。表層的で混乱した通常の思考レベルでは細胞の老化プロセスは速まりますが、超越した静寂の場へと移行するにつれて精神的な活動は止まり、細胞の活動もそれに続くようなのです。もしこれが本当なら、老化は異なる意識の段階からプログラムすることができるということになります。先祖の代から私たちは劣化するのが当然であると自らプログラムしているなら、それは現実になるわけです。この種のプログラミングは、ただ考えたり信じたりするということではありません。前向きな姿勢、研ぎ澄まされた精神、生き抜こうという意志、その他の心理的な特徴は高齢期を生きやすくすることはできます。それは高齢者たちがとらわれがちな硬直した社会的条件づけを打ち破る一助になるのです。しかし老化プロセス自体を変えることはまた別の問題であり、さらにもっと深いものなのです。

公式には、老人学で老化を逆行させたり遅らせたりする方法が見つかっているわけではありません。老化というものの定義さえ適切には行われていないことを考えると、かなり厳しい立場に置かれていると言えます。リシたちなら、科学は老化をなくす意識レベルに到達できなかったのだと言うでしょう。1980年にハーバード大学の若き心理学者チャールズ・アレクサンダーは、ボストン郊外にある3軒の老人ホームを訪問し、80歳以上の入居者約60人に、ある心身テクニックを教えました。リラクゼーション技法（典型的なストレスマネジメントのプログラムで用いられるようなもの）、TM（超越瞑想）、そして心を鋭敏に保つために毎日行う創造的な言葉遊びという3種類です。

各人がその技法うちのひとつだけを習得します。そしてグループになり、監督者抜きでそのテクニックを用いることが許可されました。3つのグループが追跡調査を受け、瞑想を実践したグループが、いずれも老化とともに衰える学習能力、血圧、精神的健康において最も高いスコアを出しました。被験者たちは、前より幸せな気分になり、年をとっているという感覚が薄くなったと報告しています。しかし本当に驚くべき結果は、3年後になって初めて明らかになったのです。アレクサンダーが3年後に老人ホームを訪れてみると、60人の被験者のうち3分の1が亡くなっていました。その中には、瞑想を修得しなかった人の24％が含まれていました。しかし、瞑想を修得したグループの死亡率はゼロだったのです。

瞑想を習得した人々の平均年齢は、その時点で84歳になっていました。これは科学が直接的に行った実験によって「命」という贈り物を与えることになった、きわめて稀な、すばらしい出来事のひとつです。範囲が限定されているとはいえ、これは老化という分野全体において最も希望の持てる結果のひとつであり、リシが生み出した近道の勝利でもあります。意識を拡大することで、十分に延命が可能になるということを示しているのです。では、80代ではなく20代に瞑想を始めた人々の寿命はどうなるのでしょうか？　それは時間が経てばわかることでしょう。

自分の体に閉じ込められていると感じることは、人生を抑圧する思い込みです。人間の体は、機械的に動いているように見えます。その仕組みについて最もよく研究されているもののひとつが恒常性フィードバック・ループです。これは、サーモスタットで使われているような自動制御装置のことです。サーモスタットには、例えば摂氏20度といった設定温度がありますが、体温も同じように設定温度があります。体温装置は温度範囲に敏感で、ほんの少しの上下でも、高すぎたり低すぎたりします。エアコンのスイッチのオンオフを切り替えるようにして、体温をほぼ一定に保ちます。サーモスタットの方法は非常に限られたもので、知的なスイッチと呼ぶこともできますが、その心の中には温度というたったひとつの考えしかありません。一方、体のフィードバック・ループは、体温だけでなく血圧、細胞内の水分レベル、グルコース代謝、酸素と二酸化炭素の濃度、そして生理機能の至るところできわめて精密に生成される何千という個々の化学物質のバランスをなんとか保っているのです。

サーモスタットも体もつねに基準値に戻るため、これは私たちが存在するために必要な、一種の配線なのではないでしょうか？　19世紀の最も偉大な生理学者であるクロード・ベルナールは、次のような有名な言葉を残しています。「自由な生命とは、内部環境の不変のことである」。これは言い換えると、サーモスタットの自ら保持しようという能力が私たちを自由にするということです。この洞察はすばらしいものですが、大きな間違いが内在しています。摂氏20度に設定されたサーモスタットが、25度もしくは15度を感知するとき、その値は誤りということになります。摂氏20度だけが正しいのです。一方で、私たちの体の中では、設定温度もさまざまです。正常値は、私たちがほとんどの場合にそこに戻っていくという地点に過ぎません。もしもマラソンをしていて、血圧や心拍数、グルコース代謝、発汗量が「正常値」を大きく上回ることがなかったら、倒れてしまうでしょう。

「正常値」とは、私たちがその中で生きていたいと思う範囲に過ぎません。ルールではなく好みなのです。タラフマラ族は、おそらくアンデス山脈を越えてインカ帝国までメッセージを運んでいた昔の走者を先祖に持つからでしょうか、私たちとは異なる、彼らの生活様式により合った「正常値」に適応してきました。粗食をものともせず、1日に80キロ走りたいという欲求のほうが、単なる身体的な基準値よりも重要だったのです。彼らの体が叡智に順応していることは明らかで、その逆ではありえません。ひとつの生活様式に従っていると、心が変化を望んだときに、すぐに順応することが難しくなるかもしれません。例えば太った人がアームチェアから飛び起きてマラソンに参加すべきではありません。しかし適応力が完全に犠牲にされることはありません。私たちの体内の「配線」と、何千という恒常性メカニズムがあるために、技術を変えたり忘れたり、新しい技術を獲得したりといったことができるのです。それこそ人間であることの究極的なすばらしさであり、完全なる自由なくして達成することはできません。

欧米には明らかに「高次の意識」という概念全体に対して、憧れと当惑と嫌悪が入り混じった感覚があります。私は1年をとおして、少なくとも週に2日はアーユルヴェーダの講演をするためにあちこち出かけます。聴衆は、医学関係者だったり、そうでなかったりとさまざまですが、私の話が彼らの心のいかに繊細な部分に触れるものかということが私にはすぐにわかりました。カナダのCBC放送の記者は自己紹介をするなり、「あなたが詐欺師ではない理由を5つ教えてください」と求めてきました。ロサンゼルスではもっと感じのよい記者が、神秘的な期待とともに私に近寄って言いました。「教えてください、博士。あなたはここにいらっしゃったことがありますか？　前世で……」。私は非常に驚いて口走りました。「私たちは皆、いつでもここにいますよ」

1960年代以来、東洋に関する通り一遍の知識が広まったことは、喜ぶべきことでもあり、また災いの元でもありました。多くの人が、「ニルヴァーナ」「アートマン」「ダルマ」といった言い回しを少しばかり覚え、目をしばたかせずとも「カルマ」という言葉を会話の中でやりすごすことができるようにはなりましたが、それは、こうした言葉の本来の意味が歪められてしまったからです。私はヴェーダの知識は系統的であり完全なものであることを示そうと試みてきました。ヴェーダの知は、最先端の科学と同じぐらい広範囲にわたり、また人間の存在についての大いなる理解をとおして、病気からの解放や年をとっても衰えたくないといった私たちの最も強い願望の多くに近づくことができるものなのです。

しかし欧米において、明確に定義されていない前例のないもの、あるいはせいぜい宗教的教義に限定されていたものである最終的な展開について私が提示しなかったら、リシたちの知識を裏切ることになっていたでしょう。リシたちは完全な意識状態を追求していました。彼らにとって、それは哲学でも宗教でもなく、人間の意識の自然なかたちだったのです。第四の状態とは、最終地点ではなく、入り口だということはわかりました。ではその向こう側にはなにがあるのでしょう？　唯一の完全な答えは、リシたちが記録した経験の百科事典として機能するヴェーダの文献の膨大なページの中にあるはずです。最もシンプルな答えとは、どのリシも出会ったのは「自己」であったということです。自己に会うということがどんなことなのか、コネティカット州出身のある瞑想者によって的確に述べられています。

「瞑想中、最もよく経験することのひとつに、拡大した意識というものがあります。これは私の頭の内側には、もはや縛られない、宇宙と同じぐらい、もしくは宇宙よりも無限な状態なのです。心の境界が押し広げられるような感じがすることもあります。それはまるで、円周がどんどん広がっていき、最終的には円が消え、無限だけが残るような感覚です。

それはすばらしい自由の感覚ですが、このような狭いところに閉じ込められているよりもはるかに現実的で自然な感覚です。時に、無限の感覚があまりに強烈で、体や物質の感覚を失うこともあります。そんなときは、ただただ無限で、制約を受けない意識、永遠で普遍的な意識のつながりがあるだけなのです」

彼が表現した意識状態に対しては、誰もが自分で自分の感覚に当てはめていかなくてはならないでしょう。私たちはここまでにしっかり基礎を固めてきたので、これは彼の自己欺瞞《ぎまん》ではなく、叡智という静寂な場との本当の出会いとして、その状態をありのままにとらえることができることと思います。先に、ありのままの体というものは、変化と不変が入り混じったものであるということを見てきたわけですが、どうしてそうなっているかという理由は、自然とはこうした2つの逆説的で、でも互いに補い合っている状態を表すものだからです。意識が拡大するにつれて「膨大な範囲の変化」と、同様に「膨大な範囲の不変」が、心で理解できるようになってくるのです。古代中国の詩に次のようなものがあります。

最初の波がひいていき
次の波がただちに寄せてくる
非常に多くの時間の層があるように
非常に多くの命がある

穏やかで包括的な、このようにすばらしい知覚の開放が、コネティカット出身のごく普通の人間に起こったなどと信じられるでしょうか？　私は、信じなくてはならないと思います。このような経験を支える生化学は、いつでも誰にでも手に入るものだからです。私たちのＤＮＡは、これまで人類に起きたことのすべてを記憶しています。中国人やインド人のDNAだけがより高次の意識状態をもたらすなどと考えるのは馬鹿げています。また、そのような高次の意識状態は現実ではないと主張するのも不毛なことです。先ほどのコネティカットの瞑想者は次のような言葉で締めくくっています。それは量子的現実についてすばらしく正確に要点をついた認識です。「時に、活動と休息が一体化しているという興味深い矛盾が存在することもあります。そして、私は意識の中で永遠に速く動き続け、同時に完璧に静止していると感じるのです。これこそ、ずっと変わらないのに変化し続けるという経験です」

ヴェーダの知識から恩恵を受けたいと望む者なら誰でも「無限」「永遠」「超越」といった、通常なら考えも及ばないような状態が現実であるという事実に直面しなくてはなりません。こうした状態は通常の目覚めている状態を表す語彙《ごい》には属してはいないものですが、私たちの現実からそれほどかけ離れているものでもありません。私たちには、現実を創り出す力があるのです。境界がない世界がすぐ近くにあるのに、どうして自分の内側に境界を作る必要があるというのでしょう？

Expanding the topic

さらなる考察

こうした発展的なテーマにおける懐疑論者たちについて私はしばしば言及しています。なぜなら本書は当時、懐疑論者たちの一群をさらに激しく大騒ぎさせることになったからです。彼らは自らを科学的真実の守護者だと思っています。このような人々は、好奇心を抑圧する社会として私たちのすぐ身近に存在しています。しかし私は、ヴェーダで断言されている「私が宇宙である」ということを意味する「アハム・ブラフマスミ」を受け入れることのできない人の気持ちならわかります。日常生活という観点から考えても、この考え方は単に不可能に見えます。「アハム・ブラフマスミ」などというものは、大昔にどこか遠くの国で悟りを開いた聖者が到達した別世界の状態としてとらえられるぐらいでしょう。

それは正しくもあり、間違ってもいます。人間の意識は、より高次な気づきの状態において、「私が宇宙である」ということを実現するために変化しなくてはならないのです。しかしその「私が宇宙である」という主張は、こうしたごく少数の人々だけにしか当てはまらないわけではありません。例えば誰もがT細胞を持っているにもかかわらず、医科大学で学んだ人だけが顕微鏡を通じて免疫系からT細胞を識別することができます。だから私たちが疑うべきなのは、それが真実だとしてもそうでないにしても、「アハム・ブラフマスミ」の真理そのものではありません。本当の問題は、この真理を顕現するような意識状態にいかにして到達するかということなのです。

仏教の根本原理は、トゲを抜くにはトゲを用いるというものです。言い換えれば、心は境界線で自分自身を囲みますが、無限を経験するために境界線を超越させるのは自分の心だけなのです。現代風に言えば、私たちはこの矛盾を脳のせいにすることができます。脳は心の受信機であり、あらゆる思考、感情、感覚、イメージが心を通過するときと同じような物理的処理を行う道具なのです。仏教の根本原理はここにも当てはまります。脳は、現実を固定された境界線のある状態にしてしまうトゲのようなものですが、同時に無限を刻印することもできるのです。

この点において、私はポーランド系アメリカ人数学者アルフレッド・コージブスキー（1879－1950）によって行われた研究に興味をかきたてられました。コージブスキーは、脳が現実を処理するときにどんなことを行っているかを解明したのです。私たちの感覚器官は、毎日何十億というデータを浴びていますが、そのうちほんの一部だけが脳のフィルター装置を通過します。人が「私の話を聞いてないでしょ」とか「あなたは自分が見たいものしか見ないのね」と言うとき、コージブスキーが数学的に数値化しようとした真実が表されているのです。

紫外線を見ることができないように、人間が見ることのできないものは、単に人間の経験の領域外なのだということもあります。しかし期待、記憶、先入観、恐怖、そして単なる偏狭さが与える影響力は非常に大きいのです。もしあなたがパーティーに出かけ、これから会う人はノーベル賞受賞者だと誰かに言われた場合と、元マフィアの殺し屋だと教えられていた場合と、その人物に対する見方はまったく異なるでしょう。すべての選別処理が完結したとき、脳は現実を経験するのではなく、その現実のひな型を確認しているのは明らかです。

今この瞬間にあなたが従っている現実のひな型は、あなたの脳のシナプスと神経回路とつながっています。その中には、いわゆるハードワイヤリングもあります。ハードワイヤリングとは、目から視覚野へと導く配線のような、脳の固有構造に属するものであることを意味します。他の配線は個人的な経験から形成され、もっと流動的なものなのです。これはソフトワイヤリングとして知られています。ハードワイヤリングとソフトワイヤリングは、現実のひな型をあなたに伝えます。そしてひな型の外側にあるものがなんであれ、それは存在しないのです。コージブスキーは、もしも脳が与えられている生データのほんの一部しかとらえていないとしたら、脳は現実を経験するための正確な媒体とは言えないと指摘した最初の分析者のひとりでした。

コージブスキーは、興味深い2つの点に導きます。

①あらゆるひな型は、脳の次元から見れば同じものである
②現実は、私たちが理解できるいかなるひな型も超越している

この2つの点によって、神、魂そして他のすべてのスピリチュアルな経験が同じ土台に戻ってきます。ひとつ目の点は、宗教は信仰を扱うのに対して、科学は事実を収集するがゆえに科学は宗教に優るという概念を打ち壊します。実際、科学は人間の経験の大部分である、人が主観的だと分類するもののほとんどすべてを選り分け、捨て去ってしまいます。よって科学のひな型は、宗教のひな型よりさらに選別的というわけでないにしても、同じぐらいには選別的なのです。脳に関する限り、神経による選別はすべてのひな型において起こっています。そのひな型が科学的なものでも、スピリチュアルでも、芸術的でも、もしくは神経症的でさえあってもです。宇宙人が見えるということは、木が見えるのと同じく、脳の現象です。脳は現実の鏡ではないのです。

なにが「本当に」本物なのかを知っているとは主張できません。脳を超えたところに存在するものを理解するために、脳の外側に踏み出すことはできないのです。この限界は、私たちが思うよりもずっと厳しいものです。脳は、時間と空間を操作します。例えば、あなたの思考は列車のコンテナ貨車のように、次から次へとやって来ます。よって時間と空

間の外側になにがあろうと、想像も及ばないものなのです。そして選別されていない現実はおそらく脳の回路をショートさせるか、もしくは単に削除されてしまうでしょう。

しかしここで、トゲを取り除くにはトゲを用いるという仏教の根本原理が関わってきます。なぜなら心は、脳の選別処理の先にあるものを見ることができるからです。ウィリアム・ブレイクのこの短い詩について考えてみましょう。

一粒の砂の中に世界を見る
そして一輪の野花の中に天国を見る
手のひらで無限を握りしめ
一時間の中に永遠をとらえる

これは、日々の知覚を超越した見方です。ブレイクはどのようにしてこうした境地に至ったのでしょう？ 彼の言葉に私は感動し、共鳴します。なぜならブレイクは内なるビジョンを持っており、脳が創り出している制限されたひな型の先にあるものを見ているからです。制限された意識に完全に適応してしまっている人々でも、無限の意識の気配と向き合っていることに気づきます。このことを強く感じたのは、『スケプティク』誌創刊者マイケル・シャーマーがある不思議な出来事によって自分の世界観がくつがえされたという話を聞いたときのことでした。

シャーマーとはこれまでに何度も議論を行ってきていますが、彼はあるドイツ人女性と恋に落ちました。その女性は結婚の申し出を受けて、アメリカに移住しました。結婚式当日、彼女はとても幸せでしたが、ひとつだけ非常に残念に思っていることがあったのです。それは、仲良しだった祖父がすでに他界しており、結婚式に参加してもらえないということでした。挙式はとり行われ、シャーマーと花嫁は家に戻りました。するとその夜の夕食時、隣室から音楽が聞こえてきたのです。新婚夫婦はその音をたどって行きました。花嫁の祖父のものだった壊れたトランジスタラジオが突然ひとりでに復活し（以前に壊れて音が出なくなっていたのです）、祖父のお気に入りのクラシック音楽が流れたのです。不思議に思い、そして深く感動した夫婦は、ラジオから流れる音楽を聴きながら眠りにつきました。翌日、部屋は静かになっていました。そしてラジオは再び元の壊れて使えない状態に戻っていたのです。

シャーマーは、つねに懐疑主義的な立場から定期的にコラムを寄稿していた『サイエンティフィック・アメリカン』誌の最終ページにこのエピソードを書きました。説明のつかない出来事が自分の懐疑主義を揺るがせたと認めることは、彼にとって勇気のいることでした。しかし彼の身に起こったことはシンクロニシティ、つまりランダムさからあまりにかけ離れた、意味のある「偶然」の典型的な例だったのです。予想どおり、懐疑派であるシャーマーの支持者たちはその話を信じませんでした。彼らはシャーマーに、そのトランジスタラジオを、ちゃんとした説明をしてくれるような電器店に持って行くよう言いました。まさしく予想どおりに、こうしたコメントをする人々は、その出来事のタイミング、新婦の願望との一致、そしてラジオが突然かかり、祖父が好んでいた音楽を流す局につながったということについては無視しました。哲学者ライプニッツも指摘していますが、理論とは、なにを含むかという点では正しいが、なにを除外するかという点においては間違っているのです。このケースにおいて、ラジオが問題なのではありません。かたくなに懐疑的な見方でその出来事をとらえれば、本当に重要な部分は除外されてしまうのです。

おそらくそこまで顕著ではないかもしれませんが、私たちは皆、脳内の限界あるひな型を拒否するような現実を垣間見ているのです。日常的な現実を超越する経験は多岐にわたります。次のようなことがあなたの身に起きたことがあるかどうか自問してみてください。

- ○自分の意識が体を超えて広がったと感じた
- ○自分自身という存在の中で安心を感じた
- ○どこからともなくやって来た突然のひらめきを感じた
- ○体が物理的に軽くなり、浮いたように感じた
- ○この世界で安らぎを感じた

○自分は愛されていると確信した
○エネルギーが自分の体から湧き上がるのを感じた
○ふとした思いつきが具現化した
○自分で設定した目標を達成するために、さまざまな出来事が完璧なタイミングで起こった
○すべては理由があって起こると直感的に感じた
○より高次の叡智とのつながりを感じた
○神や魂の存在を経験した

これらは皆、現実が鉄格子からちらりと顔を出す瞬間なのです。どんな選別も完璧ではありません。どんな検閲もすべての違反をとらえることはできません。仏教が「トゲを取り除くのにトゲを使う」と言うとき、たとえどんなつかの間でも、拡大した意識が制限された意識に取って代わるこうした瞬間に注意を向けることほど重要なことはありません。脳の制約から逃れるためには、拡大した意識が姿を見せた瞬間に、拒絶するのではなく受け入れるだけでよいのです。どれほどの現実を経験したいか、究極的に決めるのはあなたです。そして受け入れるたびに、あなたは自分の脳に指示を出していることになるのです。やがてあなたの脳は、あなたが望むどのような意識レベルにも適応するようになるで

しょう。

この点については、チベット仏教僧の一団の脳機能調査によって立証されています。彼らは長年にわたり、慈悲の心に価値を置いた瞑想を行っていました（仏陀の名のひとつに、「慈悲深きもの」というものがあります）。そしてもしこの慈悲の価値が彼らの人生で高まっていたら、脳内でなんらかの変化が表れるはずです。実際に変化は表れました。僧侶たちには、ノンレム睡眠の一種である徐波睡眠を表すデルタ波の増加が見られたのです。ほとんどの人において無意識の活動と考えられていた徐波睡眠は、深い眠りに就いているときさえも自己認識が残っているということと関連づけられています。これはヨーガにおいて到達できる有名な技法です。さらに僧侶たちの前頭葉の、とりわけ慈悲のようなより高次の感情と関わる部位において類を見ない活動が見られました。

こうした発見は驚くべきことですが、脳は心が向かう方向に従うに違いないということを受け入れてしまえば、こうした発見も予測がつくものであったと言えるかもしれません。瞑想は、あなたがまったく気づかないような脳機能において有益な変化を起こします。気づかないというのは、心拍数や血圧といったものは心の中で意識的に選択して行われるものではないからです。しかし拡大した意識の経験を受け入れることはそうではありません。脳が無視するか、見ないようにするか、もしくは検閲をかけるような経験の領域に味方して、意識的な選択をするということなのです。量子のひな型も含む、現実のすべてのひな型がいかに不完全なものかということを十分に強調できていることを願います。コージブスキーは、数学さえもひとつのひな型であり、脳が構築するすべてのひな型の制限を受けやすいものであると考えました。誰もが同意するわけではないでしょうが、数学を宇宙的な真実とすることは先進的物理学に量子世界への足掛かりを与えることになります。しかし私はこうした考え方を、科学をバッシングするための道具として使っているのではありません。コージブスキーは、科学的言語を用いて、現実がどのようなものであろうと、それは脳を超越するものだと指摘したに過ぎないのです。

13 至福の体

世界がそれまでの限界を越えて広がっていくことほどすばらしい経験はありません。それは、現実が輝きを帯びる瞬間です。ヴェーダでそのような経験は「アーナンダ（至福）」と呼ばれます。これは、人間の心の中に本来備わっているもうひとつの本質なのですが、曇った意識の層によって覆われてしまっていると言われています。「至福」という言葉は、西洋ではいささか心地の悪いものであり、「超越」という言葉と同様にわかりやすい説明が必要となります。至福とはどのような感じがするかということについての個人的な反応から見ていくことにしましょう。生理学者ロバート・キース・ウォレスは自分のすばらしい体験について話しています。それはウォレスが１９７４年にインドで開催されていた会議を少し休み、ネパールを訪れたときのことです。

物理学者の友人とともに、私は首都カトマンドゥからヒマラヤ山脈の方へと向かいました。ネパールの王子たちがかつて避暑地として好んだ美しい高山湖を見つけ、1ドル足らずでボートを借り、湖を漕《こ》ぎ出しました。その日は風が強く、空が澄み渡り、凧揚《たこあ》げをするのに最適でした。バザールで凧をひとつ買ってあり、それを真っ赤に塗って曲芸飛行用に改造してあったのです。私は立ち上がり、風の中に放つと凧は私の手から飛び出して行きました。

その小さな凧は空高く、薄い空気の中をのぼっていきました。私は立ったまま、周囲の大きな山々を眺めました。山々は山頂を雲の中に隠していましたが、雄大で平和な雰囲気を醸し出していました。じっと見ているうちに雲が突然消えました。私はすっかり圧倒されました。私が山だと思っていたものは、ほんの山《さん》麓《ろく》に過ぎなかったのです。その山麓の彼方には、信じられないほど壮大で威厳のある本物のヒマラヤが、古代の神々のようにそびえたっていたのです。

私たちはほとんど言葉を発することができませんでした。あまりの力強さと美しさが、その息をのむような光景に凝縮されていたのです。ちっぽけで分離された自己という感覚は消えてなくなり、代わりに私が注視するものすべての中に自分が流れ込んでいくという気持ちよい感覚がありました。私は自分の静寂の中にある完全な充足感を感じました。目の前にそびえたつ最高峰は、その名もふさわしく、「生の充足」を意味する「アンナプルナ」というのです。

湖面に立ち、私は時間を超越した時間が流れる現実を目の当たりにしました。

この山々をはぐくむのと同じ力が私の中をも流れています。もしも時間と空間の源を見つけたければ、手を自分の心臓の上に置くだけで十分でした。その瞬間の私の感覚を表現するのに唯一適切な言葉は『至福』でした（ロバート・キース・ウォレス『意識の生理学』M.I.U Pressより1993年刊行）。

この経験で明白に際立っているものは、啓示を受けたかのような感覚です。至福というものを直接味わったことのある人々は、突然にして、生きるということのありのままの姿にさらされたような感じがするものです。それに比べ、彼らのそれまでの見方というのは単調で歪められたものでした。本当の姿がくすんでしまったイメージを受け入れていたのです。毎日1時間ごとに至福を経験できるようになれば、それは完全なる悟りのしるしでしょうが、たとえほんの短い経験でも意味があります。意識の波が静寂の場から沸き上がり、ギャップを超え、あらゆる細胞の中に注がれるのを実際に感じさせてくれます。これが体それ自身の目覚めなのです。

アーユルヴェーダでは、至福とは、3つのきわめて強力な癒しのテクニックの基礎となっています。まずひとつ目は、すでに論じてきましたが、瞑想です。瞑想の重要性とは、心を境界の外に出し、境界のない意識状態にさらす点にあります。残り2つのテクニックは、もっと専門的なものです。ひとつはアーユルヴェーダの精神生理学的なテクニックです。「精神生理学的」という言葉は、簡単に言えば「心身」を意味します（私たちは「至福テクニック」と呼んでいます）。もうひとつは原初音と呼ばれるテクニックです。

これらの癒しがどのように作用するかについて説明するために、催眠を例にとってみましょう。催眠の研究で最も驚くべき発見のひとつは、催眠をかけられてから数分足らずで、被験者の手が温かくなったり冷たくなったり、皮膚に発疹《はっしん》を出したり、水疱《すいほう》さえ作ったりするということです。厳密に言えば、これは催眠によるトランス状態特有のものではありません。バイオフィードバック装置につながれている場合、正常な意識状態でも同じようなことが起こりうるわけです。ここで示されていることは、注意を向けるというパワーが体を変えるということです。アーユルヴェーダは、何千年にもわたってこの原理を用いてきました。確かに、ヴェーダの知識の基本的前提は、意識が体を作るということなので、注意を向けることに注目するテクニックが発見されたのもごく自然なことです。

至福テクニックと原初音テクニックは、そのカテゴリーに分類されます。意識とは、気づきのことなのです。自分の手が熱いと気づくことはできますが、それは受動的な気づきです。しかし催眠の研究が示しているように、自分の手を熱くすることもできるのです。そしてそれは能動的な気づき、もしくは注意です。なにかに「注意を向ける」とき、受動的な気づきから能動的な気づきへと変化します。注意を向けることは、通常思われているよりもずっとコントロールの力を発揮するものなのです。それは、私たちが受動的な気づきの犠牲者になっているからです。痛みのある人は痛みに気づいてはいますが、痛みを強くしたり弱くしたり、痛みを起こしたり消したりすることができるということには気づいていません。でもこれはすべて事実なのです（例えば、人は火の上を歩くこともできます。なぜなら痛みのレベルをコントロールできるからです。さらに驚くことに、彼らは実際に足にやけどを負うかどうかもコントロールすることができるのです。これもまた注意を向けるというコントロールの下にあることなのです）。

アーユルヴェーダでは、少しばかりの首の痛みから本格的ながんに至るまで、病気のありとあらゆる症状は注意力のコントロール下にあるとされています。しかし、私たちと症状の間には境界があります。マーヤと呼ばれる仮面が、私たちの注意力が治癒の方向に向かうことを妨げているのです。心身医学は、治癒が起こるように、こうした障害を取り除こうとします。アーユルヴェーダ以外ではマーヤという言葉は使われませんが、同じような意味を持つのであればどんな言葉を使ってもよいのです。私は、「静寂における障壁」「記憶という亡霊」「物質という仮面」といった他の表現も使ってきました。心身医学はまだその力を示し始めたばかりであり、科学を逆なでしないよう気をつけなくてはならない現状では、マーヤを打ち破るテクニックはまだまだ未発達なのです。幸いに自然は、あらゆる種類の心身的アプローチが効果を発揮するような仕組みになっています。強く信じていれば、笑うことによっても、毎日1杯のグレープジュースを飲むことによっても、致命的な病気を克服することはできるのです。

しかし意識の科学というものがあれば、さらにいっそうよいでしょう。アーユルヴェーダはその役割を果たしてくれます。またその科学に、哲学的なしっかりした基礎知識を与える理論を持つことができたらこれも助けになるでしょう。その哲学的基礎知識を与えてくれるのがヴェーダの知識なのです。アーユルヴェーダの癒しのテクニックを人に教えるとき、私は彼らをヴェーダの世界やなにか神秘的なものへと誘導するわけではありません。自分の意識が創造し、コントロールし、そして体になるのだということに気づいてもらおうとしているのです。これはヴェーダ的な見方であるだけではなく、事実なのです。

体に痛みがあるとき、意識の歪められた部分が、他の部分に向かって声を上げて助けを求めています。私たちの自然な本能は助けの手をさしのべます。切り傷を治すために血液の血小板や凝固因子を結集させるという過程は、まさに意識が助けをもたらしているということなのです。あざが治るのは、叡智がその箇所で作用するからなのです。もうここまでくると、かなりのことが明白になってきたかと思います。

がんになったとき、回復しようという元々の本能を妨げないように自然に従えるようにできている幸運な人々もいます。世の中には、精密検査を受けたことのない人々も確かに大勢います。そのような人々は、宗教や科学によって奇跡の烙印《らくいん》を押されているというよりはむしろ、治癒のプロセスにおける「もの言わぬ、無名のミルトン」として存在しているのです。

アーユルヴェーダは、それらの能力をすべての人に与えます。アーユルヴェーダ的なアプローチとは、体内ですでに起こっているプロセスを用いて、無理なく自然にそれに力を貸すことです。どんな痛みや病気も、心地よさという海に囲まれた「不快」という名の島のようなものです。どんな病気と比べても、健康な意識は海と同じぐらいに大きいからです。本来、体が正常であれば、どんな病気であれ意識によって治すことができない理由はありません（高齢者もしくは慢性病の場合は、内的な能力が消耗しているため、アーユルヴェーダでも治癒を保証することはできません。自然の仕組みの中に治癒が組み込まれていない場合も時にはあるのです）。

至福テクニックは患者に「純粋意識」、つまり私たちの基本的支柱であり滋養であるウェルビーイングの海としての自己を経験させます。このテクニックだけでも、病気を意識の中に「溺れ」させ、治すことは可能です。しかし、催眠をかけられた被験者が自分の注意を向けることで皮膚に水疱を作ることができるように、注意をもっとハッキリと治癒に向けることもまた効果があります。そのために原初音テクニックが存在するのです。このテクニックによって、ある種の腫瘍や関節炎の手当をすることができ、弱った心臓や詰まった動脈に焦点を絞ることもできます。原初音テクニックで不調な箇所を攻撃しているわけではなく、もっと注意を向けるということなのです。そうすると、不調の底に潜む意識の歪んだ部分が元の状態に戻るわけです。先の章にて、私はこのプロセスを「記憶という亡霊を追い出す」と表現しています。

瞑想、至福テクニック、そして原初音テクニックは、私がこれまでに打ち立ててきたものを実際に適用したものであり、つまり量子的治癒のツールなのです。これについて、ひとつの事例をあげ、その後で至福とのつながりについて説明しましょう。

ローラはボストン出身の若い女性で、30代半ばにして乳がんを発症しました。その診断を受け、治療しなければ余命は2年もないという主治医の熱心な勧めにもかかわらず、彼女は個人的な理由で通常の治療は受けないことにしました。それから3年経った今日、彼女はまだ生きており、表面的には完全に健康そうに見えます。エックス線写真を見ると、腫瘍が小さくなってはいないことがわかりますが、もし大きくなっているとしても、それはごくわずかなものです。このことから、ローラはまだかなり危険な状態にあることがわかりますが、彼女の心の中では現在の状態は大きな勝利なのです。

彼女のがんはまだ存在していますが、医師の言う、病気の「予測される自然な経過」をたどってはきませんでした。日本の心身医学の草分け的な存在である池見《いけみ》西次郎《ゆうじろう》博士は、がんの自然寛解が起こったと考えられる69人の患者を調査しました。博士によると、がん細胞が完全に消える必要はないそうで、腫瘍の成長のスピードが異常に遅くなる、患者が衰弱していない、腫瘍が他の場所に転移しない、といった他の兆候を探し、こうした兆候があれば自然寛解が起こったということを示していると考えられ、ローラはそのすべてに当てはまるのです。

私が初めて診察した時点で、彼女はすでに瞑想を実践していました。1987年には2週間入院してアーユルヴェーダの治療を受けました。そして原初音テクニックと至福テクニックを教わりました。両方とも、瞑想の際に用いることができるものです。瞑想中は心が落ち着き、静寂を経験できるものです。至福は、叡智と同じく、静寂の中にあります。叡智を「感じる」ことはできませんが、至福を感じることはできます。至福テクニックは、心に至福を生み出し、さまざまな方法で刻印を残します。それは、体のどこかが温かくなったり、うずいたり、流れるような感覚がしたり、さまざまな身体的な表れ方をします。至福はずっと抽象的なままですが、テクニックを用いている間は、一種の「余韻」としてとらえることができるのです。一方で、原初音テクニックは非常に焦点が絞られたもので、至福の意識を直接的に体の悪い部分へと向けるものです（これらがすべて別個に起こると考える必要はありません。意識の至福のレベルはつねに存在します。このテクニックは、心をそのレベルに引き寄せるのです。至福を一度経験すれば、心身のつながりができあがるのです）。

それらのテクニックを覚えるやいなや、ローラはすぐに前向きな効果を感じました。原初音は乳房に直接向かっていったと彼女は言いました。時々、うずくような感覚や熱、痛みさえも引き起こしましたが、たいていは痛みをそのままにして座っているうちに、テクニックが痛みを消してくれました。主観的に最も目覚ましい結果は、至福に触れたことからもたらされました。私はローラに、その経験は楽しいものだったかつらいものだったか、もしくは単によくも悪くもないものだったかどうかを書き出してもらいました。最新の報告書にはこのように書かれていました。

「至福テクニックの経験は今では、1年半前に始めたときほどは深いものではありません。でも、非常に根深い恐怖と悲しみ、無力感、強い不安があったため、このような喜びと至福の経験を初めてしたときは、その差は非常に大きなものでした。

あのときは、私の意識の中で大きなブラックホールをいくつも経験しました。今はもうそうしたブラックホールを見ることはありませんし、つねに安定して幸福感を感じることができるようになりました。でも、喜びと至福があまりにパワフルで、対処できないように感じる日もいまだあります。恐怖を感じることは滅多にありません。ほんの少しの注意を向ければだいたいはコントロールできるぐらいの不安を感じる程度です」

ローラと同じ立場にある他の女性たちが、治療に打ちのめされ、肉体的にも精神的にも深い傷を負っているとき、ローラが、今も生死の間をさまよってはいるものの、次のように手紙を締めくくっていることは驚くべきことです。

「1年半前は、私はがんが消えるという確信は99％しかありませんでした。先月になってやっと、その確信が１００％になったのです。今では完全に信じて疑いません。自然が助けてくれるという自信があるのです。私には今も、自然がどのようなかたちをとって、もしくはどのようなタイミングで助けてくれるのかはわかりません。でも私は、その最終的な発現よりも、意識の大きな飛躍のほうに関心があります。意識の中では、健康で完璧な乳房がハッキリと見えるのです」

ローラは、自分の意識を入念に観察していました。そしてその流れを非常に正確に見つめています。彼女にとって、病気であることと元気になることの間には、内面的に大きな違いがあるのです。彼女が用いているテクニックにはイメージ法は含まれていませんが、不安や悲しみを感じるときはいつでも腫瘍が大きくなるイメージが見えると彼女は言っています。このイメージは、彼女の意識とがんの進行が直接結びついていることを表すものだと私は信じています。

最終的な結果はどうなるのでしょうか？　彼女も私も、プロセス自体が結果であるという点で同意しています。毎日が、なにか夢のような回復への一歩ではなく、それ自体が目的であり、病気など存在しないかのように十全に生きるべきなのです。私は、これまでの医学的経験によって、がんについてはローラよりもずっと強い先入観があるため、彼女のほうが喜びにあふれた自信を持ち、私よりもずっと先を行っていると思うことがよくあります。

至福は、客観的でも主観的でもあります。感覚として感じられるものでもあり、また心拍数、血圧、ホルモン分泌といった測定可能な変化をもたらすこともできます。このために、至福が医学的に有用なものとなるのです。患者はアーユルヴェーダのテクニックを「頭の中」で使っていますが、そのときに経験されている至福は同時に体を再構築しています。そのときなにが起きているかというと、体が自分の設計図から信号を受け取っているのです。それは、物質的なものではなく、意識の中に存在する設計図です。

その設計図は目に見えないため、物質的世界にやって来る方法を見つけなくてはなりません。そのために自然は至福を用いるのです。至福とは、心と物質をつなぐ波動であり、体と叡智とを結びつけるものなのです。

次の図は、心身のつながりがラジオ放送のようなものであることを示しています。心は

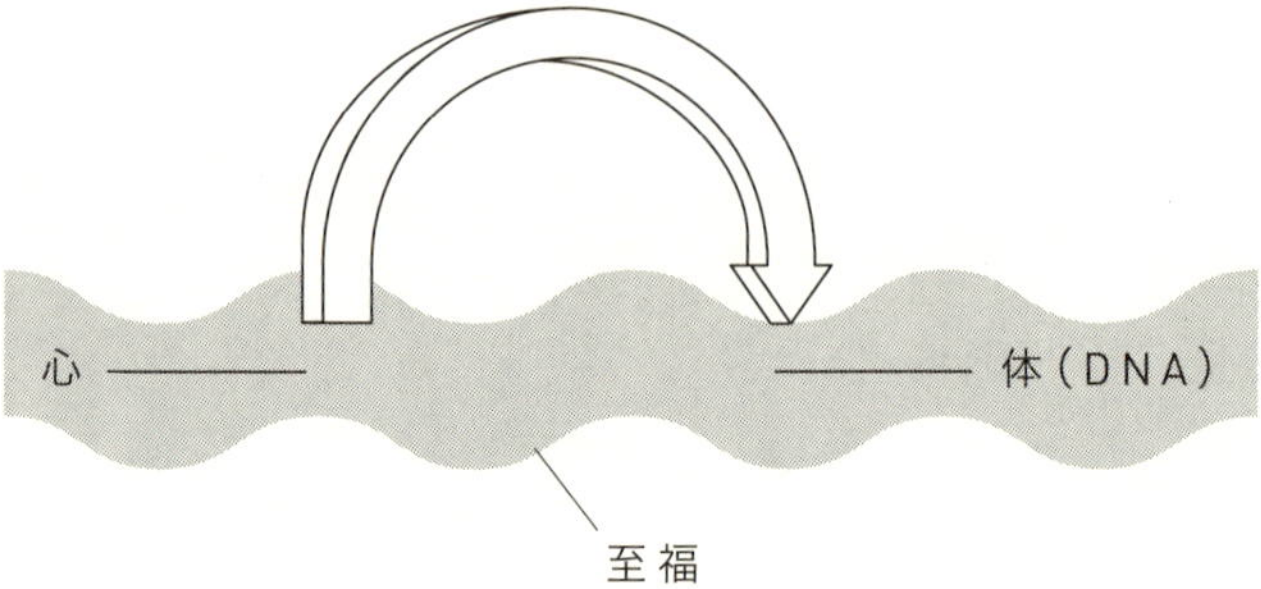

叡智の衝動を送り、DNAはそれを受け取ります。そして至福は搬送波信号です。紙の上では、この3つの要素は別個のものとして描かれていますが、現実には完全に混ざり合っています。メッセージ、メッセージの運び手、そして受け手がひとつなのです。もちろん私たちはここまでに心身のつながりの例をいくつも見てきましたが、心と体が別々の方向に飛んで行ってしまわないようとどめておく「糊」は持っていませんでした。その「糊」こそが至福なのです。

DNAはここで、特別な重要性を帯びます。ひとつの神経ペプチドもしくは他のメッセンジャー分子は、心が送り出すほんの少しの信号を運ぶだけです。例えば、アドレナリンは恐怖に関係しているといった具合にです。このことは、それぞれの思考がひとつの分子を活性化させていることを示唆するようですが、それではラジオのFM101・5局ではたった1曲の歌しか受信できないと言っているようなものです。実際、体は信号を無限に受信することができるのです。そしてそれはDNAのおかげなのです。

DNAは「命の設計図」であるにもかかわらず、私たちはそれを変わることのない設計図としてとらえがちです。DNAほど安定からかけ離れているものはありません。2日前、静かに座っていると、私の心の目でDNAを垣間見るということがありました。DNAはどんどん速度を増していき、ひとりの人間の生涯を、受胎から死の瞬間に至るまで、数分間のうちに見せてくれたのです。

私が見たものは化学物質ではなく、驚くべき豊かさとダイナミックさを兼ね備えたプロセスでした。生命のすべてがDNAから流れ出てきます。肉、骨、血液、心臓、そして神経系もです。赤ん坊が最初に発する言葉も、よちよち歩きの最初の1歩も、大脳皮質における理性の成熟も、すべての細胞をとおして夏の稲妻のように発せられる感情、思考、欲求の働き、どれも皆DNAなのです。これを設計図と呼ぶことは、皮をとって実を捨ててしまうようなものです。ベンツのディーラーに行って3万ドル払い、車ではなく車の設計図をもらってきたとします。その設計図が実際に車になり、それだけでなく、ひとりでにエンジンがかかり、道路を走り、そして部品交換までしてしまうのです。そんな設計図がDNAだと言えます（もうひとつ、驚くべき素質が必要になります。キャブレター、タイヤ、ドアの塗料のはがれたかけらなど、どんな部分からもそれだけで1台の車になる方法を知っていなくてはならないのです）。

DNAをこれほどダイナミックなものにしているものがなんであれ、その物質的構成は目に見えません。分子自体も、時間の中で受動的に参加しているのです。分子は、酸素と水素が結合して水になるといったように変化することができますが、DNAは時間の流れを活発に形成するのです。これは非常に重要な特徴であり、そのため十分な説明をする必要があります。そうでなければ、DNAの本当の奇跡に気づくことができないでしょう。

過去数年間において、研究者たちはショウジョウバエのDNAの中のPer遺伝子と呼ばれるある特定遺伝子に興味を持っています。ショウジョウバエは遺伝的な行動として、夕方になると歌を歌って交尾の相手を呼び寄せます。普通はかなりリズミカルに、60秒に1回のペースでその歌を繰り返します。

クラークソン大学の研究教授ロナルド・コノプカは、ショウジョウバエの歌とPer遺伝子を初めて結びつけました。彼はまた、そのリズムが変わりうることも発見しました。Per遺伝子が変異するとき、歌の周期が早くなったり遅くなったりし、40秒ごとに歌うものもいれば、80秒ごとに歌うものも出てくるのです。

この発見のすばらしい点は、それぞれのショウジョウバエの1日の長さが違ってくるということです。通常の60秒周期のハエには1日は24時間ありますが、40秒周期のハエだと

1日は18～20時間と短くなります。80秒周期のハエは、28～30時間と長くなります。これまでは、Per遺伝子がハエの1日のリズムを定めると解釈されていました。似たような効果は私たちにも見られます。太陽が見えず、時計もないような洞窟の中に閉じ込められたら、人は24時間ではなく一般的に25時間のサイクルで寝起きするようになります。このサイクルは、DNAに組み込まれている日々のリズム、つまりサーカディアンリズム（日周期リズム）だと考えられます。同様にショウジョウバエは、日の出や日の入りを気にせず、歌の周期が変われば、1日の長さも変わるのです。これは、ショウジョウバエの時間の感覚が、内側からPer遺伝子によって活性化されて起こるということを意味します。

これは、従来考えられていたよりもはるかに驚くべき結論です。DNAが細胞の中でリズムをコントロールしているというのが従来の考え方でしたが、私は、DNAが時間そのものをコントロールしていると言いたいのです。Per遺伝子は、「外側」の時間と、「内側」のDNAをつなげるものであり、ショウジョウバエもそうしているように、文字どおり時間を創り出しています。物理学では、アインシュタインは、相対的な世界では時間を表すのに固定的な尺度は存在しないことを示しました。宇宙飛行士は、宇宙船内の時計は、地球にあるときと同じように正確に時を刻んでいると思うでしょう。しかし、もし光速に近い速度になったら、時計は地球上に置かれていたときよりも、遅くなるでしょう。これは幻想ではありません。宇宙飛行士の老化スピードを含め、あらゆる生物学的プロセスも速度が遅くなるのです。先のショウジョウバエは、アインシュタインの言う宇宙飛行士たちに相当するのではないでしょうか？　彼らは、光速に近いスピードでの移動のためではなく、自分の内なる信号によって、遅くなったり速まったりする時間を経験しているのです。

歌の周期が短いショウジョウバエは、自分が「時間の進み方が速い」世界に生きているということを知る由もありません（他の周期のハエと一緒にいないという前提の下です）。ハエは、通常どおりの周期もしくは周期の遅いハエと同様、「1日」に同じ回数歌います。しかしその「1日」（18～20時間）が完全に自分の内部で決定されたものであるということに気づいてはいません。それではPer遺伝子は実際、どんなことをしているのでしょうか？

もうひとりの研究者、ロックフェラー大学のマイケル・ヤングは、コノプカの研究に参加し、Per遺伝子が細胞内でリズムを制御する一定のタンパク質を暗号化することで作用するということを発見しました。ハエにとって1日が長くなったり短くなったりするのは、周期の中で変化するタンパク質のためなのです。同様の遺伝子と暗号化されたタンパク質は、マウスや鶏や人間においても見つかっています。このことによって、DNAがすべての現実をいかにして創り出しているかが、だんだんわかってきます。DNAが分子を操作してリズムもしくは波動を生み出し、それを私たちが解読して時間にしているのです。波動の中には、解読されて、光、音、質感、匂いといったものになるものもあります。アーサー・エディントン卿は、このようなものすべてを「心の幻想」と呼びました。本質的に、感覚としての入力は、DNAを通じて伝えられる信号にほかならないからです。その純粋で抽象的な波動を、私たちが時間と空間の中で「現実」の事象に変換しているのです。もし遺伝子が時間をコントロールすることができるなら、空間をコントロールできるようになるまであとほんの1歩です。主観的に見ると、自身が参加することによって初めて時間も空間も存在することになります。ショウジョウバエのように、私たちは時計で1時間という時間を測りますが、その時計は私たちの中にあるのです。

さて、私たちは今、分岐点にさしかかっています。生物学者たちは、もし細胞内のタンパク質が細胞のリズムを制御しているなら、さらにそれを制御しているなにかが存在するはずだと気づきました。それはなんなのでしょう？　片方の道は、物質的な説明へとつながっていきます。これは科学が本来好む道です。生物学者たちの中には細胞壁が化学物質をある速度でのみ通過させ、その速度が時間の基準つまり私たちの分子時計になっていると信じる者もいます。またその時計が実はDNAに刻まれた化学コードであり、受胎の瞬間から死に至るまで順に読まれていくものだと考える生物学者もいます。どちらも詳細には説明しきれてはいません。もしリシたちが正しいなら、決して満足いく説明にはなりえないでしょう。分子レベルだけ見ていても、答えは存在しないのです。

ここまでに明白なようにリシたちは異なる道を行き、内なる時計は叡智であると言うでしょう。Per遺伝子は単に機械の部品に過ぎず、DNAというラジオのケーブルや管のようなものなのです。感情が神経ペプチドをとおして表現されるように、時間はそうした部品をとおして表現されています。時間は分子の上に乗っているのであって、私たちはその乗り手と馬を見間違えてはなりません。時間、空間、動き、質感、匂い、光景、その他世界の一切は、静寂なる叡智から生じるのです。その静寂のレベルこそ私たちが本当に生きている場であり、DNAの奇跡とは、あまりに多くの完全に抽象的なメッセージを生命そのものへと変換することができる点なのです。

暖かい秋のある日、森に出かけ、足元の樫《かし》の木の落ち葉を感じ、湿っぽい熟した土の匂いをかぎ、頭上の枝の間にきらめく10月の光を見ながら散歩をするとき、あなたはDNAをとおして世界を経験していることになります。DNAは物事に対して明確に選択をしています。あなたは空気中のアルゴンやキセノンの匂いを感じず、太陽の放射する紫外線を見ることもできません。あなたは葉の茂る中を歩くことはできますが、幹の中をとおり抜けることはできません。信じられないほど複雑に生えている緑の苔《こけ》は、あなたの心にひとかたまりの毛羽立ちのような印象を残します。花粉、胞子、バクテリア、ウイルス、その他の微生物が、空気中1立方センチごとに何百という割合であふれていますが、あなたはそれを感じません。このように焦点の当て方が特別である理由は、私たちの内部にあるのです。葉、木、匂い、そして光も、すべて人間化されたものなのです。

もしあなたの感覚が十分に洗練されたものであるならば、さらに先へと進み「自分こそが森である」と気づくでしょう。それは森が「外側」から信号を送ってくるだけではなく、私たちはむしろ森の信号と自分自身の信号とを融合させているのです。自然の連続から分断された感覚器官はありません。目は特殊な光の受容体で、感知した光と溶け合います。光が到達しなかったら、私たちの目は盲目の洞窟魚のように退化してしまうでしょう。もし目の構造が変化すれば、例えばカメレオンのように左右の目を別々に回すことができるようになったら、あらゆるものの空間での関係性がまったく違ったものになることでしょう。それが私たちの経験であり、相対的世界には外側での経験なくしてなにものも存在しないのです。

花に近づいていくミツバチは、蜜は見えても花びらは視界に入ってきません。ミツバチの目にとっては、それが存在するものなのです。棒磁石は、私たちにはハッキリとした輪郭を持つ鉄に見え、そのまわりに放射される磁場は見えていません。従って私たちの視覚にとっては、存在しているのはその鉄ということになります。他のすべての感覚も加えると、自分が創造している世界を持つことができます。その世界はＤＮＡが６億年以上かけて作ってきたものですが、究極的にはＤＮＡという気の利く召使を抱えた、自分の内なる叡智を表しているのです。ＤＮＡは、あなたにはあなたの方法で、他の生物にはその生物の方法で仕えているのです。

DNAは光の波動を目に変換し、音の波動を耳に変換します。DNAは時間をショウジョウバエがパートナーを引き寄せる歌に変換し、人間にとっては歴史という経過に変換します。コウモリには音波探知機を与え、蛇には赤外線に対する感受性を与えます。しかしいずれの場合も、DNAはラジオに過ぎないのです。DNAもしくは他のどんな物質を見ていても、時空の秘密は決してわかりません。その試みは、音楽がどこにあるのか探そうとして、ラジオの配線をめちゃくちゃにするのと同じぐらいに絶望的なものです。リシたちは、音楽が存在するレベルを見つけました。それが至福です。

至福は、叡智が世界に送り込んでくる波動なのです。事実、私たちの存在は心、体、DNA、そして至福をひとつに圧縮した図として示されることができます。

この図を「生命の輪」と呼んでもいいかもしれません。この図では、至福は連続する信号、つまり心と体とDNAを生涯にわたる対話の中でつなぐ輪として描かれています。これら三者は皆、対話に平等に参加しています。心が知っていることは、体もDNAも知っているのです。経験はこの3つのレベルのすべてを共振させます。内なる空間のあらゆるところにメッセージが送られるからこそ、幸せや悲しみを感じたり、目覚めたり眠ったりということが可能になるのです。

DNAに「話しかける」ことができるなどとは思えないかもしれませんが（DNAはただの物質的設計図に過ぎないと見なすことに由来している偏見のひとつです）、実際それは絶えず行わ

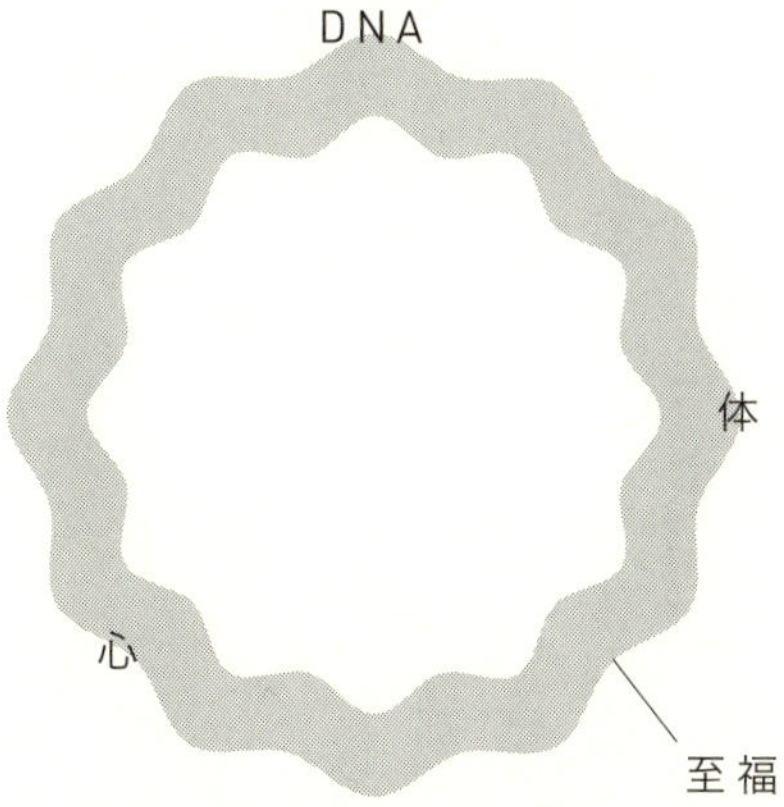

れているのです。思考に触れるだけで私たちの中をかけ抜ける化学物質も、細胞壁の上でメッセージを待ち受けている受容体も、他のどんな小さな生命のかけらもＤＮＡによって作られています（ここではその長いプロセスを端折《はしょ》って述べています。ＤＮＡが直接作るのは遺伝物質だけで、その活動的なパートナーであるＲＮＡを使って、あらゆるタンパク質、細胞、組織を作るのです）。思考もＤＮＡのレベルで起こります。脳細胞が神経ペプチドや他のメッセンジャーを送り出さなければ、思考も起こりえないからです。

原初音テクニックというアーユルヴェーダ的なテクニックは、この点を直接的に利用しています。先の図で、私は絶えず途切れることない信号を輪で表しました。しかし、その輪には切れ目が生じることもあるのです。それが生じるのは、ＤＮＡと心と体が完璧に同調していないときです。アーユルヴェーダでは、多くの病気はそのような切れ目が生じたところから始まるとしています。切れ目では、至福が溝から滑り落ち、細胞の叡智も捨てられてしまうのです。それを修復するには、特殊な信号を輪の中に入れ込む必要があります。それが原初音です。このように、波動を癒すためには波動を用いるのです。

精神的に作用する音を使った病気の治療が非常に珍しいことだとは私もわかっています。それを理解するためには、至福と量子場の密接な結びつきを作る必要があります。1970年代までには世界中の原子核破壊装置は40年間も忙しく稼働し続けており、何百種類という「ハドロン」（強い相互作用を及ぼし合う素粒子の総称）が確認されました。ハドロンは原子を構成する一部で、あまりにも増殖していったため、どんな基準からしても初等のものとは考えられなくなりました。宇宙には、これよりもさらに簡素な基礎的要素はないのでしょうか？　このジレンマから脱する方法は、こうした粒子のすべては、さらに小さな粒子が変形したものではなく、内在する波動が姿を変えたものであると理論化することによって見つけられました。

この波動は「超弦」と呼ばれました。というのも、ヴァイオリンの弦のような動きをするからです。超弦理論は、無限に存在する目に見えない「ひも（弦）」が宇宙に充満しており、それぞれの異なる振動数があらゆる物質とエネルギーを生み出しているというものです。特定の波動が時間や空間にもなるというわけです。接頭辞の「超」が示しているのは、これらのひもが、制限のある四次元という現実をはるかに超越したところに存在しているということなのです。どんな高度な装置をもってしても、そのひもを見ることは誰にもできないでしょう。

超弦とはなんであるかを明白にするために、物理学者のミチオ・カク博士は音楽のたとえを用いています。ヴァイオリンが箱の中に入っていて、見えない状態にあると想像してみましょう。その弦が震えると、異なる音の高さや和音、音の配列や音色が生み出されます。もし音楽というものを知らない宇宙人だったら、これらがすべてまったく別々のものであると思うでしょう。例えばドの音は水素原子、ミのフラットという音は光子といった具合にです。箱を開け、すべての音が本当に1台のヴァイオリンから出ているとわかることによって、すべてはひとつの源を持っているということに納得するのです。

同様に、自然の根源である場はつねに振動し、同じ「音」が変形したものを生み出していいます。しかし私たちの感覚は、この同じものを異なるものに変換するようにできているのです。

私たちは、鉄は硬い音、水素は気体の音、重力は重い音というように知覚します。超ひもの存在が見せられることによってのみ、統合というものが潜在的に存在することが明らかになるのです。超ひもの存在は、箱を開けることによってではなく、数学の公式によって明らかにされます。その公式は、あらゆる形態の物質とエネルギーが超ひもモデルに適合することを示し、これまでのところ実際にすべてが適合しています。従って量子物理学には今、統一場理論に最もなりうるものが存在するということであり、それは、宇宙には秩序があるというアインシュタインの信念を正当化するものなのです。

驚くべきことに、ヴェーダの時代のリシたちもまた、宇宙はひもで満ちていると認識していたのです。そのひもは、スートラ（sutra）と呼ばれ、外科医の縫合、その糸（suture）という言葉はここに由来します。サンスクリット語では、スートラは「ひと針」（もしくは縫合）という意味を持ち、また「糸」もしくは「動詞句」という意味もあります。もしスートラを糸だと考えれば、宇宙とは、何十億何百億という叡智の糸で織られた薄い布のようなものであることになります。ヴェーダの時代のリシたちによれば、見えないヴァイオリンが奏でる音のように、世界全体の根源的なレベルは音でできているのです。その音は、他のいかなるものよりも先に生じるため原初的なものであり、そこから「原初音」という言葉が生まれたわけです。

宇宙を創るためにはひとつだけの音では十分ではありません。しかしリシたちは、まずひとつの音から認識し始めました。それが「オーム（ＯＭ）」という振動であり、そのとき、いわゆるビッグバンが起こったのです。オームは意味を持たない音節で、宇宙の静寂を打ち破る最初の音を表しているに過ぎません。このオームという音がより小さな波動に分かれていき、私たちの宇宙の物質やエネルギーを構成するさまざまな振動数にさらに分かれていきます。

いったん可能性に心を開いてしまえば、星も銀河も人間も、超弦から創られたものだとしても、オームという音から創られたのだとしても、さほどその驚きの程度には差がありません。どちらも抽象的なのです。隠されたヴァイオリンの話に戻ると、カク博士は次のように書いています。「ドやシのフラットといった弦を震わせることによって生まれる音は、それ自体が他のどんな音よりも根源的であるということはないのです。根源的なのは、振動する弦というひとつの概念によって調和の法則が説明できるという事実です」。もしくは、これが宇宙の場合、自然の法則と置き換えることができます。

オームは、音の高さが無限に高まっていく1本のまっすぐな線として図にすることができます。それは超弦の中でもさらに超越したものにたとえられます。オームという音節が、英語の「ｈｕｍ」（ハミングの音）と似ているのも偶然ではありません。リシが宇宙の音に波長を合わせると、本当に宇宙のハミングのような音として聞こえたと言います。もしも意識を拡大することができるなら、自分自身の音楽として振動の音が聞こえるようになるでしょう。例えば自分の意識の中で振動する特定の周波数として、自分のＤＮＡの音を「聞く」ことができるのです。同じように、神経ペプチドはひとつの音から生まれ出ます。それは他の化学物質も同じです。

DNAから出発し、体全体が多くの段階に分化していきますが、そのひとつひとつの段階において、音のつらなりであるスートラがまず先に存在します。従って、体に原初音を戻してやることは、どんな局に波長を合わせるべきか体に思い出させるようなものなのです。そうしたことを土台にして、アーユルヴェーダは体を物質の塊としてではなく、スートラで織られた布として扱うのです。

言うまでもないことですが、私がこうしたことすべてを説明できるようになるには時間がかかりました。ランカスターの入院施設でアーユルヴェーダのプログラムを初めて行うようになったとき、私は自分の個人的な研究分野である内分泌学にしっかりと片足を突っ込んでいました。私はアーユルヴェーダの理論に賛同していましたが、それでもまだその成果には不安があったのです。毎週のように、自分の診察室とクリニックを行ったり来たりしていました。10月のある日、食堂に入っていくと、ひとりのがん患者が目にとまりました。中年男性で、隅のほうに静かに座っており、奥さんと昼食を摂っていました。彼は末期のすい臓がんで、かなりひどい痛みもありました。5日前にクリニックにやって来たときには、何か月も苦しんできたため、その顔色は灰色でしわだらけでした。私は少し話をしようと思い、彼のほうに歩いて行きました。近づいていくと、彼は顔を上げて私を見ました。その瞬間、私は心臓が止まりそうになったのです。彼の顔は平和そうにリラックスしているように見えました。目には明らかに至福が宿っていました。体調はどうかと尋ねると、もうまったく痛みがないと彼は言いました。アーユルヴェーダの治療を４日間行ったら、痛み止めはまったくいらなくなったというのです。数日後に退院しましたが、それから亡くなるまで、ほぼ薬は使いませんでした。

これは治癒とは言えませんが、治癒に向けての大いなる1歩だと言えます。今日では、意識が人を治すと私は確信するようになりました。もっとも、診断が遅すぎて、何年にもわたってストレスが生理機能を硬化させ、至福がとおり抜けることが困難になっているような場合は例外です。しかしその門は、たとえ隙間程度だとしても、いつでも開いているのです。アーユルヴェーダの癒しのテクニックは、まずは患者を先に治療し、病気の治療は二の次であるという前提に基づいて行われます。

再び健康になれるという見通しを持つことは、不治の病と闘うのとは逆に、人に希望を与えます。その希望がなかったら、頼るものは容赦のない統計しかないのです。あるドイツ人のエイズ患者が、ヨーロッパで行われた試験的プログラムの一環として、2年間にわたりアーユルヴェーダの治療を受けました。１９８４年にエイズと診断され、これを書いている１９８８年の夏の時点ではまだ生きています（エイズ患者の80％は診断されてから2年以内に亡くなります）。普通の生活を送り、目立った症状はありません。

同じようなプログラムがカリフォルニアでも行われており、エイズ患者の治療をしつつ、病気が潜伏している部分とすでに表に出ている部分とがどのような影響を受けるかどうか臨床的な観察が行われます。どちらも小さなグループであり、被験者はアーユルヴェーダが治癒を確約するものではないことを知っていますが、担当医たちはなんらかの改善を目の当たりにし、特にエイズ患者の体も心も衰弱させることになる疲労に耐える能力においての改善が顕著であると感じています。

潜伏期間を延ばし、症状が表れるのを数年引き延ばすことは大きな突破口となるでしょう。しかしクリニックと関わりはないのですが、それ以上の成果を得たように思われる患者と私は出会ったのです。彼はロサンゼルス出身の40代初めのミュージシャンで、2年前に至福テクニックを教わるためにやって来たのでした。その後、今年になるまで彼には会っていませんでした。そして今度は原初音テクニックを習いに来たのです。私は体調について尋ねました。すると、大事な話があると答えました。彼はエイズだったのです。

診断は4年前、肺炎にかかったときに下されました。肺炎球菌によって起きる典型的な肺炎ではなく、彼の場合は、カリニ肺炎菌として知られる原虫によって引き起こされるものでした。この病気は、免疫系が壊れたエイズ患者が最もよくかかる病気のひとつです。彼は病気から回復すると、人生を変える決心をしました。瞑想を学び、大人になって以来初めて、夜更かし、深酒、麻薬、タバコ、彼の仕事にありがちな性的乱交という習慣を断ち切ったのです（興味深いことに、エイズの長期間にわたる生存患者の調査によると、病気をきっかけにこの種の「責任を持つ」という決断をしています。通常の医学では、なぜこれが命を救うことになるのか説明できませんが、実際にそうなのです)。

2年後に至福テクニックを覚える頃までには、彼の健康は、見た目にはまったく正常に見えるほど改善していました。至福テクニックは、エイズを克服しようという彼の決意の重要な焦点となりました。

「僕は病気と闘っているとは考えていません。これまでずっと感じていた不幸と苦痛は間違っていたということがわかってきただけなのです」。彼は言いました。内側では、さらにもっとポジティブな感情を経験し始めていました。彼は、自分がこんなに幸福というものに夢中になるとは思ってもみなかったと言っていました。診断が下されてから4年が経った今、彼は健康そのものに見え、多少の疲れを感じることを除けば、まるでエイズなどないかのように生活しています。

毎年開催されるエイズの国際シンポジウムによると、この病気に打ち勝つ見通しはますます暗くなっていくようです。エイズはHIVウイルスとそれに関連するウイルスの突然変異によって引き起こされますが、これが研究者にとっては悪夢なのです。なぜなら、それはレトロウイルスというとりわけ不可解でとらえどころのない種類の有機体だからです。風邪の原因となるようなごく普通のウイルスでさえ、体の免疫系を避けてとおれるような並外れた力を持っているのです。

バクテリアに対する反応とは逆で、不思議なことに私たちのDNAは侵略してくるウイルスとの闘い方を忘れてしまいます。実際、DNAはウイルスと協力しているかのように見えるのです。ウイルスが細胞壁の近くまで来ると、まるでなんの抵抗もないかのように溶けて中へ入っていきます。そして細胞核へと直接案内され、そこでDNAは親切にも通常の働きを止め、新しいウイルスを作るためにタンパク質を作り始めるのです。

風邪やインフルエンザのウイルスは、DNAに自分のためのタンパク質を作らせることで満足しますが、HIVのようなレトロウイルスは、それより1歩進んで宿主の遺伝物質のふりをしてDNA自身の化学的な鎖と混ざり合います。そしてDNAが他の病気と闘うために刺激される日まで、それは数年先になるかもしれませんが、それまで眠って待つのです。その日が来ると、レトロウイルスは目覚め、宿主細胞を培養器として用いて何百万単位で自分の複製をし始め、最終的には宿主細胞を死に至らしめます。細胞は押し破られ、死を招くウイルスが血流中に大量に放たれるのです。このサイクルのすべてのステップが非常に不可解で複雑であるため、エイズウイルスはまたたく間に、これまでに発見された中で最も複雑な病原体であるという評判を得たのでした。どんな薬もエイズを治すことはできないのです。AZTは発病を遅らせる助けにはなりますが、副作用があまりにひどいため、すべての患者に使えるわけではありません。

これは、西洋医学が独自のアプローチをとることを否定するわけではありません。命を脅かすような病気になったときは、思い切った手段を選ぶ必要があり、この点において異論はありません。しかし病気を叡智の歪みとして見なすことは、より深いレベルの理解、そしてひいては治癒へと向かっているのかもしれないと私は信じています。

がんもエイズも、スートラの正しい連なりが最も深いレベルで明らかにされなくてはならないケースのように思われます。言い換えれば、これらの病気は叡智の不具合であり、至福が歪められ、本来のパターンから逸脱する「ブラックホール」のようなものなのです。これらの病気をこれほど手に負えないものにしているのは、歪みが非常に深いところにあり、DNA自体の構造の中に閉じ込められているからです。そのため、細胞の自己修復メカニズムの破壊や逆の働きを引き起こすのです。がんの場合のDNAは、実際に正常な細胞分裂の仕方を無視し、まるで自滅したがっているかのように見えます。

がんもエイズも、その歪みがDNAを結びつけている力の場にまで及んでしまっているかのようです（細胞物理学は複雑な分野ですが、細胞は化学的、電磁的な共鳴をとらえることでまずウイルスを感知し、相互作用を起こすと信じられています。そのような信号はDNAによって解釈され、そしておそらくDNAを欺くこともできるのでしょう）。

ヴェーダの音、つまりスートラという観点からすると、叡智が相対的な世界で姿を現す際に、その正常な配列に歪みを作るに違いありません。ウイルスの音が周囲で「聞こえる」と、DNAはそれを友好的もしくは相性の合う音だと勘違いします。それはあたかも古代ギリシャの船乗りがセイレーンの歌声を聞いて、破滅へと誘い込まれるかのようなものです。これは、ウイルスが利用しているDNA自体が振動の束であるということに一度気づいてしまえば、納得のいく説明になります。

もしこの説明が有効であるならば、アーユルヴェーダの原初音（サンスクリット語文献の「聞く」という動詞に由来する「Shruti（シュルティ）」として知られています）を用いて、まちがった音の配列を正すことが治療であると言えます。原初音は基本的に陶器の型のようなもので、歪んだ配列にその型をかぶせることによって、壊れたDNAを正常な状態へと導くのです。この治療は、明らかな効果は感じられないかもしれません。でも予備段階の実験結果としては目を見張るものがありました。音の配列が修復されると、その構造はしっかりと固定され、DNAの将来の破壊を防ぐのです。

近い将来、アーユルヴェーダはさらに広がり、新しい医学の誕生の一助となるだろうと私は信じています。新しい医学とは、叡智と慈悲の医学です。現在の医学も、この2つの要素をすでに持ってはいます。医学のシステムは問題を抱えていますが、その欠点は現場のひとりひとりの思いやりによって乗り越えられるのです。そうした人々こそ、アーユルヴェーダが自分たちの医学と対立するものではないということを最初にわかってくれることでしょう。アーユルヴェーダにできるのは、回復のプロセスの助けとなり、治癒を私たちのコントロール下に置くことを可能にすることだけなのですから。

Expanding the topic

さらなる考察

今考えると「波動からできている人間の体」という発想につながる「波動からできている宇宙」という発想は、多くの人々にとって遠すぎた橋（あまりに野心的な試み）であったのだとつくづく思います。もし波動というものがあるとしたら、そこには光、音、音楽、マントラ、チャンティング、シャーマン儀式が含まれます。そしてあらゆる文化には「波動治療家」なるものが存在してきました。おそらく、最も包括的な「波動の科学」は、「shabda（シャブダ）」として知られるヴェーダの知識領域の中に見出されます。「シャブダ」とは、サンスクリット語で「言葉」を意味します。「シャブダ」の興味深い特徴とは、あらゆる現象は独自の振動状態に還元できるという、欧米の科学の還元主義的モデルの要求にあてはまる一方で、同時に、あらゆる現象は意識の場から生じるとする、「トップダウン」の東洋的アプローチにも合致することです。

しかし物事を単純にとらえる人なら、波動ヒーリングを簡単に詐欺呼ばわりすることでしょう。波動ヒーリングの基本的な概念は、唯物論的な思考にとってはあまりに異質なものです。またもや、量子論が推論を後押ししてくれることになるかもしれません。というのも、もし宇宙がヒルバート空間（完全に数学的な概念）に存在するなら、もしシュレディンガー方程式（宇宙での量子的可能性を説明する古典的な方程式）が正しいなら、創造をひとつの波動関数に落とし込む的確な方法が存在するかもしれないと漠然と考える物理学者たちが今では存在するからです（伝説的物理学者リチャード・ファインマンは、すべての電子はただひとつの電子に還元されると、ずっと以前に推測しています）。これもまた純粋に数学的なものですが、物理的宇宙を無限粒子の基礎となる無限の波動へと分解するために自身と絡み合わせるひとつの波動関数に落とし込むことによって、なにか独特なことが生じるのです。もはや、還元主義とトップダウン・アプローチの間に分裂はありません。たったひとつの波動が、他のすべてを生じさせる源を与えてくれるでしょう。その波動のもつれが無数に細分された波動になることは、原子、分子、恒星、銀河といった高次構造の複雑な説明になりうる特殊なデータに対する需要を満たしてくれることでしょう。

高等数学にあまり通じていない人なら、このような理論を受け入れたり拒絶したりする以前に、脇から見守ることしかできません。しかし「シャブダ」は、そのヒーリングへの実用的伸展と一般的な意識の力ゆえに、誰もがこうした理論へと立ち返る機会を与えてくれます。「ここ」で生じる思考は、「そこ」で起こる結果と波動的に関連しており、そして心と物質という2つの世界は、そのように橋渡しされているのです。物事を単純にとらえる気質が公平なものであることは滅多にありませんが、懐疑主義は、先の章でふれたジョン・エックルス卿によって主張された「あらゆる思考は、脳の化学状態に影響を与えることでサイコキネシス（念力）として作用する」というゆるぎない事実へ反証することはできません。私たちは、思考するたびに、心身の障壁を乗り越えているのです。

「シャブダ」はまた、意識のより高次の状態は振動しているとも言っています。これは、悟りという一連のテーマを天気、星、水素原子のような自然現象にすることで、うまく単純化しています。波動は、なにに対しても完全に平等です。従ってジェフリー・A・マーティン博士が心理学の博士論文で導き出した「高次の意識はとても自然なもので、私たちの周囲に普通に存在するものである」という結論を発表し始めたとき、その考え方に私は魅了されました。

マーティン博士は、自分は悟りを得たと思う人々から返答を募るメッセージをネット上に投稿しました。2500以上の返答を得ることになり、またこれらの人々のうち約50人の被験者に集中的にインタビューを行いました。最初のうちは、共通語を見つけるのが困難でした。自分が悟りを開いているという感覚は個人的なものであり、またそのことで普通の社会から隔絶されたりもします。マーティンは、被験者たちがしばしば自分がアウトサイダーであることに敏感になっており、また他とは異なる精神状態を示すことで精神科に行かされたり、薬を飲まされたり、または精神科病院に入院させられたりしていることを知りました。

しかしマーティンは非常に早い段階で、各人各様ではありましたが彼らの経験には連続性があることに気づきました。単一の悟りの状態というものが存在するわけではなく、かなり変動的なものだったのです。中立的な立場を見つけるために、また博士論文らしく見えるような認定されたひな型に合わせるために、彼が採用したのは「Persistent Non-Symbolic Experience」（PNSE、持続する非象徴的な経験）という長たらしい名称でした。

「自分であるという感覚が変化するのです」とマーティンは言っています。「それまで普通だった、自分であるという個人的な感覚が、別のなにかへと変わっていくのです」

「別のなにか」がどんなものか定義することは容易ではありませんでした。なぜならその人たちのバックグラウンドは皆異なり、文化的要因の影響を受けているからです。しかし、マーティンは変化の4領域を明確にすることができました。

もし自分が「ロケーション①」へと移行していることに気づいたら、以前よりも思考が減っていると報告するでしょう。「あなたは、『自分の思考のすべてが消えてしまった』というようなことを私に言うかもしれません。そして消え去る思考の種類とは、個人的な自分に関するものなのです」とマーティンは言っています。もしも、分離し孤立した存在としての「自分」の喪失を経験しているとしたら、それも驚きではありません。

彼らの立場になって考えてみると、こうした人々は、「自分」に起こっていることについて、連載小説のようなかたちで頭の中に保っておかないのです。彼らが自分自身について考えるとき、自分を認識するなり忘れていくのです。感情に関しても同じことが当てはまり、感情はさらに少なく、不随意的なものとなります。怒りが生じても、ほとんど即座に消え去ります。感情はまだポジティブだったりネガティブだったりしますが、極端になることは皆無ではないにせよ、滅多にありません。渋滞に巻き込まれたらイライラすることもありますが、彼らは後になってストレスの余韻を残したりしないので、運転中に怒りを爆発させたりということは決してないでしょう。彼らは内的平和が邪魔されることは感じても、すぐにまた内的平和の状態に戻るでしょう。

そのような人は、エゴの閉鎖的な領域に押し込められているのではなく、より大きな「自己領域」の中で生きているのです。彼らはより自由を感じ、より広がっていると感じます。「人がたくさんいる部屋の中に座り、そのうち少しの人々だけがこの変容した意識を持っているとしたら、それが誰なのかを当てることはできないでしょう。外観を見る限りでは、彼らは私やあなたと変わりないのです」とマーティンは言っています。

マーティンの研究が他の多くの大学、そして外国へと広がり始める前の最初の頃は、典型的な被験者はアメリカもしくはヨーロッパ出身の白人男性でした。というのも、理由はわかりませんが、女性は悟りを開いた者として研究に協力することに乗り気ではなかったり、もしくはその経験について話し合うことをしたがらないからです。宗教的背景は、東洋のものから西洋のものまで多岐にわたっていましたが、被験者のほとんどがなんらかのスピリチュアルな修行をしていました――彼らは高次の意識へと入ることを望んでいたのです。興味深いことに、14％ほどの人はこの手のことをなにもしていませんでした。彼らは自然に高次の意識状態にひょいと入り込んだのか、もしくはさらに多いのが、いつのまにか入っていたというパターンでした。彼らがその新しい状態に入っている期間は、長いもので40年、短いもので2～3年でした。

マーティン博士の研究基盤である被験者は1000人以上にふくれあがり、それは以前に予測されていたよりもずっと進化した意識状態においては「普通」とは固定された状態ではなく、連続的なもっと幅のある範囲なのかどうか自問しなくてはいけないことを意味します。少なくとも、高次の意識はもう珍しいものではなくなったと言えます。もはや、サドゥーやヒマラヤのヨギたちだけのものではないのです。マーティンの研究は、価値中立的である体、感情、自己意識、そして思考に焦点を当てたため、学会でも受け入れられました。しかし彼は、スピリチュアルな次元も広がったことに気づいていました。被験者の中には仏教に関連する、開かれて澄み渡った静寂の意識のようなものを報告した人もいれば、私が本章で述べたような至福を経験した人もいました。自分の意識状態をどう扱えばよいのかわからない人もいました。しかし、彼らは自分の経験しているウェルビーイングの量に驚愕し、その量はそれが連続するにつれ増えていきました（矛盾していますが「ロケーション④」ではあらゆる感情が、愛さえも剝《は》がれ落ち、至福の豊かさはマーティンが「完全なる自由」と呼ぶものによって取って代わられました。しかし被験者たちは、感情や至福の経験がなくても寂しいとは思わないと報告しています。なぜなら、自由の中でウェルビーイングの最も高次の状態を見出したからです)。

悟りとは私たちの周囲の至るところにあるもので、それは自然な進歩であると気づくことが驚きだとしたら、さらにもっと興味深いのは、悟りが個人的なものであるという可能性です。あなたが自分自身の現実を創り出す状態が突然終わるわけではありません。悟りは、飛び込み台からジャンプするようなものではないのです。人間の数だけ悟りの種類もあると思われます。一言でいえば、他のすべてのものと同様、進化自体が進化しているのです。

「普通」というのは、意識の連続性の中であらゆるものを含むほど広がって初めて価値を持つのです。私たちはまた、悟りの古い定義を現代に合わせるために訂正する必要があります。欧米では、高次の意識状態を追求したい人や、すでにそこに到達した人を対象にした公的な施設は僧院や修道院以外にほとんどありませんでした。ここに「普通」さが包括すべきものをあげてみます。

無限を感じる
安らかな気持ちでいる
経歴に無頓着《むとんちゃく》である

Expanding the topic

今を生きている
ネガティブな思考形態や感情から解放されている
過去のトラウマや傷を乗り越えている
高次の意識は自然なもので、人間としての連続体の一部だと受け入れている
進化するにつれて、ますます自己認識の高まりを経験している
拡大して深まり続けるウェルビーイングの状態の中に生きている

尊敬を集めるスピリチュアルの師が次のような質問を受けました。「悟りを開くためにはなにが必要ですか?」。師はこう答えました。「この世にもう個人的な利害関係を持たないことだ」。もしあなたが「私が、私を、私のもの」という価値観によって打ち立てられた境界と一体化しているなら、これは死刑宣告のように聞こえるでしょう。個人的な利害関係を持つということは、人生が意味するすべてなのではないでしょうか? しかし連続する意識全体を超え、もっと長期的に見てみると、その反対こそが真実なのです。もはや「私が、私を、私のもの」という価値と一体化していないとき、あなたは個人を超越した経験という新しい世界へと迎え入れられているのです。これは、ヴェーダが人生の真の始まりとして称《たた》える、二度目の誕生です。

最後に、悟りを得たマーティンの被験者たちが、自分たちのあらたな状態に驚きながら

も、これほどすばらしいものはないと考えたことに深く心を打たれています。「これこそが究極の本物だ」というのが一般的な反応でした。しかし彼らは間違っていました。現実は無限であり、また現実を無限にしているのは、光速より速いスピードで離れていく宇宙の果てではありません。宇宙は人間の大望に応じるもので、いったん私たちが目覚めて宇宙の存在に気づけば、宇宙の無限は私たちの内側の無限を映し出すものとなるのです。

14 戦いの終わり

量子的治癒の定義とはなにかと聞かれたら、私はこう言うでしょう。「量子的治癒とは、意識のひとつの形態（心）が、意識のもうひとつの形態（体）の誤りを自然に正す能力であり、完全に閉ざされた内側のプロセスです」。もっと短く定義するよう求められたら、量子的治癒とは「平和をもたらすもの」であると答えるでしょう。意識が分裂すると、心身システムの中で戦いが始まります。多くの病気の背後にはこうした戦いが存在し、現代医学が呼ぶところの心因性の要因を生じさせているのです。リシたちは、それを「二元性から生まれるおそれ」と呼ぶかもしれません。そしてそれがひとつの要因ではなく、あらゆる病気の主要な原因であると考えるでしょう。

体は多くの信号を送り、戦いが起こっているということを示します。最近クローン病を患うある若いフランス系カナダ人の女性が私の元にやって来ました。クローン病とは、コントロールのできない慢性の下痢と痛みを伴う炎症に特徴づけられる重い腸疾患です。その原因はわかっていませんが、患者のほとんどが若い女性であり、免疫系の欠陥と関係していているのかもしれません。よく知られているのは、腸管が感情の状態に非常に敏感だということです。この患者の場合、ボストン中心街にある広告会社で大きなプレッシャーを抱えながら長時間労働をしていると聞いても私は驚きませんでした。

しばらく話をするうちに、彼女が数年前に瞑想を習っていることがわかりました。今も瞑想を続けているかどうか尋ねてみると、「いいえ」という答えが返ってきました。瞑想のための時間がとれなかったというのです。瞑想しようと座っても、数分で眠ってしまうためにうまくいかなかったそうです。

そこで私は、体調を整えるために食生活に気をつけたり、生活のペースを落としてゆっくりするとか、ストレスの少ない仕事に変えるといったことを検討したことがあるか尋ねてみました。少しじれったそうな感じで、彼女は再び「いいえ」と言いました。苦労の原因となっている今の病気に、自分の人生を支配させるつもりはないと言うのです。「いいですか。あなたの病状は深刻なのですよ。もしこの炎症が続くようなら、腸の一部を手術で取り除かなければならないかもしれないのです。そうなったらどうするのですか？」。私は言いました。彼女は自分の病気のことをよく理解しており、先に待ち受けるつらい選択についてもよくわかっていました。その手術は、外見的にもかなり傷つきます。というのも腸の一部を切除するので、排せつのために腹部から管を出さなくてはならないからです。それでも病気が治るわけではなく、腸の他の箇所でまた再発する傾向があります。

「だからここに来たんです。これまでどおりの生活を送るために、メンタルテクニックを教えてもらいたいのです」。彼女は答えました。

これは、リシが「Pragya aparadh（プラッギャ・アパラード）」と呼ぶ「知性の誤り」がもたらす結果でした。この女性の体は治癒を求めて悲鳴を上げており、発作が起こるたびにそれを彼女に伝えていたのです。目を閉じれば、睡眠というかたちで体が安らぎを得ようと必死になるため、瞑想することさえできませんでした。それでも彼女の心は、こうした治癒の試みを不適切もしくは面倒だと解釈したのです。彼女は、自分の体が対処しきれないような、ストレスの多い「これまでどおりの生活」を送ることに固執していたのです。「この病気とは戦えないのです」。私は言いました。「病気の側にいるのは他でもないあなた自身なのですから」。脳内でストレスを記録するのと同じ神経ペプチドが、腸内でも作られているということを私は説明しました。おそれや不満や不安を感じると、それとまったく同じ感情がお腹の中でも経験されるのです。

私は彼女に、必要なのはメンタルテクニックではなく、体の望むようにさせてあげることであり、それが病気を治すことになるだろうと伝えました。体と協調するための最善の方法は、体が要求する休息を与えること、瞑想を続けること、食生活を変えること、そして体に危険を冒してまでも得る価値のある仕事の報奨などないということに気づくことです。自然は、彼女に非常に重要なことを伝えようとしていました。それに注意を向けさえすれば、彼女の問題は自然に解決されるでしょう。

「あなたのようなケースの場合、望みうる最高の医療をすでに手にしているのです。それはあなた自身が意識的になることです。今あなたの注意はおそれと緊張にしか向いておらず、だから病気も治らないのです。それでも意識が落ち着き、おそれがなくなればすぐに、体も回復するでしょう。すべてはあなた次第なのです」。私は言いました。

彼女は興味を持って私の話を聞いていました。しかし、こうした話を快く思っていないことが私にはわかりました。知性の誤りは、知らぬうちに影響を及ぼすものです。知性は、あらゆることは心と体という現実の中で起きていると信じることを拒み、病気の体はどこかよそに、知性の存在する状況ではないどこか別の場所にあるという虚構を作るのです。

病気とは、戦いが行われているという明らかな証拠なのです。アーユルヴェーダによると、それは「内側」で起きている対立です。これは、私たちを襲おうと待ち構えているバクテリア、ウイルス、発がん性物質といったあらゆる種類の侵入者によって「外側」から戦いが始まると説明しようとする細菌説とは反対の考え方です。しかし健康な人々はこうした危険の中でも十分安全に生きています。エイズのように免疫系が壊れたときのみ、皮膚、肺、粘膜、腸、その他多くの器官は外の有機体と微妙なバランスを保ちながら共存していることに気づかされます。エイズ患者に典型的に見られる肺炎は、誰の肺にもつねに存在しているさまざまな種類のニューモスティス・イロベチイによって引き起こされます。エイズウイルスは、免疫系の一部（ヘルパーT細胞）を壊すことによって、そして私たちをひとつに結びつけて安定させている情報ネットワークを分離することによって、このような病気を内側から作動させるのです。

実際、私たちこそがそのネットワークなのです。ネットワークは、私たちの体、思考、感情、行動というかたちをとって世界に自分自身を投影させています。またそのネットワークは自分だけにとどまっているわけではありません。細菌が私たちの大敵であるという単純な考え方は、半面の真理でしかありません。なぜなら細菌もまたそのネットワークの一部だからです。生物界全体は、DNAと深く結びついています。DNAの中でも、あるものはバクテリアとしての流れに沿って、またあるものは植物や動物の流れに沿って進化し、また人間としての流れに沿って進化してきたというわけです。「外側」の環境は、ある意味まったく正反対であるものの同時に補完的な関係でもある2つの極のように、「内側」の環境と協調し合っているのです。私たちのDNAだけではなく、あらゆる生物のDNAという観点から現実を見てみると、そこには地球全体の情報ネットワークが見えてきます。それはつねに活動的で健全に保たれていなければなりません。

例えばウイルスは、急激に変異することができます。だから今年のインフルエンザに対する免疫をつける予防注射が、たいてい翌年には効かないということになるわけです。インフルエンザウイルスは、世界のどこかでまったく異なる型に変異してしまっているのです（エイズウイルスにはこれまでに例を見ない特徴がたくさんありますが、そのひとつに、典型的なインフルエンザウイルスの100倍の速さで変異するというものがあります）。研究者たちは、なぜウイルスがこれほど急速に変異するかという理由は、新しいバクテリアの変異体に遅れないようにするためではないかと考えています。そうすることで、生命は変化しているという情報を地球のあらゆる場所に伝えているのです。

よってインフルエンザにかかることは、最新の情報を得るようなものとも言えます。私たちのDNAは、世界のDNAが変化して自分たちに挑戦してきていることを知り、その挑戦を受動的ではなく能動的に受けて立つのです。私たちのDNAは、ウイルスに勝つことによって、その生存能力を証明しなくてはなりません。免疫系は急いで侵入者に会いに行き、分子対分子の戦いを始めます。その働き全体が瞬時にして行われ、失敗は許されません。マクロファージが新しい生命体の正体を突き止めるために駆けつけ、致命的な弱点を探し、そして自分のDNAの中の遺伝物質を結集して、ウイルスの分子を破壊して無害化するのです。

同時に免疫細胞は、侵入者の宿主となってしまった自分自身の細胞も破壊します。これらの感染した宿主細胞は、インフルエンザでまだ死んでおらず、生きたウイルスで充満しているのです。その生きたウイルスは、免疫細胞が血流中のインフルエンザを一掃した後で脅威となります。感染した宿主細胞を殺すために、特定の免疫細胞（キラーT細胞）が外側からしがみつき、細胞壁に穴を開けます。宿主細胞はタイヤから空気が抜けるように内容液をあふれ出させ、空っぽの袋のようになって死ぬのです。

しかし宿主細胞は、ただ除去されるだけではありません。そのDNAは実際、攻撃をしかける免疫細胞からの別の信号によって分解されるのです。これはプロセス全体の中でも実に興味をひかれる側面です。ここで実際に起きていることは、あるDNA（免疫細胞）が自分のコピーに過ぎない別のDNA（宿主細胞）を分解するということなのです。この2つのDNAの唯一異なる点とは、宿主細胞のDNAは、インフルエンザウイルスと協調するという過ちを犯してしまったということだけです。なぜこのようなことが起こるかは誰にもわかりませんが、前章で見てきたように、私たちの細胞はウイルスに攻撃されると不思議なことに内部から殺されることを許してしまうのです。物理的にウイルスは細胞の何千分の一ほどの大きさしかなく、複雑さでも劣っています。ある医学評論家は、それはまるで高層ビルの窓を突き抜けて入ってきたバスケットボールのせいで、ビル全体が崩れ落ちるようなものだと言い表しています。

このような誤りを犯すということは、体の叡智の不完全さが示されているように思われるかもしれませんが、それはあまりにも表層的な見方です。ここで実際に起きていることこそ、量子的治癒のすばらしい実例なのです。実は、戦いが行われているという考え方は半面の真理です。あるDNAが別のDNAを分解するというのは、完全に閉じられた内側のプロセスだからです。最初に侵入者と遭遇するスカベンジャー細胞から、侵入者を受け入れる宿主細胞、マクロファージ、キラーT細胞、ヘルパーT細胞、B細胞などに至るまで、病気に対するすべての反応が、同じDNAが持つさまざまな能力の表出です。言い換えれば、DNAは自分の利益のために、すべての役を自分で演じるドラマを演出することにしたというわけです。

なぜDNAは、インフルエンザウイルスに屈服する仮面と、それを破壊するために駆けつけるもうひとつの仮面をつけなくてはならないのでしょうか？　この深遠な問いに答えられる人は誰もいません。しかし生命の構図全体、つまり世界中のすべてのDNAによって演じられるもっと壮大なドラマの中に独自の論理があるはずです。DNAが、ひとつの惑星に存在しうる限りの多様性を与え、生命を豊かにしているのを私たちは目撃しているのではないでしょうか。

DNAに起こることは決して失われません。自ら閉ざした内側のシステムの中にずっととどまり続けるのです。インフルエンザウイルスが一度打ち負かされると、DNAは新しい抗体と、以後何年間にもわたってリンパ系と血液中に浮遊する特殊な「記憶細胞」を作ることでその遭遇を記録し、生命が始まったときからずっと蓄積してきた膨大な倉庫に加えます。こうしてDNAは、私たちを世界という舞台で演じる役者に仕立て上げるのです。

窓から外を見ると、車が慌ただしく往来する多車線のハイウェイが目に入ってきます。時々ジェット機が上空を飛ぶと、鳥の一群がさえずりながら空に舞い上がります。海から40キロほど離れていますが、カモメが頭上を周回し、生命あふれる海の独特な香りがあたりに漂っています。私を含む、このすべての光景がDNAによるドラマなのです。これは、一切の妥協を許さず新しい命を展開させる責任を担ったひとつの分子から投影されたものです。これまでに存在したすべての人の個々のDNAを合わせてもティースプーン1杯分にしかならないのですが、たったひとつの細胞核に含まれているDNAだけでも、そのきつい巻きをほどいて端から端まで伸ばしたら、1・5メートルにもなります。つまり、体内の50兆個の細胞の中に含まれる遺伝子の糸は750億キロになり、地球と月とをゆうに10万回往復できるほどの長さになるのです。ヴェーダにも、宇宙の叡智は「最も小さいものよりも小さいところから、最も大きいものより大きなところまで」及んでいると書かれており、DNAはその物理的証拠なのです。

従って、戦いが標準的な状況であると考えることは間違っているはずです。一般的に、自分のDNAと「外」にある他のDNAとの間には平和な状態が存在するものなのです。気分が悪くなって病気と実際に戦わなくてはならなくなる以前に、体が明らかな症状もなく病気を退けることが何十回、何百回とあるわけです。「内側」に歪みがあるときのみ、免疫系の、黙って守り、癒し、記憶する能力が失われるのです。

私たちは、平和こそが標準的な状態であることを忘れがちです。精神科医や社会学者は、現代人は精神が深く分裂してしまっていることを既定の事実として見なしています。ストレスに起因する不調や抑うつ、不安、慢性疲労、そして「忙しい病」の増加は、時代の象徴です。仕事の慌ただしさ、生活全般の慌ただしさによって、混乱状態が習慣的なものとなってしまいました。今では、ある程度の内的葛藤があるのは正常であるという考え方に完全に洗脳されてしまっているのです。戦いを始めたのは自分たちであり、そして驚くほどに当然のものとしてその被害をこうむっているように思われます。

以上のすべてが、私がチトラに伝えたかったことなのです。チトラとは、本書の冒頭で紹介した、乳がんを患う若い女性です。彼女は幸いにも奇跡と思えるような治癒を得ることができました。しかしこの章を書いているうちに、状況がずいぶん変わってしまったのです。がん細胞には打ち勝ったものの、記憶までは壊せませんでした。チトラはがんの再発のことをとても不安に思っていたため、通常の治療を続けることで私も彼女も同意していました。同時に、私が教えた瞑想と至福テクニックも続けることを約束しました。その後、彼女からは連絡がありませんでしたが、1か月して悪い知らせを伝える電話をかけてきました。CTスキャンで小さな影が12個見つかり、主治医から脳のがんであると告げられたのです。ひどい恐怖の中、集中的な放射線治療に加え、今回は実験的な化学療法も行われました。

乳がんによる元々の衰弱もあり、チトラは抑うつを含むひどい副作用に苦しみました。瞑想もやめ、もはやアーユルヴェーダの治療には戻りませんでした。凝固プロセスにおいて欠かせない血液細胞である血小板の値がひどく落ちていました。これは、化学療法を続けるのは危険すぎることを意味していました。主治医たちは、チトラの骨髄が抗体を作り、それが血小板を攻撃していると判断しました（おそらく、これまでに何度も受けてきた輸血への反応だと思われます）。医師たちは骨髄移植を考えましたが、まずは血漿の交換を試みました。その最中に、彼女は発作を起こし、まもなくひどい貧血とさまざまな感染症を起こしました。

この時点から、チトラの病状はますますひどい事態に陥っていきました。彼女はエイズに感染することをおそれて輸血を拒みました。動揺がひどかったので、モルヒネやバリウムの静脈点滴をせざるをえませんでした。彼女の意識は日に日にぼんやりしていき、続いて肺炎にもかかり、おそらくショックに誘発され、昏睡《こんすい》状態に陥りました。医師たちは彼女の夫に、もう回復する見込みがないだろうと告げ、その1日後、意識を取り戻すことなくチトラは亡くなりました。彼女はがんではなく治療の犠牲になったのです。そして私は、がんによる死のほうがおそらくもっと人間らしい死であっただろうと思わずにはいられません。

このすばらしく純真で献身的な若い女性の死は、大きな打撃でした。私にはなんの慰めを与えることもできませんでしたが、すぐに夫のラマンに電話をかけました。彼は完全に打ちのめされていました。何か月もの間、私たちはともにチトラが命の光の中と死の影の間を行ったり来たりする様子を見つめ、喜びと絶望の極みを共有していました。チトラを救うために真摯《しんし》に努力したものの、私には苦い思いを消すことができません。それは、医師なら皆知っていることなのですが、私たちが今日行っているがん治療がいかに残酷なものか、わかっていることから来る思いです。

開業医は毎日のように、がん細胞が消えたということで治療は成功したとされてはいるものの、ひどいがん治療を受けた患者を診ています。全身の衰弱や、治療自体が原因となってがんが再発する危険性、治療に伴う長引く恐怖や抑うつといったことはまったく無視されているのです。つねにおそれながら生きることは、たとえ体にがんがなかったとしても、健康にはよくない状態です。戦いは終わっていないのです。表立った戦闘から地下に潜むテロリズムへと移行したに過ぎません。

がん治療の基本的な考え方とは、体が侵略に耐えている間、心はただそばで待機していればよいというものです。言い換えれば、あからさまな戦いが心身システムにおいて助長されているということなのです。これをどうして治療などと呼べるでしょうか？　心と体の対立の中で、患者は両方の側に立って戦います。患者ひとりの体と心が闘うのです。どちらが負けるとしても、それが患者自身であることは明らかではないでしょうか？

重要なのは、いかに勝つかではなく、最初からいかに平和を保つかなのです。欧米では、このような洞察に至ることはありませんでした。もしくは病気の物理的な現れは幻影であると理解するには至っていません。患者がおそれ、医師が戦いを挑むがん細胞はそのような幻影に過ぎないのです。幻影は、希望と絶望をかきたてながら、現れては消えていきます。その一方で、問題の本当の原因である、がん細胞を作り出す根強い記憶は、気づかれずに存在したままなのです。アーユルヴェーダは、こうした記憶を追い払う意識レベルに直接的に働きかける手段を与えてくれます。チトラのケースを考えると、私たちの考え方を広げるためにどのぐらい時間がかかるのだろうと思わずにはいられません。私たちは、とても余裕などないようなときに患者の勇敢さを求めたり、あるいは生存率を数字で表し、患者を統計データとして扱ったりします。アーユルヴェーダは、病気の原因を意識のもっと深いレベルに求めることを私たちに教えてくれます。そして潜在的な治癒もまた、そうした意識レベルに存在するのです。

がんになった責任が患者の意識にあるということは、多くの人にとって非常に厄介なことであり、またそういうものなのかもしれません。アーユルヴェーダは、いわゆる「がんになりやすい性格」というものがあるという考え方には同意せず、また表層的な感情や行動様式、態度ががんを引き起こすという見方も受け入れていません。研究者の中には、がんに対して無力感や絶望を感じる患者は、性格的に「生きる意志」と呼ばれる強い要素を持ち合わせそうる患者よりも、死亡率が高いと確信している人もいます。これは議論の余地がないことのように思われますが、だからといってそれがなにかの役に立つのでしょうか？

がんに苦しめられている人は、自然なことですが、周期的な感情の変化を経験します。生きる意志は、極端から極端へと大きく揺り動かされることになります。「典型的ながん性格」の輪郭が現れることを期待する理由などないのです（「典型的ながん性格」を検証したと言われる元々の研究の中には、例えば典型的には乳がん患者といった、たった1種類のがん患者ばかり、それも25人に満たないような、きわめて小さな被験者グループのデータを基にしているものもありました）。心理的に健全な人、つまりすでにかなり優位に立っている人だけがどうして希望の持てるケースだと言えるのでしょう？

これは空虚な疑問ではありません。私は最近乗った飛行機の中で、60代の非常に元気な女性と隣り合わせになりました。彼女は典型的なアメリカ人、つまり活気にあふれ、率直で、何事に対してもハッキリとした意見を持っているタイプだということがすぐに見てとれました。一族は何世代にもわたってメーン州に住んでおり、非常に裕福になっていました。当時私の頭の中はがん治療のことでいっぱいになっていたので、私たちはそのテーマについて話し始めました。

女性はあごを上げてハッキリと言いました。「お医者さん方は、自分がなにを言っているのかわかっていないのです。私の母は1947年に乳がんと診断されました。病院へ行って、その塊をとってもらい、4人の子どもの面倒を見るためにまた家に帰ってきました。父は、お願いだからボストンに戻って乳腺切除をしてほしいと懇願しましたが、母は忙しすぎてそんなことはできないと言いました。それどころか、忙しすぎて病気にもなっていられないと言うのです。その調子で母はその後すっかりいつもの生活に戻っていましたが、しばらくして父に根負けし、ついに乳腺切除をしにボストンに戻ったのです。でも、放射線治療も化学療法も受けませんでした」

「それでお母さんはどうなったのですか？」。私は尋ねました。

「どうもなりませんでしたよ」。女性は答えました。「そのあと12年生きて、70歳を超えたとき、肺炎になったんです。家族全員がベッドのまわりに集まって、母も別れを告げ、その3日後に亡くなりました」

この話を聞いて、私は突然、それがどういうことなのかわかったのです。私の心には驚きと悲しみが入り混じりました。つまり正常であるということの矛盾がわかったのです。忙しすぎて病気になることができないというのはまったく正常なことです。そのような意識状態こそ、免疫系がよく働くからです。「がん患者」としてではなく、本来の自分らしく生きるとき、免疫反応の複雑な連鎖は、何百という機能が正確なタイミングで猛烈な勢いで働くのです。

しかし、無力感や恐怖に一度とらわれてしまうと、この連鎖は破壊されます。ネガティブな感情と結びついた神経ペプチドが送られ始め、これが免疫細胞にとりつき、そして免疫反応から効力が失われるのです（なぜこのようなことが起きるのかは厳密にはわかっていませんが、うつ病患者は免疫状態が低下することは実証されています）。ここで矛盾が生じるわけです。もしがんが大きな脅威だとは感じず、インフルエンザに罹《かか》ったときと同じような反応をするなら、回復のチャンスは非常に大きくなります。しかしがんと診断されることでどんな患者も完全に正常ではない感情を持ちます。診断自体が悪循環を生むのです。それは、蛇が自分の姿が見えなくなるまで尾を飲み込むたとえによく似ています。

私が悲しみと驚きを同時に感じた理由は、免疫系がかくもすばらしく、また同時にかくも脆弱《ぜいじゃく》なものかということに突然気づいたからです。免疫系は、生命の鎖を築きつつも、いつでもそれを破壊することができるのです。免疫系は、私たちの秘密も悲しみもすべてを知っています。なぜ子どもを失った母親が悲しみのために死ぬことがあるのかということも免疫系は知っています。なぜなら、悲しみのために免疫系こそが先に死ぬからです。がん患者が命の光の中にいても死の影の中にいても、どんな瞬間も免疫系はとらえていきます。なぜなら、こうした瞬間を体の物理的現実に変換するのも免疫系だからです。

がんも他のどんな病気も、こうしたほんの一瞬一瞬がつらなったものに過ぎません。その一瞬一瞬にその時々の感情や心身的要素が伴われているのです。言い換えれば、病気になった細胞とは、無数にある細胞の中のひとつの要素に過ぎません。他の細胞は、もっとつかみどころがないだけなのです。アーユルヴェーダは、さまざまな状況が相互作用して病気が生み出されると考えます。病原体がひと役買ってはいるものの、患者の免疫力、食生活、生活習慣、時期、そして他の多くの要因も加わって最終的な臨床結果がもたらされます。西洋医学の研究にはまた、生活様式と感情的気質が健康状態に関与するということを立証するものがたくさんありますが、私たちはそうした要因すべてを評価するだけの博識さに欠けています。ひとりのがん患者の背後には、他人が共有することのできない、その人独自の思考、行動、感情がたっぷり詰まった人生が存在するのです。

感情が非常に深いところに潜んでいるという事実は、がん患者がそれを変えることができないという意味ではありません。さらに深いレベルに行くことで、無力感や絶望から救われることができるのです。絶望から苦しんでいるのか、自分に対する過信から苦しんでいるのかは関係ありません。そのいずれもが幻想かもしれないからです。よってアーユルヴェーダは、現在の心身医学ほどには表層的な感情にはあまり注意を払わないのです。がん（またはエイズ）を原初音テクニックや至福テクニックで治療するための論拠とは、それらがすべての人、強い人だけでなく弱い人にも共通する深い意識レベルに到達するということにあるのです。

次に述べることは、こうしたテクニックを用いたがん治療の中で最も成功している事例です。その患者はエレノアという名の30代後半の女性でした。1983年、コロラドのコンピュータ会社に勤めていた彼女は、進行した乳がんで腋《わき》の下のリンパ節にも転移があると診断されました。片方の乳房の根治的切除を行った後で、もうひとつの乳房も同じ切除を行いました。その後で受けた化学療法は効果がありませんでした。副作用は耐え難いものでしたので、医師からがんは骨にまで広がっていると言われていたにもかかわらず、彼女は通常の治療をすべてやめてしまいました。これほどの転移がんを患った人の生存率は1%ぐらいしかありませんでした。

エレノアは、病気の最中にあった1986年、たまたま主治医から瞑想を始めるようにアドバイスを受けました。そして瞑想をとおしてアーユルヴェーダのことを知るようになりました。ランカスターまで入院治療を受けに来た際に、私は彼女に会い、がん治療のために原初音テクニックの指導をしたのです。その結果はすばらしいものでした。ひどい骨の痛みは消え（これについては9章ですでに述べました）、帰宅してエックス線写真を撮るたびに、放射線科医は彼女の骨のがんの箇所がどんどん少なくなっていくことに気づきました。

以前の治療でこのような寛解が起こるには時期的に遅すぎました。一般的に、もしも腫瘍が放射線や化学療法で攻撃されているなら、腫瘍は急速に縮小します。もしエレノアがあと2年生き延びれば、あらゆる逆境に打ち勝った、恵まれた患者の仲間入りをすることになるでしょう。しかし、私がここで言いたいのは、彼女に起こった全体的な変化についてです。私は彼女に、自分の内側から見た病歴を書き出してもらいました。彼女から送られてきたものは見事な記録でした。それは、乳房切除のためにまさに手術室に入ろうとしているとき、人生で最もつらかった瞬間から始まっていました。

「シティ・オブ・ホープ病院の手術室の入り口そばにある手術前の待機場所で、まだ麻酔の投与を受けない状態で横になっている。大きな乳房が入った透明なビニル袋を運ぶ看護師が傍らをとおり過ぎていく。私の2つの乳房はとても小さく、無力で、無邪気に見える。赤ん坊だった息子たちをこの乳房で育て、そして私は自分の乳房が大好きだった。女性らしく、柔らかく、きれいで――私は自分の乳房を信頼していた。そして今、ここでただ横たわり、少なくともひとつの乳房を誰かに切り取られるのを待っている。

私は怖くて震えている。手術室のドアが開き、中へ押し込まれる前に、手遅れになる前に、そこから逃げ出したくて、体中の全神経が叫んでいるようだ。自分の体を裏切り、不名誉なレイプにさらそうとしているかのように感じる。私は35歳で、すべての出来事が、自分が正しいと感じることに反して進んでいる。

手術が終わると、心理面での影響が起こり始める。自分の体に対するイメージは悪くなり、夫はもちろん、医師たちにも自分の体を見てほしくない。私は裸という状態をとおり越している。女性的な姿が剝ぎ取られたのだ。その後数週間、感染症にかかり、膿《うみ》を出すための管が体に埋め込まれた。先の赤いガラス管が、歩くたびにカチャカチャ音を立てる」

最終的にエレノアは、6か月間にわたる化学療法を行えるまでに回復しました。治る見込みは高いと言われましたが、残っている乳房のエックス線写真を撮ると、またがんが見つかりました。2回目の乳房切除の予定が立てられました。

「今、私は本気で逃げ出したいと思っている。何か月もの間、私はがんだと言われてきた。その後、がんがなくなったと言われ、そしてまたがんになったと言われたのだ。もう手術にもこの不確実な状態にも疲れ果ててしまった。熱とひどい寝汗、痛み、恥ずかしさ、体と心と女性性への疑念、あらゆることに気分が悪い。私が信じているものすべてが私を失望させる。

両方の乳房のがん、両方の乳房の切除、そして最後は両方の胸の再建。もうこれで終わりにしたい。他の症状も回復する。困難にめげず、また健康になれる」

その後まもなくして、エレノアは瞑想を始めました。最初は躊躇《ちゅうちょ》しながら、またあからさまな疑念さえ持ちながらの瞑想でしたが、やがて「内側から受け入れる感覚」が芽生えてきました。4か月後の1986年6月、彼女は予期せずして妊娠していることがわかりました。主治医たちからは、化学療法を受けているため若い女性の25％、40歳以上の女性だと85％が不妊になると言われていました。不妊にならなかった女性にとって、出産は非常に危険なのですが、エレノアにとって、もうひとり子どもを持つということはとても重要でした。

「この妊娠は私にとって、自然との一体感、自然との融合を象徴するものだった。それは奇跡であり、私は幸せだった。医師たちが、自分の命を救うために中絶すべきだと言ったとき、まるで悪夢のように思えた。妊娠は継続され、私はますます具合が悪くなった。検査結果から、エストロゲン受容体陽性のがんだとわかり、私の生存率はますます低くなった。私はこうした事実に反発し、赤ちゃんを身ごもったままにした。平和に生きようと決心したのだ」

無事に男の子を出産した後、がんが再発したことがわかりました。今度は骨のがんでした。

「またがんになり、ジェットコースターに乗っているような日々が再び始まった。シティ・オブ・ホープ病院の医師たちは、私の余命が『おそらく6か月、長くても2年以下』だろうと宣告する（これは今から14か月前の1987年3月のことだ）。がんは骨の中まで広がり（レントゲン写真によると、主に肋骨と頸椎《けいつい》に12か所のがんがあることがわかる）、私は文字どおり、骨の髄まで具合が悪くなってしまったのだ。治療計画は『死ぬまで』化学療法をフルに受けることだった。もう私は長くはないと言っているように聞こえた」

エレノアには化学療法は効きませんでした。そして、かつて瞑想を勧めてくれた主治医の提案でアーユルヴェーダの治療を受けるために6月にランカスターにやって来たというわけです。検査の結果、病状はきわめてよくないことがわかりました。私は、治ると約束することはできませんでしたが、彼女が思っているよりは可能性はあると告げました。彼女自身の内なる核はがんによって侵されておらず、その核の部分に触れてみることになりました。2週間後、身体的にも精神的にもずっと状態はよくなり、骨の痛みもなくなっていました。おそらく次の出来事が転機となったようです。

「仕事と化学療法と疑念という日々に戻った後、ある特別な出来事が起こった。ある朝、会社の倉庫に野生の鳩が飛び込んできて、そのまま出て行かなかったのだ。2〜3時間経って私が入っていくと、その鳩は私についてきた。2階に上がるときも、オフィスに向かう通路を抜けるときもずっとついてきて、私のデスクの上に静かに止まった。私は優しく鳩を手に乗せると突然、この交流を互いに共有しているという思いに圧倒された。

鳩を表に放ってから数か月が経った。9月、骨のスキャンはよくなかったが、悪くもなっていなかった。化学療法は、多様な副作用をもたらした。化学療法をやめるつもりはなかったが、血球数の値がずっと悪かったので、化学療法を一時的にやめざるをえなくなった。すぐに気分がよくなり、たとえ死のリスクが高まったとしても、もう化学療法はいらないと思っていることに気づいた。

12月に再びランカスターを訪れる。そこで過ごす時間はすばらしかった。ある特別なハーブを処方してもらい、帰宅してからも使える原初音テクニックを教えてもらった。12月末には、骨のスキャンを再度行うも結果に変わりはなかった。このことで、化学療法は表層的なものだと確信した。私なりの療法を続け、3か月後の3月に再びスキャンを受けると、小さな1か所を残してすべてがんは消えていた。

放射線医は微笑み、化学療法を受けずにいったいどうしてこんなことが起きたのかわからないと言った。帰り際、彼は私を抱きしめてこう言った。『これは歴史的な出来事だ』。主治医はその放射線医に電話をかけ、スキャンについてさらなる説明を求めた。主治医は受話器を置くと、私がほぼ完治したと告げた。

その知らせを聞き、こみあげてくる涙を押さえられなかった。どうしてこういう結果になることを今まで信じられなかったのだろう。私は愛と自然の完璧さに感動し、そしてもう一度、春の花々の祝福の中、安らかさに包まれて地面に座り、私に起こったことのすべて、そして私であることのすべてを楽しみたいと静かに願った。

この記録を終えるにあたり、私が現実主義者であるということを付け加えたい。私は今回の出来事に対する西洋医学的なアプローチには理解があるし、同時に今回のケースのような可能性がたくさんあることもわかっている。私の経験したさまざまな真実のすべては、結局のところひとつの真実に収束するわけだが、それは摑《つか》んだと思った瞬間、すり抜けて行ってしまう。全体性を分断しようとすることは馬鹿馬鹿しいことだと感じる。でも私はとても平和で心地よく、すべてがひとつである、完璧なものであると何度も何度も確信している」

エレノアは長い道のりを歩いてきました。去年の時点では、治る見込みが最も少ない病気にかかっていましたが、今では池見博士のような権威ある人々の多くが、彼女のケースを自然寛解と考えるでしょう。エレノアの全般的な健康状態は良好で、衰弱の兆候もありません。最後の化学療法を行ってから8か月が経ち、骨のがんはエックス線写真を撮ってもほんの小さな影にしか見えないほどに退縮したのです。そしてその影もがんであるとは証明されていません。血液化学検査の値も、病気が活発だった頃は異常値を示していましたが、今では正常範囲内に戻っています。このことは、彼女が治っているということの、エックス線写真よりもずっと強固な証拠になります。

たとえもし、また彼女が病気と闘い始めることになったとしても、私はもう心配してはいません。エレノアは、闘いを超越しているのです。彼女は自分でも書いているように、平安を放っています。彼女と一緒にいると、私も幸福と安心を感じます。彼女の平和がどれほど類稀なものかということをわかっていればなおさらです。病気の絶望から、彼女は喜びを発見しました。健康の記憶が戻ってきた瞬間、人生を続けていく力がもたらされたのです。

Exploring the topic

さらなる考察

本章でとなえた量子的治癒のシンプルな定義とは、「平和をもたらすもの」ということでした。私は今でもそれは真実であると信じており、おそらく当時よりもさらにその思いは強くなっています。本書の執筆時、炎症は、がん、心臓病、そして多くの生活習慣病とは関連付けられていませんでした。炎症とは不思議な現象です。なぜなら治癒の過程において必要不可欠なものである一方（余分な血液を病気やケガの部位へ運び込み、そこで一連の複雑な化学相互作用を引き起こします）、ひどいやけどで起こる炎症のような、最も急性の状態においては致命的にもなりうるからです。

炎症で最もやっかいなのは慢性的な軽いレベルのものです。このことは、医学が病気の原因は炎症であると発見するのにこれほど時間がかかった理由のひとつです。しかし本章で述べた「内的な戦い」もまた、それが炎症であれ、ストレスであれ、症状を生み出す次元に潜むアンバランスであれ、慢性的なものなのです（私の意見では、炎症を起こした感情というのも、細胞にダメージを与える可能性があるといえます）。西洋医学はこの点においてはアーユルヴェーダより遅れています。何千年も前にアーユルヴェーダ医たちは、体から自然な均衡や安らぎを失わせた微妙なアンバランスに焦点を当てていたのです。

Expanding the topic

体は自然と同調する必要があると言うと、非医学的に聞こえます。どちらかといえば、家庭の哲学のように思えます。瞑想や代替的治療法に関わる以前の、内分泌学を専門に開業していた15年間であったなら、私はこうしたアドバイスは一笑に付していたことでしょう。30年経った今、私はそうした考え方に深く共鳴しています。私は人間の体は、宇宙的な意味を有するものだと思っています。人間の体は、ひとりの個人と全体である自然の間をとりもつ接触点（インターフェイス）なのです。20世紀初頭、ジッドゥ・クリシュナムルティという名の貧しいインド人少年がスピリチュアルな欧米人たちによって見出され、一時期、自分こそは仏陀やイエスに続く、次なる「世界教師」であると宣言していました。

　クリシュナムルティの生涯はとても魅力的です。彼は押し付けられた壮大な地位を放棄しましたが、４６７ページで紹介したジェフリーなら、意識が境界から解放された領域である「ロケーション④」に分類するであろう人間になったかのように思われるからです。長い生涯の最晩年期には（１９８６年に90歳で亡くなっています）、クリシュナムルティは再び著名人になっていました。そのイメージに少しきまり悪げでしたが、彼は白髪の賢人となっていました。あまりに辛辣でせっかちであり、またあまりに理性的で探求心旺盛《おうせい》であったため、クリシュナムルティが誰かの慰めとなるような思想や別世界のグルになることはありませんでした。

　１９８０年にインドのマドラスで撮影された、とても弱々しいながらもきびきびとしたクリシュナムルティが、紙に書かれた質問を受けている姿を、YouTubeの映像(注)で見ることができます。「あなたはよく心から脳へとスイッチを切り替えています。心と脳の間にはなにか違いがあるのでしょうか？」。クリシュナムルティの答えは、謝罪から始まります。「もしも自分が『心』と『脳』という言葉を同じ意味で使っていたなら、それは言い間違いだ」。質問に質問で答える前に一瞬、彼は物思いにふけります。「脳で心に触れることはできないのだろうか？　脳は時間の結果であるけれど、心はそうではないのだろうか？」

(注)　https://www.youtube.com/watch?v=FqGXEFhsjtA&list=UU88A5W9XyWx7WSwthd5ykhw

一言で言えば、彼は時間と、時間を超越することの不思議さについて言い表しています。脳の創造物として、人間は時間の領域に生きていますが、私たちの心は時間を超越した領域に戻り続けています。量子物理学は、いかにして時空が生じたかという研究に焦点を当てましたが、究極的にはその科学的研究は矛盾に陥りました。脳は、量子場を探求しようという試みにおいて、脳それ自体が量子的現象になるのです。脳内のすべての原子は、量子場の振動へと還元され、各振動は、その存在が純粋に数学的なものである多次元的ヒルバート空間へと消えていくのです。

言い換えれば、量子的現実を説明するために量子的物体を当てにすることは、ロボットに対して、床に散らばった部品からロボットになれと頼んでいるようなものなのです。私たちは、ロボットがかたちになる前に従うべき計画――指示書、設計図、コンセプトといったものを持っていなくてはなりません。もしも誰かが、ゼロからひとりでにできあがるロボットを生みだしたとしたら、それは作り話か妄想でしょう。物理的な装置の背後のどこかで、心が予定を組まなくてはなりません。脳にも同じことが言えます。脳は物質世界におけるひとつの物質に過ぎず、特権的な地位にあるわけではないのです。前頭葉の原子は、ひとつの角砂糖の原子や、掃除機で吸い込まれる埃の中の原子より賢いわけではありません。というのも、原子はそもそも賢くはないからです。賢いのは心だけです。

指示書もなしで、ロボットがひとりでにゼロからできあがることはないということは誰にもわかります。しかし人間の脳にはマニュアルがあるわけではありません。そして私たちは、脳が、誰も鍵盤に手を触れずにあらゆる種類の音楽を生み出す自動ピアノのように、独力でありとあらゆることを行うのを目撃します。この理由から、神経科学はまだしばらくの間は唯物論的なままでい続けることでしょう。目に見えないピアニストについて説明するよりも、自動ピアノを分解するほうがずっと簡単なのです。

クリシュナムルティは、古代ヴェーダの聖者のように、心と脳という二元性を超えた道を見つけました。その道は自己認識から始まります。クリシュナムルティはこう言っています。「もし脳の動きを見ることができたら、あなたの思考がどれほど狭い溝をたどり、それがいかに機械的な動きをしているかわかるだろう」。教育、仕事、科学や工学の観点、記憶など、あらゆるものが私たちの思考を条件づける一因となるのです（クリシュナムルティは、神経科学は生命のすべてを「私たちが果てしなく議論している」脳によって条件づけられたものとして見なし始めていると述べています。彼は聴衆に脳の条件づけを打ち破らせようと何十年も費やしましたが、彼の意味することを理解するものはほとんどいませんでした）。

「ひとつの思考は物質的なプロセスで、思考の中に神聖な要素はない」と、クリシュナムルティは指摘しています。寺院に行くとき、幸せな未来を映し出すとき、理想主義的な希望を抱くとき、こうしたすべては物質的プロセスなのだと。そのようなことを言うのはかなり冷酷なことです。クリシュナムルティの聴衆はしばしば、彼のとげのある挑戦的な発言に落ち着かない気分になりました。おそらく「ロケーション④」の自由と明晰《めいせき》さに到達した人が自分に見えているものについて、「ロケーション①」を経験さえしていない人々に対して説明するのは無駄なことだったでしょう。しかし最も単純な表現を使えば、クリシュナムルティは、本当に起こっていることを彼らに見てほしかったのです。「思考は建物と、建物の中のあらゆるものを創造したのだ」

もしこのことを認識すれば、私たちはまったく異なる方向へと移行するに違いないとクリシュナムルティは述べています。過去は、現在においてつねに繰り返されています。伝統はどれほどすばらしいものだとしても、助けの手をさしのべてはくれません。「もし私たちが伝統を受け入れるなら、心をきわめてつまらないものにしてしまう」。クリシュナムルティがヒンズー教の伝統や、グル、悟りを得た聖者たちに属すると考えていた聴衆にとってどれほどのショックだったか想像してみてください。彼はそうしたすべての伝統を一掃してしまったのです。世界にはあまりの苦痛、無秩序、混沌があるのに、どうして伝統にただ救いを求めることなどできるだろうか、と彼は言っています。クリシュナムルティは、聖なるバガヴァッド・ギータにさえ火を放ちます。それを読むことは、繰り返しの便利な行為ですが、そうする間に脳は、退屈で、型どおりで、愚かなものになってしまうのです。

では、彼の言う「まったく異なる方向」とはどんなものだったのでしょう？　それは、時間を超越したところにある源へと心を連れて行くことです。これは自分自身の行動やふるまいを観察することから始まります。一言で言えばクリシュナムルティは聴衆に、自分の意識の内容を見ることをやめ、代わりに意識そのものを見るよう求めているのです。バガヴァッド・ギータの中で、クリシュナ神は宣言します。「私は自分自身の背中の上に、何度も何度も創造する」。この一節を理解するためには、「クリシュナ神」を「純粋意識」に置き換えなくてはなりません。そしてそのとき、一見宗教的な主張が普遍的な意味を持つのです。創造全体が、それ自身の中で働く意識のことなのです。意識が創造から離れることは決してありません。離れることなどどうしてできましょう？　創造以外に意識が向かうところなどどこにもないのです。

東洋的叡智の伝統の根源そのものであるこの認識は、宇宙は意識であるとする汎心論の名の下に、最近では宇宙論において人気のある考え方になっています。もし汎心論《はんしんろん》を受け入れるなら、物質はどのようにして考えることができるようになったかについて説明する必要はなくなります。意識とは、宇宙に遅れて到達したものであり、人間の脳が進化したときにのみ登場するものであるという概念にとらわれることはもうないのです。心があらゆるところに存在するとき、多くのジレンマが解決されます。しかし、誰もが気に入るような気の利いた理論では、クリシュナムルティが投げかけた「私たちは混沌と混乱の世界にどう対峙《たいじ》すべきか」という難問には対応できません。

治癒が完結するためには、体、心、世界、あらゆる次元が平和でなくてはなりません。あなたが病気のとき、回復するのは理論に基づいたことではありません。中東の戦闘地帯や葛藤する魂においても同じことが言えます。「愛や慈悲は、思考の産物なのだろうか？」。クリシュナムルティは最後に尋ねます。そうではないと、彼は暗に示しています。しかし彼はすべての人に、内面を見つめることによって自力でこの真実を発見してほしいと願うのです。それを盲目的に受け入れることは、伝統に再び賛同することでしかありません。そしてそれは心を鈍らせることになります。あらゆるスピリチュアルな伝統が愛と慈悲を称賛しますが、私たちが生きている世界には、憎しみや不協和を打ち破るために愛や慈悲が根付いているわけではありません。

真実が私たちを自由にするには、それぞれの自己認識の旅をとおして、そのプロセスがひとりずつ起こらなくてはなりません。グルも聖者も予言者も、異口同音に「目覚めよ！」と声を大にして訴えます。しかし、彼らは私たちのために道を歩むことはできません。本書の出版以降、精神的覚醒への興味の波が起こり膨らみ続けているのを目撃してきました。しかしクリシュナムルティは楽観的ではありませんでした。「この国に愛は存在していないと思っている」と、インドのことを指して嘆きました。ニューエイジにおいて精神性の復活があったかどうか尋ねられると、おそらくよい初心者が増えたであろうと認めただけでした。

「愛にまつわる問題は、言葉は物質ではないということである……時間の産物であり、思考の産物であり、物質的プロセスではないもの、それが心なのだ」と彼は指摘しています。もしこのひとつの考え方が、人々の心をひとりずつ摑んでいくなら、人間性の最悪な部分から生み出された苦悩や混沌とした世界から抜け出す道が待っています。脳は、よかれ悪しかれ、どのような方向にも向かうよう訓練できます。よりよい方向へと向かうよう訓練されるとき、結果として治癒が生じるのです。しかし、時間を超越した中で私たちの源を見つけることによってのみ、あらゆる解決法が現れる次元へ到達できるのでしょう。もしあなたが、覚醒のビジョンによって啓発される必要があると感じているなら、私がそうしたように、詩に心を向けてみてください。そして、ルーミーの詩で、最後を締めくくりたいと思います。

おお神よ
私はついに愛を発見した！
なんとすばらしく、なんとよいもので、なんと美しいのだろう！
私は挨拶をする
湧き起こった情熱のスピリットに
この全宇宙を興奮させた情熱のスピリットに
そして宇宙が含んでいるすべてのものに

訳者あとがき

今回、フォレスト出版さんからチョプラ博士の名著（原題『Quantum Healing』１９８９年刊）の増補版（アメリカで２０１５年に刊行）が日本語化されることが決まったとき、米国チョプラセンター主催の５００〜６００人規模のセミナーに7〜8回ほど参加した際や、これまでに3回チョプラ博士を日本に招聘《しょうへい》して同規模のセミナーを開催した際にお会いしたり、私が日本で開講している原初音瞑想講座を受講しにいらっしゃった大勢のドクターや医療関係者のうち、50代以上の方々が口々に「チョプラ博士の『クォンタム・ヒーリング』を読んで感銘を受けた、統合医学を目指すようになった……」と話されていたことを思い出しました（アメリカで１９８９年に刊行されたものは１９９０年に春秋社から『クォンタム・ヒーリング―心身医学の最前線を探る』として邦訳されています）。

当時、アメリカをはじめ世界中の医療業界に衝撃を与えた革新的な作品に、25年経《た》って博士が立ち戻り、最新の科学的研究を追加しつつ心身のつながりについて考察を広げた本書をこのタイミングで日本に再び紹介することになった流れに、なにか必然的なものを感じています。

私が本書を手がけていく中で「原初音テクニック」「至福テクニック」という言葉が文中に何度も出てくるのが、原初音瞑想を教えてきた立場としても非常に気になりました。翻訳を終えてチョプラ博士に質問したところ、「それは原初音瞑想のことだ」という答えが返ってきたのです。日本の皆さんに正確に伝えられるようにと思い、博士にマントラやスートラの位置づけ、順番などの確認を重ねました。すると、博士が本書の増補版を刊行された2015年にちょうどリニューアルされた、チョプラセンター認定の瞑想ティーチャーが原初音瞑想実践者にグループ瞑想を誘導する際の手順（瞑想前に問いかける質問と、瞑想後に聴くスートラ）に、この2つのテクニックが融合されていたことがわかったのです。

そうとは知らず、刷新されたグループ瞑想の手順があまりにもよいものだったので2016年6月刊行のディーパック・チョプラ著『あなたの運命は「意識」で変わる』の読者特典として日本語音声を提供したのですが、今回、その手順（4つの質問とスートラ）の日本語訳をさらに洗練させた音声を読者特典としてご用意することにしました。原初音瞑想を行う際に、この音声を使用していただくと、原初音×至福テクニックが完成します。

おわりに、本書復刻の企画から編集まで手がけてくださったフォレスト出版の杉浦さん、『あなたの年齢は「意識」で決まる』『あなたの運命は「意識」で変わる』に引き続き、ともに翻訳してくださった水谷美紀子さんに心より感謝を申し上げます。

[著者プロフィール]

ディーパック・チョプラ（Deepak Chopra）

医学博士。インド出身。代替医療のパイオニアであり、心と体の医学、ウェルビーイング分野における世界的第一人者であるとともに、人間の潜在能力分野における世界的に有名な指導者。1996年、カリフォルニアに自身の名を冠した「チョプラセンター」を設立。西洋の医学と東洋の伝統的な自然治癒法を統合させた癒しのメソッドを確立し、体と心を総合的に癒すための実践的なプログラムを提供している。心と体の健康、量子力学、成功法則などに関する著書は80冊を超え、24冊がベストセラー。43ヶ国で発行され、発行部数は4000万部を超えている。タイム誌発表の「20世紀の英雄と象徴トップ100」に選ばれ、「代替医療の詩人・予言者」と紹介される。CNNニュース他メディア出演多数。
多くの大学院で講師を務めながら各国の王室、大統領、首相経験者などの政界のリーダーたちや一流企業経営者たちのメンター役を務め、多くのハリウッドセレブたちからの信望が厚いことでも有名。クリントン元米大統領は訪印時、「アメリカは代替医療の先駆者であるディーパック・チョプラ博士に代表されるインド系アメリカ人の方々のおかげで豊かになった」と話し、ミハイル・ゴルバチョフ元ソビエト連邦大統領は、「チョプラ博士は間違いなく、われわれの時代で最もわかりやすく感銘を与える哲学者だ」と評した。
主な著書に『宇宙のパワーと自由にアクセスする方法』『宇宙のパワーと自由にアクセスする方法【実践編】』『あなたの年齢は「意識」で決まる』『あなたの運命は「意識」で変わる』（すべてフォレスト出版）、『富と宇宙と心の法則』『迷ったときは運命を信じなさい』（ともにサンマーク出版）、『富と成功をもたらす７つの法則』（角川文庫）などがある。

〈ディーパック・チョプラ 公式WEBサイト〉 www.chopra.jp

[訳者プロフィール]

渡邊愛子（Aiko Watanabe）

日本初のチョプラセンター認定　瞑想ティーチャー。チョプラ博士の「原初音《げんしょおん》瞑想講座」を提供している。株式会社ボディ・マインド・スピリット代表取締役。2006年よりチョプラ博士の日本の窓口を務め、来日セミナー主催、「ディーパック・チョプラ 公式WEBサイト」「チョプラ博士の公式メールマガジン」等を運営。訳書に『宇宙のパワーと自由にアクセスする方法』『宇宙のパワーと自由にアクセスする方法【実践編】』『あなたの年齢は「意識」で決まる』『あなたの運命は「意識」で変わる』（すべてフォレスト出版）、『富と成功をもたらす７つの法則』（角川文庫）、監訳書に『チョプラ博士のリーダーシップ７つの法則』（大和出版）、『LOVE ～チョプラ博士の愛の教科書～』（中央公論新社）がある。また、字幕監修作品に「ディーパック・チョプラ プレミアムDVD-BOX」（TSUTAYAビジネスカレッジ）内の映画「富と成功をもたらす７つの法則」「内なる神を知る ～奇跡に満ちた魂の旅へ～」などがある。また、自身の著書として『世界のエリートはなぜ瞑想をするのか』（フォレスト出版）、『運のよさは「瞑想」でつくる』（PHP研究所）、『マンガで実践！世界のハイパフォーマーがやっている「最強の瞑想法」』（大和出版）がある。

〈株式会社ボディ・マインド・スピリット〉 www.bodymindspirit.co.jp
〈渡邊愛子公式WEBサイト〉 http://aikowatanabe.com

水谷美紀子（Mikiko Mizutani）
慶應義塾大学法学部卒業後、編集などの仕事を経て、ロンドン大学大学院にてMA in art and archaeology修了。専攻はチベット美術史。インド、チベットの文化全般に興味があり、そうしたなかディーパック・チョプラ博士の著作にも出会う。株式会社ボディ・マインド・スピリットにて原初音瞑想講座修了。BODY MIND SPIRIT認定　瞑想ファシリテーター。渡邊愛子との共訳として『あなたの年齢は「意識」で決まる』『あなたの運命は「意識」で変わる』（ともにディーパック・チョプラ著、フォレスト出版）がある。

This translation is published by arrangement with Bantam Books,
an imprint of Random House, a division of Penguin Random House LLC.
through Japan UNI Agency, Inc., Tokyo

ブックデザイン／小口翔平＋喜來詩織（tobufune）
DTP ／山口良二

あなたは「意識」で癒《いや》される

2017年5月6日　初版発行

著　者　ディーパック・チョプラ
訳　者　渡邊愛子　水谷美紀子
発行者　太田　宏
発行所　フォレスト出版株式会社
〒162-0824　東京都新宿区揚場町2-18　白宝ビル5F
電話　03-5229-5750（営業）
03-5229-5757（編集）
URL　http://www.forestpub.co.jp

印刷・製本　中央精版印刷株式会社

ISBN978-4-89451-756-1　Printed in Japan
乱丁・落丁本はお取り替えいたします。